D1723550

HANDBUCH 1

„SO PRODUZIERE ICH DIE BESTEN DESTILLATE"

2. Auflage

Autoren:

Dr. Peter Dürr
Ing. Herbert Gartner
Ing. Wolfgang Lukas
Dr. Gerd Scholten
Hubertus Vallendar

Copyright und Medieninhaber:

Messe Wien

A-1021 Wien

Österreichischer Agrarverlag

ISBN 3-7040-1554-7

INHALT

Rohstoff Obst

2. Gärung

3. Brennen/Destillieren

6. Sensorik (Verkostung) von Obstbränden

Sehr geehrte Leser, liebe „Desti-Freunde"!

Im Jahre 1991 haben Wolfram Ortner und sein Team in Bad Kleinkirchheim zum ersten Mal die DESTILLATA veranstaltet – mit großem Erfolg. Von Anfang an sollte die DESTILLATA mehr sein als eine Leistungsschau der Brennerei, und das Konzept ging auf: In den darauffolgenden Jahren hat sich die DESTILLATA zu Europas größter Fachveranstaltung rund um die Edelbrände entwickelt.

Jahr für Jahr geben die „Besten ihres Fachs" in Symposien, Verkostertrainings und Brennkursen ihr Wissen weiter und setzen damit wichtige Impulse für die Entwicklungen am Brennereisektor.

Mit September 1998 hat die Messe Wien die DESTILLATA übernommen, und das Messe-Team arbeitet mit viel Engagement und Freude daran, den Erfolg, den Wolfram Ortner mit diesem Projekt begründet hat, weiter auszubauen.

Das Potential an „kompetenten Köpfen" rund um die DESTILLATA wird aber auch genützt, um wissenschaftlich fundierte, leicht handhabbare Fachbücher zu produzieren.

Diese Standardwerke sind Ratgeber für jeden Erzeuger – vom Abfindungsbrenner bis hin zum gewerblichen Brenner – und sollten in keiner Brennerei fehlen.

Das Handbuch 1 wurde von Dr. Gerd Scholten (unter Mitwirkung von Dipl.-Ing. (FH) Monika Kacprowski – der mit drei Fachbeiträgen auch die Hauptarbeit geleistet hat –, Ing. Herbert Gartner, Ing. Wolfgang Lukas und Hubertus Vallendar verfaßt. Der Erfolg der ersten Auflage (1996) hat das Konzept bestätigt. Grund genug für eine zweite, erweiterte und ergänzte Auflage, in die auch ein Exkurs zum Thema „Getreidebrände" von Dr. Peter Dürr aufgenommen wurde.

In der DESTILLATA-Edition ebenfalls bereits erschienen ist das Handbuch 2 – „So vermarkte ich meine Edelbrände", das von Ing. Franz Gutmann, Prof. Dr. Josef Hohenecker und Wolfram Ortner – allesamt Experten in Sachen Vermarktung – verfaßt wurde.

Im Handbuch 3 schließlich wird von Dr. Peter Dürr, einem weltweit anerkannten Experten auf dem Gebiet der sensorischen Beurteilung von Bränden, das Thema „Spirituosen genießen und verkosten" mit direktem Praxisbezug und vielen Übungsbeispielen aufgearbeitet.

Genießen Sie nun den Einstieg in die Welt der Edelbrände, und versäumen Sie nicht, uns auf der DESTILLATA 1999 erstmals in Wien zu besuchen – wir freuen uns darauf!

Ihr

Alfred Waschl

Mag. Alfred Waschl
Generaldirektor der Messe Wien

Dr. Peter Dürr beschäftigt sich seit langem mit der sensorischen Analyse von Lebens- und Genußmitteln.

Ing. Herbert Gartner, Mitglied der Destillata-Expertenjury, ist Fachmann für den Obstanbau.

Die Autoren des Handbuches

Dr. Peter Dürr

ist Lebensmittelwissenschaftler und beschäftigt sich seit langem mit der sensorischen Analyse von Lebens- und Genußmitteln. Er ist tätig an der Eidgenössischen Forschungsanstalt für Obst-, Wein- und Gartenbau in Wädenswil am Zürichsee.

Ing. Herbert Gartner

ist bei der Kärntner Land- und Forstwirtschaftskammer beschäftigt und leitet die Obstversuchsanlage in St. Andrä.

Ing. Wolfgang Lukas

ist Referent für Obstbau und Obstverarbeitung in der Landwirtschaftskammer Niederösterreich und ist ein anerkannter, praxisorientierter Experte auf diesem Gebiet.

Dr. Gerd Scholten

ist Leiter des Institutes für Oenologie und Kellerwirtschaft der SLVA Trier. Schwerpunkte seiner Forschungstätigkeit sind u. a. die Entwicklung neuer Gärhefen und Sortencharakterisierung von Obstbränden - Untersuchung der Korrelation sensorischer und analytischer Daten.

Hubertus Vallendar

kommt selbst aus der Praxis - er betreibt zwei Destillerien und einen Brennereihandel.

Dr. Gerd Scholten und Hubertus Vallendar bei den Destillata-Brennkursen (Gold-, Silber- und Bronzekurse). Rechts: Gerhard Gutzler (D) wird das Diplom für den Gold-Kurs verliehen.

Ing. Wolfgang Lukas ist schon seit Jahren Destillata-Referent und Mitglied der Jury.

1.

Die Qualität des Destillates beginnt im Obstgarten

von **Ing. Herbert Gartner**

1.1. Rohstoff Obst

Anbau der einzelnen Obstarten, Standortansprüche, Anbauform und Pflegemaßnahmen, Erntezeitpunkt, Lagerung, Eignung

Qualität, Eigenart und Vielfalt sind nicht nur bei der Frischware Obst von besonderer Bedeutung, sondern auch bei der Herstellung von Obstverarbeitungserzeugnissen. Das gilt im besonderen auch für die Brennerei und damit für die Fruchtbrände.

Das Wort Qualität kommt vom lateinischen **qualitas,** was soviel wie **Beschaffenheit** oder **Eigenart** bedeutet. Schon Demokrit (griech. Philosoph aus Abdera, geb. 460 v. Chr.) unterscheidet bereits subjektive, in unserer Auffassung vorhandene, von objektiv gültigen Qualitäten.

Eine der objektiv gültigen ist die **innere Qualität des Obstes.**

Diese kann jedoch nur am Baum, am Strauch, also auf der Obstpflanze hergestellt werden (nicht im Maischebehälter oder beim Brennen). Bei der Verarbeitung kann sie bestenfalls erhalten und in der Folge optimal ins Glas gebracht werden.

Qualität wächst ausschließlich im Obstgarten:

» richtiger Standort

» richtige Sorte

» richtige Baumform und Pflanzweite

» richtige Pflegemaßnahmen

» richtige Ernte, Sortierung und Lagerung

Bei der Obstverarbeitung diese Qualität erhalten werden:

» richtiges Rohmaterial

» richtige Verarbeitung

» richtige Technologie

Qualitätsverbesserungen sind also nur im Obstgarten möglich. Der Brenner muß alles daran setzen, diese Qualität zu erhalten, er kann sie aber auch bewußt verändern, zum Beispiel durch die Wahl bestimmter Lagerbehälter oder Lagerverfahren. Er stellt bewußt Qualitäten her, die **anders sind, nicht besser oder schlechter.**

Einmalig und vielfältig, wie die Menschen selbst, sollen die „Erlebensmittel" sein, die sie bekommen.

Grundsätzlich kommen alle heimischen Obstarten, daneben aber auch alle anderen zuckerhaltigen, vergärbaren Stoffe als Ausgangsmaterial für die Brennerei in Frage.

Im Unterschied zum Tafelobst - der Mensch genießt auch mit dem Auge - sind Kriterien wie Größe, Form, Farbe etc. unwesentlich, auf die inneren Werte kommt es an. Sie sind für ein qualitativ und auch ausbeutemäßig zufriedenstellendes Produkt entscheidend.

Ausschlaggebend sind:

» **Zuckergehalt** - Er ist nach Obstart und Obstsorte unterschiedlich, sollte jedoch hoch sein.

» **Aroma** - Es soll ausgeprägt und für die Obstart und Obstsorte typisch sein.

» **Gesundheit des Obstes und Sauberkeit** sind unbedingt notwendig. Krankes (faul, schimmelig ...) muß aussortiert werden.

Diesen Anforderungen entspricht nur voll entwickeltes und gut ausgereiftes Obst. Auch für Verarbeitungsobst ist eine Qualitätskontrolle notwendig. Wenn auch die Kriterien gegenüber dem Tafelobst leicht abgeändert sind, die

Mindestanforderungen sollten dennoch gelten:

» gesund, voll entwickelt und gut ausgereift

» sortentypisch, frei von Fremdgeschmack und Fremdgeruch

Wie bei allen Produktionsprozessen ist im Hinblick auf eine einwandfreie und einheitliche Qualität die Kontrolle und damit die rechtzeitige Verringerung des Ausschusses notwendig. Neben einer vernünftigen Vermarktungsstrategie ist das eine wesentliche Voraussetzung für den Betriebserfolg.

Jedes Obstbaugebiet hat sein Spezifikum, und damit sind auch die Obstsorten oder die Sortengemische etwas Spezielles, Regionstypisches: Nicht alles wird überall gleich. Vielfalt also auch hier.

Unterschiedlich sind die Anbausysteme, und unerläßlich ist ein Mindestmaß an Pflege. Natürlichkeit darf auch im Obstanbau nicht mit Verwahrlosung verwechselt werden. Hier gilt wie auch in anderen Belangen: Sowenig wie möglich, aber soviel wie notwendig.

Durchlüftete, gut besonnte Baumkronen oder Beerensträucher ermöglichen eine optimale Assimilation, die wiederum eine bessere Ausreifung und damit Zucker- und Aromabildung zur Folge hat. Außerdem nützt das der Pflanzengesundheit und erhöht so die Leistungsfähigkeit der Obstanlagen.

Jede Frucht, so auch das Obst, schmeckt zu einem bestimmten

Zeitpunkt am besten. Rohstoffe für die Erzeugung von Fruchtbränden haben dann die richtige Reife, wenn man in sie „hineinbeißen" möchte. Nicht jedes Obst erreicht diesen Zustand auf dem Baum.

Besonders **Kernobst** sollte oft früher „pflückreif" geerntet und am Lager nachgereift werden. Diese Baumreife ist an verschiedenen Kriterien zu erkennen:

» leichtes Lösen des Stiels vom Fruchtkuchen (Trennschichtausbildung)

» Aufhellung der Grundfarbe (vom dumpfen Grasiggrün in helleres Lindgrün)

» Leuchtendwerden der Deckfarbe (Rötung)

» Weichwerden des Fruchtfleisches (Fruchtfleischfestigkeit)

» Kernprobe (Braunwerden des Kerns)

» Stärke-Test mit Jod-Kali

» Verlieren des „Gras"-Geschmacks und -Geruchs

» Kelchhöckerdistanz (Formvollendung)

» Inhaltsstoffbeurteilung und Aromafeststellung

Stein- und Beerenobst müssen die richtige Reife am Baum, Strauch, Halbstrauch, bei der Erdbeere auf der Staude erreichen.

Stein- und Beerenobst gehören sofort nach der Ernte verarbeitet, Kernobst läßt man häufig etwas lagern. Dabei wird noch vorhandene Stärke durch fruchteigene Amylasen verzuckert. Zu langes Lagern bringt jedoch oft Nachteile. Verluste an Säure (Schutz), Gefahr von Lagerkrankheiten und Aromaänderungen sind möglich.

Die Lagerräume müssen geeignet sein, Temperatur und Luftfeuchtigkeit sind dabei wesentlich. Ganz besonders ist darauf zu achten, daß die Räume frei von Fremdgerüchen und gut lüftbar sind.

Wichtig für die Qualität des Rohmaterials sind auch **Ernteverfahren und Lagerung.** Gepflücktes Obst hält besser als geschütteltes. Druckstellen bedeuten Verletzungen, oft sogar offene. Schädigende Mikroorganismen können angreifen.

Das ist besonders bei Obst von großkronigen, hochstämmigen Obstbäumen aus dem Streu- oder Landschaftsobstbau zu bedenken. Gerade dieser Obstbau ist der wichtigste Rohstofflieferant für regionstypische Produkte, für Obstweine („Moste"), Obstsäfte und ganz besonders auch für Fruchtbrände.

Diese Baumbestände sind ein wichtiger Teil unserer Kulturlandschaft, sind von hohem landschaftsästhetischem, aber ganz besonders von hohem ökologischem Wert.

Ihre Erhaltung, inzwischen von der Allgemeinheit als unbedingt notwendig erkannt, wird über Pflegeprämien allein nicht möglich sein. Ihr Wert als Rohstofflieferant für regionale Obstverarbeitungsprodukte ist wesentlich höher als der Erlös aus dem Obst selbst.

Der Erholungswert dieser Obstlandschaften ist für den Einheimischen und den Gast gleichermaßen von großer Bedeutung, motivierend für kulturell Schaffende und anregend für die Gastronomie. Der Obstbaum ist Teil unserer Kultur.

Die Pflege der Streuobstwiesen ist behutsam vorzunehmen und darf nicht zu intensiv sein - aus ökologischen Gründen. Durch die Extensivität der Pflegemaßnahmen reift das Obst ungleich, und die Kronen erreichen Höhen, wo eine Handpflücke wirtschaftlich nicht mehr gerechtfertigt ist. Schütteln ist da die einzige Art, dieses Obst wirtschaftlich zu ernten.

Mehrmaliges Durchschütteln - der Reife entsprechend - und nachheriges Verlesen des Obstes von Hand aus sowie eine rasche und saubere Verarbeitung sind unbedingt notwendig.

Qualität wächst im Obstgarten.

Bei der Erzeugung von Fruchtbränden kann die Qualität nie verbessert, sie kann nur erhalten werden.

Es ist Aufgabe des Brenners, die aus der Natur herrührende, unter Einflußnahme des Obsterzeugers hergestellte Qualität unverfälscht und optimal in das Destillat zu bringen.

Der Genießer soll Natur pur, ein „Erlebensmittel" im besten Sinne des Wortes, in seinem Glas vorfinden.

REIFE- UND ERNTEMONATE DER OBSTARTEN

KERNOBST

Apfel	7	- 10
Birne	7	- 10
Asienbirne = Nashi	8	- 10
Quitte		10

STEINOBST

Zwetschke, Pflaume, Ringlotte, Mirabelle	7	- 10
Süßkirsche	6	- 8
Sauerkirsche = Weichsel	6	- 8
Pfirsich und Nektarine	7	- 9
Marille = Aprikose	7	- 8

BEERENOBST

Ribisel = Johannisbeere	6	- 8
Stachelbeere	6	- 7
Jostabeere	7	- 8
Himbeere	6	- 8
Brombeere	7	- 8
Erdbeere	6	- 7
Heidelbeere	7	- 9
Preiselbeere	8	- 10
Kulturpreiselbeere	9	- 10
Holunder	8	- 9
Weintraube	8	- 10

WILDFRÜCHTE

Eberesche = Vogelbeere	9	- 10
Mispel	10	- 11
Schwarze Apfelbeere = Aronia	8	
Kornelkirsche	8	- 9
Hagebutte	9	- 10
Schlehe	10	- 11
Elsbeere	9	- 10
Speierling	9	- 10

Chemische Zusammensetzung wichtiger Inhaltsstoffe des Obstes
(alle Werte sind auf den eßbaren Anteil bezogen)

Obst	Zucker (%)			
	Gesamt	Glucose	Fructose	Saccharose

Kernobst

Obst	Gesamt	Glucose	Fructose	Saccharose
Apfel	6,7 – 15,3	0,1 – 3,6	3,5 – 9,6	0,5 – 5,5
Birnen	8,0 - 13,3	0,8 – 3,9	5,1 – 8,9	0,5 – 3,7
Williams Christbirnen	7,1 – 8,1	0,6 – 1,0	4,9 – 5,7	1,3 – 1,6
Quitten	13,6			

Steinobst

Obst	Gesamt	Glucose	Fructose	Saccharose
Kirschen, süß	9,9 – 24,8	4,7 – 16,1	4,2 – 10,2	0 – 0,6
Kirschen, sauer	5,5 – 9,5	2,9 – 5,2	2,6 – 3,7	0 – 1,0
Zwetschken, Pflaumen	5,3 – 13,2	1,1 – 5,2	0,7 – 3,5	0 – 5,7
Fellenberg-Zwetschke	9,6 – 9,9	2,5 – 3,3	1,0 – 1,1	5,4 – 6,1
Pfirsiche	7,2 – 12,9	0,1 – 3,1	0,4 – 2,7	2,9 – 10,5
Aprikosen, Marillen	5,2 – 13,9	0,3 – 4,1	0,1 – 2,2	1,0 – 10,3

Beerenobst

Obst	Gesamt	Glucose	Fructose	Saccharose
Himbeeren	3,9 – 7,8	0,8 – 3,3	1,1 – 3,7	0,6 – 3,7
Brombeeren	5,5 – 8,5	2, 5 – 4,5	2,2 – 4,5	0 – 0,6
Johannisbeeren, rot	4,7 – 6,8	1,9 – 2,7	2,3 – 3,1	0,2 – 1,2
Johannisb., schwarz	4,7 – 6,8	1,7 – 3,5	2,5 – 4,9	0,6 – 0,9
Erdbeeren		1,4 – 3,4	1,0 – 3,2	0,2 – 2,8
Stachelbeeren	9,0	4,4	4,1	0,5
Heidelbeeren	4,7 – 6,8	2,0 – 3,0	2,6 – 3,9	0,1 – 0,7
Kulturheidelbeeren				
Preiselbeeren	3,9	2,7	0,7	0,5
Kulturpreiselbeeren	7,0	2,7	0,7	0,1
Holunderbeeren	6,5			

Zusammengestellt nach K. Herrmann aus „Frucht- und Gemüsesäfte",
Herausgeber: U. Schobinger

Pektin (%)	Sorbit (%)	Säure (%)			
		Gesamt [1]	Apfelsäure	Zitronens.	Chinasäure

Kernobst

Pektin (%)	Sorbit (%)	Gesamt [1]	Apfelsäure	Zitronens.	Chinasäure
0,6 – 0,9	0,2 – 1,0	0,1 – 0,4	0,2 – 1,4	bis 0,03	bis 0,2
0,5 – 0,6	0,7 – 2,8	0,4 – 0,8	0,5 – 0,9	bis 0,4	bis 0,1

Steinobst

Pektin (%)	Sorbit (%)	Gesamt [1]	Apfelsäure	Zitronens.	Chinasäure
0,3 – 0,5	1,4 – 2,1	0,7 – 1,1			
	1,3 – 3,0		1,6 – 2,9	0,02 – 0,04	
0,6 – 0,9	0,2 – 4,5	0,9 – 2,7	0,8 – 2,5	0,02 – 0,06	0,1 – 0,4
0,4 – 0,8	0,1 – 1,3	0,4 – 1,3	0,2 – 0,7	0,1 – 0,7	0,2 – 0,3
0,5 – 1,3		0,7 – 3,0	0,1 – 2,1	0,1 – 2,0	

Beerenobst

Pektin (%)	Sorbit (%)	Gesamt [1]	Apfelsäure	Zitronens.	Chinasäure
0,4	0				
0,6	0		0,05 – 1,0	0,2 – 1,3 [2]	bis 0,02
0,7 – 1,2	0	1,9 – 2,7	0,2 – 0,3	1,8 – 2,3	bis 0,02
0,8 – 1,5	0	2,8 – 3,6	0,1 – 0,4	1,5 – 3,1	bis 0,05
0,5 – 1,4	0	0,7 – 1,3	0,07 – 0,4	0,6 – 1,0	
0,6		1,4	0		
	0		0,2 – 0,3	0,6	0,5 – 0,9
		0,5	0,03 – 0,05	0,5 – 0,7	0,05 – 0,06
1,2					
		2,3			
	0	0,9			

[1] Tritierbare freie Säure, berechnet auf die mengenmäßig vorherrschende Säure
[2] einschließlich Isozitronensäure

1.2. Apfel

(Malus communis domestica)

Herkunft

Der Kulturapfel stammt von Wild-formen, deren Heimat Kleinasien bzw. der Kaukasus ist.

Waren es anfangs Zufallssämlin-ge, die - wenn sie geschmacklich entsprachen - über Samen wei-tervermehrt wurden, sind Sorten der jüngeren Zeit Produkte ge-zielter Züchtungsarbeit. In letzter Zeit werden andere Wildformen zum Erzielen von Resistenzen mit bewährten Sorten gekreuzt.

Standortansprüche

Der Apfel bevorzugt das ge-mäßigte Klimagebiet. Seine be-sten Qualitäten erreicht er im Al-penraum. Der deutliche Tempe-raturwechsel zwischen Nacht und Tag im Herbst hat eine schönere Färbung, bessere Aroma- und Geschmacksausbildung und ein ideales Zucker : Säure-Verhältnis der Früchte zur Folge.

Sind die Temperaturen in einem Gebiet ausgeglichen und insge-samt zu warm, schmecken die Früchte oft leer, haben wenig Säure und sind einseitig süß.

Da tiefe Temperaturen während der Blütezeit schädigen können, müssen spätfrostgefährdete Lagen (Tallagen, extrem frühe Lagen ...) gemieden werden.

Der Apfel bevorzugt mittelschwe-re Böden, die tiefgründig sind und eine gute Wasserführung aufwei-sen. Die Bodenansprüche hän-gen wesentlich von den verwen-deten Unterlagensorten ab: Je stärkerwüchsige diese sind - am stärksten wachsen Sämlings-unterlagen -, desto robuster und anpassungsfähiger sind sie, doch sind auch Ertragssicherheit und -leistung geringer. Schwach-wachsende Veredlungsunterla-gen wie M 9 sind anspruchsvol-ler, liefern aber gleichmäßigere und höhere Ernten besserer Qualität.

Im Erwerbs- bzw. Tafelapfel-anbau werden niedrige Baumfor-men mit kleinen Kronen - z.B. schlanke Spindeln auf schwach-wachsenden Typenunterlagen - verwendet, im Landschafts- oder Streuobstbau Hoch- und Halb-stämme mit Rundkronen (Gerüst-äste) auf starken Unterlagen.

Befruchtungsverhältnisse

Der Apfel ist selbstunfruchtbar (selbststeril), jede Sorte benötigt eine andere Sorte als Befruchter. Dazu sind jedoch nicht alle Sor-ten gleich gut geeignet. Triploide Sorten wie Gravensteiner und Boskoop sind schlechte, die Goldparmäne hingegen ist ein bekannt guter Pollenspender.

Anbau, Pflege

Niedrige Baumformen auf schwachwachsenden Vered-lungsunterlagen werden mit ge-ringen Pflanzentfernungen relativ dicht gepflanzt:

Die häufigsten Pflanzdichten bei Apfel auf M 9 sind 1.800 bis 3.500 schlanke Spindeln je Hek-tar. Der Ertragsbeginn ist früh (erstes bzw. zweites Standjahr), der Vollertrag wird im fünften bis sechsten Jahr erreicht. Die Kul-turdauer kann 15 bis 20 Jahre be-tragen, doch wird diese wegen der Sortenrotation immer häufiger unterschritten. Die Pflegemaßnahmen wie Schnitt, Formierung, Düngung, Pflanzenschutz, Fruchtausdünnung etc. sind intensiv und stellen an den Obstbauern hohe fachliche Anforderungen.

Hohe, großkronige Baumformen, auf Sämlingsunterlagen veredelt, werden weit gepflanzt:

Häufigste Pflanzdichten sind 80 bis 100 Bäume je Hektar. Die ertragslose Zeit beträgt im Schnitt der Sorten acht bis 15 Jahre. Der Vollertrag wird spät, etwa mit 30 bis 35 Jahren erreicht. Nach dem Aufbau der Baumkrone werden die Pflegemaßnahmen extensiviert, was unregelmäßige Erträge (Alternanz) zur Folge hat. Wird ein regelmäßiger Überwachungsschnitt durchgeführt, können diese Bäume ein hohes Alter bei nahezu unveränderter Leistung erreichen.

Sorten

Bei keiner Obstart ist die Sorten- und Typenvielfalt so reich wie beim Apfel. Neben pomologisch bestimmbaren, bekannten Sorten gibt es eine Unzahl von Zufallssämlingen, die regionsspezifische Eigenarten und Bedeutung haben. Sie werden insbesondere in Kulturlandschaftsprogrammen weitervermehrt und erhalten.

Tafeläpfel: Das Sortiment ist „internationalisiert", in beinahe allen Apfelanbaugebieten werden - mit wenigen Ausnahmen - dieselben Sorten kultiviert. Die wichtigsten sind: Golden Delicious, Gloster, Jonagold, Idared, Gala, Elstar, Rubinette, Vistabella, Summer-

red, Delcorf, Breaburn, Fiesta, Fuji, Pinova ...

Daneben finden sich zahlreiche Sorten, die in ehemaligen Tafelapfelanlagen nach deren Extensivierung beinahe ausschließlich als Verarbeitungsobst, insbesondere für die Herstellung von Qualitätsbränden und Apfelsäften (klar und naturtrüb) Verwendung finden: Gravensteiner, Mc Intosh-Gruppe, Jonathan, Cox Orangenrenette, Schöner von Boskoop und Lokalsorten wie Lavanttaler Bananenapfel, Kronprinz Rudolf, Gewürzluiken etc.

Da der Obstwein („Most") als alkoholarmes Erfrischungsgetränk immer mehr Freunde gewinnt, bekommen auch spezielle Mostapfelsorten wieder größere Bedeutung. Die verbreitetsten sind: Rheinischer Bohnapfel, Krummstiel, Brünnerlinge, Champagner Renette, Maunzenapfel, Odenwälder, Schöner von Wiltshire, Blauacher (Wädenswil), Kardinal Bea, Hauxapfel, Bittenfelder Sämling, Engelsberger Renette u.v.a.

In letzter Zeit setzt man verstärkt auf sogenannte resistente Apfelsorten. Bekannte Sorten sind: Prima, Priam, Florina (Querina), Sir Prize, Goldrush, Enterprize, Topaz oder die Pillnitzer Re-Sorten Remo, Retina, Reglindis, um nur einige zu nennen. Die Erfahrungen mit dem Anbau sowie das Wissen über die Verarbeitungseignung sind noch zu gering. Einige Sorten werden in der Zukunft sicherlich Bedeutung erlangen.

Eignung

Die vielseitige Verwendbarkeit,

frisch oder verarbeitet, der hohe gesundheitliche Wert sowie die gute Lagerfähigkeit vieler Sorten sind Ursache für die Beliebtheit des Apfels.

Es ist heute möglich, Äpfel das ganze Jahr über „baumfrisch" zu erhalten.

1.3. Birne

(Pirus communis)

Herkunft

Die heutigen Kultursorten stammen hauptsächlich von der Holzbirne, aber auch von einigen anderen Wildformen ab. Durch Kreuzungen und Selektionen ergaben sich in Europa und Asien Sorten, von denen einige bereits im klassischen Altertum beschrieben wurden. Die Römer brachten zahlreiche davon nach Mittel- und Westeuropa.

Standortansprüche

Die Birne verlangt warmes Klima. Je edler eine Tafelbirnensorte ist, desto höher sind ihre Ansprüche an Boden und Klima. Die besten Qualitäten erzielt sie im Weinbauklima, in Italien, Frankreich und am Balkan.

Die Winterfrosthärte ist geringer als beim Apfel. Die Birne ist auch spätfrostgefährdeter, weil sie früher blüht.

Nicht selten sind edle Birnensorten im günstigen Kleinklima als Spalier an Hauswänden ausgepflanzt.

Optimal sind tiefgründige, humose, nährstoffreiche, am besten sandige Lehmböden. Stauende

Nässe darf nicht auftreten. Birnen benötigen als Tiefwurzler weniger Wasser als Äpfel. Frühsorten haben geringere Bodenansprüche als spätreifende Birnensorten. Auf kalkreichen Böden neigen auf Quitte veredelte Birnen bei höherer Bodenfeuchte zur Chlorose.

Mostbirnen gedeihen auch in rauhen Lagen, in denen selbst robuste Apfelsorten Probleme machen.

Befruchtungsverhältnisse

Da die Birne selbstunfruchtbar (selbststeril) ist, müssen in jeder Anlage geeignete Pollenspender mit ausgepflanzt werden.

Anbau, Pflege

Im Birnenanbau ist die Möglichkeit der Wuchsbeeinflussung durch die Wahl geeigneter Unterlagensorten nicht so vielfältig wie beim Apfel.

Im Erwerbsanbau werden niedrige Baumformen (Spindel, Palmetten, Hecken etc.) auf schwächerwachsenden Unterlagen veredelt und mit relativ geringen Pflanzentfernungen ausgepflanzt. Als Unterlage stand bis vor wenigen Jahren die Quitte zur Verfügung. Dabei war besonders auf die Quittenverträglichkeit der Birnsorte zu achten. Ist diese nicht ausreichend wie bei Quitte C, löst eine Zwischenveredlung mit der Sorte Gellerts Butterbirne dieses Problem.

Inzwischen gibt es auch andere Quittenunterlagen etwa A, BA 29, Adams. Zunehmend interessant werden die Neuzüchtungen Pyrodwarf oder die OHF- und Farold-Unterlagenserien.

Hohe, großkronige Baumformen werden ausschließlich auf Sämlingsunterlagen herangezogen und meist in Bauerngärten oder in der freien Landschaft ausgepflanzt. Dabei handelt es sich hauptsächlich um Most-, Brenn- oder Dörrbirnen. Es gibt Mostbirnbäume, die in extremen Höhenlagen stehen und mehrere hundert Jahre alt sind.

Schnitt, Formierung, Bodenpflege, Düngung, Pflanzenschutz und Fruchtausdünnung sind im Erwerbsanbau intensiv.

Mostbirnbäume werden nur bei der Pflanzung und während des Kronenaufbaus geschnitten. Während der Vollertragsphase - solche Bäume können je nach Sorte 100, 200 und mehr Jahre alt werden - unterbleibt in der Regel jegliche Schnittmaßnahme.

Sorten

Auch bei der Birne ist die Sortenvielfalt sehr groß. Zahlreiche Sorten, die sich bereits seit Jahrhunderten bewährt haben, werden auch heute noch verwendet. Die bekanntesten sind: Williams Christbirne, Alexander Lucas, Boscs Flaschenbirne, Clapps Liebling, Conference, Gellerts Butterbirne, Diels Butterbirne, Dr. Jules Guyot, Abbate Fetel, Winterforellenbirne, Gute Luise ...

In jüngerer Zeit wurden zahlreiche neue Sorten gezüchtet, die eine große Bereicherung und Verbesserung der bestehenden Sortimente darstellen, darunter: Highland, Packhams Triumph, Cascade, Condo, Concorde, Zilavka, Uta, Isolda, Rosada, Jana ...

Daneben finden sich, oft schon Jahrhunderte unverändert, lokale Sortimente in Birnenalleen, Straßenbegleitpflanzungen und auf Streuobstwiesen mit verschiedenen Weinbirnen (die bekannteste ist die St. Pauler Weinbirne), Subirer, Gelbmöstler, Wasser-, Pichl-, Landl-, Hirsch-, Österreicher-, Fleisch- und Speckbirnen, Palmischbirne, Weilersche Mostbirne und viele andere Sorten oder Varianten.

Eignung

Birnen sind im allgemeinen nicht so gut haltbar wie Äpfel, auch nicht im Kühllager. Besonders Sommer- und Herbstsorten werden sehr rasch überreif.

Birnen lassen sich aber sehr vielseitig verwenden: frisch oder als Naßkonserve (Kompott). Zur Herstellung von Obstweinen („Birnenmost") und klaren Säften sind hauptsächlich die Altsorten geeignet. In letzter Zeit finden sich bereits vereinzelt Schaumweine aus Birnen. Naturtrübe Säfte werden ausschließlich aus Tafelsorten hergestellt. Wenn auch Birnen einen geringeren Vitamingehalt haben als Äpfel, sind sie wegen des hohen Anteils an Fruchtzucker vor allem im diätischen Bereich beliebt.

Besondere Bedeutung hat die Birne jedoch als Ausgangsmaterial für hervorragende Fruchtbrände erlangt. Beliebte Sorten sind: Williams Christbirne, aber auch regionale Spezialitäten wie St. Pauler Weinbirne, Hirschbirne, Subirer etc.

1.4. Asienbirne

(Pyrus pyrifolia)

Herkunft

Die Asienbirne stammt aus China. Durch Einkreuzungen mit der ussurischen Birne entstand das, was in Europa unter dem Namen „Nashi" bekannt ist.

Standortansprüche

Asienbirnen benötigen humusreiche Böden in warmen, windgeschützten Lagen.

Die Winterhärte entspricht der edelster Birnen (bei -15 °C). Wegen der frühen Blüte sind sie spätfrostgefährdet.

Befruchtungsverhältnisse

Die Asienbirne ist selbststeril , sie benötigt einen hohen Befruchteranteil, günstig sind mehrere Sorten. Als Befruchter wird auch Williams Christbirne genannt.

Anbau, Pflege

Mit den meisten Birnenunterlagen gibt es Affinitätsprobleme. Deshalb wird die Asienbirne meist auf Kirchensaller Mostbirne veredelt ausgepflanzt und als Hecke oder als Spindel formiert.

Der Pflanzabstand darf, besonders wegen des starken Jugendwuchses, nicht zu eng gewählt werden. Pflanzdichten um 1.000 Bäume je Hektar sind günstig.

Der Wuchs ist aufrecht und stark, die Garnierung daher meist schlecht. Asienbirnen fruchten aber auf einjährigen Kurztrieben, was bei der Pflege beachtet werden muß: Wuchsförderung durch starkwachsende, affine Unterlage, ausreichend einjährige Triebe belassen.

Der Aufbau von Spindeln erfordert wegen der Verwendung einer starkwachsenden Unterlage viel Fingerspitzengefühl. Nachbehandlungen während der Vegetationszeit sind günstig.

Wegen des meist reichlichen Fruchtansatzes muß, 14 Tage nach der Blüte beginnend, mehrmals ausgedünnt werden.

Die Früchte reifen folgeartig, die Haupterntezeit ist September/Anfang Oktober. Die Frucht ist vom Baum weg eßreif und nur wenige Monate im Kühlhaus lagerbar.

Sorten

Es gibt bereits über 100 Sorten, glattschalig/gelbe (Endsilbe „seiki"), rauhschalig/grau-braun-zimtfarbige (Endsilbe „sui") - beide eher rundlich-flach - und daneben die chinesischen Birnen (Zusatz „Li"), die wie Asienbirnen schmecken, aber wie europäische Birnen aussehen.

Bekannte Sorten sind: Kumoi, Hako, Man Sam Gil, Nijiseiki, Shinseiki, Hosui, Kosui, Daisu Li ...

Eignung

Für den Mitteleuropäer wirken die Früchte fad und geschmacksleer, dabei entsprechen die apfelartig aussehenden Sorten noch eher.

Als Frischfrucht werden Asienbirnen stückweise gehandelt. Sie finden hauptsächlich in Fruchtsalaten Verwendung.

1.5. Quitte
(Cydonia oblonga)

Herkunft

Ihre Heimat wird in Südostasien vermutet. Von dort breitete sie sich über Kreta und Griechenland und weiter über den Balkan bis Mitteleuropa aus.

Standortansprüche

Quitten benötigen warme, frostgeschützte, sonnige Lagen. Sie sind im Holz stärker winterfrostgefährdet als die meisten Apfel- und Birnensorten. Wegen des späten Blühtermins ergibt sich in dieser Hinsicht kaum eine Frostgefährdung.

Die Bodenansprüche sind ähnlich denen der Birne: Quitten vertragen keine Staunässe. Sie gedeihen am besten auf nicht zu trockenen, kalkarmen Böden (schwachsaure Bodenreaktion).

Befruchtungsverhältnisse

Obwohl Quitten selbstfruchtbar sind, empfiehlt es sich, aus Gründen der Ertragssicherheit mehrere Sorten nebeneinander zu setzen.

Anbau, Pflege

Quitten kommen oft als Strauch vor, lassen sich aber sehr gut als Niederstamm in Busch- oder Heckenform erziehen.

Die Vermehrung ist über Kerne, Steckholz oder Ableger möglich. Meist werden jedoch Veredlungen auf spezieller Quittenunterlage vorgenommen.

Pflanzung und Schnitt sollten wegen der Winterfrostgefährdung im Frühjahr erfolgen. In den ersten drei bis vier Jahren wird ein konsequenter Aufbauschnitt durchgeführt, später nur mehr ein Auslichtungsschnitt.

Als Pflanzdichte sind 500 bis 600 Bäume je Hektar zu empfehlen.

Die Ernte erfolgt je nach Sorte und Lage den ganzen Oktober über.

Sorten

Apfelförmige Quitten (Riesenquitte aus Leskovac, Konstantinopeler, Champion) haben ein hartes, eher trockenes Fruchtfleisch, das Aroma ist ausgeprägter.

Birnenförmige Quitten (Portugiesische, Bereczki, Vranje, Mammut) sind weicher und haben weniger Steinzellen im Fruchtfleisch.

Daneben gibt es auch Rundquitten (Ronda).

An Bedeutung gewinnen feuerbrandtolerante Sorten (Cydora, Cydopom).

Eignung

Der hohe gesundheitliche Wert der Quitten war schon im Altertum bekannt, sie wurde zur Heilung der Schleimhäute verwendet.

Die Früchte können vom Menschen nur in gekochter Form genossen werden, und zwar als Gelee, Kompott, Marmelade sowie als Saft oder Nektar.

Gut macht sich das Quittenaroma auch in Obstweinen oder -säften. Ganz hervorragend können Quittenbrände sein.

1.6. Zwetschke, Pflaume, Ringlotte, Mirabelle

(Prunus domestica)

Herkunft

Die in Mitteleuropa wichtigsten Sorten leiten sich von der Hauspflaume (Prunus domestica) ab. Ihre wichtigsten Formen sind Zwetschke (auch Zwetschge, Zwetsche, Quetsche), Pflaume, Mirabelle und Ringlotte (auch Reneclaude, Reneclode).

Daneben gibt es zahlreiche Kreuzungen und Übergangsarten zwischen Schlehen (Prunus spinosa) und Kirschpflaume (Prunus cerasifera). Von der lyxetztgenannten stammt auch die Myrobalane (Prunus myrobalana) ab.

Neben diesen vier Formen kennt der Praktiker noch Spänling (Spillinge), Ziberl (Zibarten), Kriecherl (Kriechen) etc.

„Vom Haar- zum Schädelspalten" führen Diskussionen über die richtige botanische Einteilung.

Die wirtschaftliche Bedeutung dieser Formen ist gering, eher regionsspezifisch und spielt meist nur bei der Herstellung interessanter, vielfältiger Fruchtbrände eine Rolle.

Standortansprüche

So groß die Vielfalt bei den Arten und Typen ist, so groß ist auch deren Anbaubreite. Aber jede Sorte hat ihre spezifischen Ansprüche.

Diese gehen von warmer Lage über warme, geschützte Lagen, geringe Ansprüche oder anspruchslos bis hin zu rauheren Höhenlagen.

Es ist daher bei dieser Obstart besonders wichtig, die Ansprüche der einzelnen Sorten zu kennen. Eines gilt für alle: Je „edler" eine Pflaume, desto anspruchsvoller und empfindlicher ist sie.

Dasselbe gilt bei den Bodenansprüchen: von nährstoffreichen über warme Böden, von feuchten bis anspruchslosen. Ähnliches ergibt sich bei der Frage nach der richtigen Bodenart, wo auch noch der Grundwasserstand von Bedeutung ist.

Bevorzugt wird humus- und nährstoffreicher, gut feuchter - nicht nasser - Boden, leicht bis mittelschwer, mit guter Durchlüftung und Wasserführung.

Befruchtungsverhältnisse

Auch diese sind nicht einheitlich: Es gibt selbstfruchtbare und selbstunfruchtbare Sorten. Bei geschlossenen Pflanzsystemen müssen also Befruchtersorten besonders berücksichtigt werden.

Anbau, Pflege

Als Veredlungsunterlagen stehen Sämlinge, aber auch Klonen- oder Typenunterlagen zur Verfügung. Letztere sind den Sämlingen vorzuziehen, da sie einheitlicheres Wuchs- und Ertragsverhalten zeigen; nachteilig ist die längere Anzuchtzeit.

Wurzelechte Unterlagen und wurzelecht angezogene Bäume sind durch große Widerstandsfähigkeit hinsichtlich Frosthärte und durch höhere Erträge gekennzeichnet, haben aber den Nachteil einer sehr aufwendigen Anzucht.

Die moderne Unterlagenzüchtung hat Unterlagensorten hervorgebracht, die schwächerwüchsig sind und geringere Ansprüche bei höheren Erträgen sowie eine gute Affinität haben sollen. Die bekanntesten sind St. Julien 655-2 und Nr. 2, Myrobalane GF 31, Mariana GF 8/1, Damas 1869, Ishtara sowie Weito, Jaspy, Plumina und Julior.

Ältere Bestände sind Halb- oder Meterstämme. Es haben sich aber auch Niederstämme in Heckenform bewährt. In letzter Zeit werden Spindelbäume mit Pflanzdichten um 800 Bäume je Hektar gezogen.

In den ersten drei bis vier Jahren einer Anlage wird ein tragfähiges Astgerüst aufgebaut, später wird auf die Verjüngung des Fruchtholzes geachtet. Nur so sind hohe Fruchtqualitäten erzielbar. Wichtig ist auch die richtige und zeitgerechte Fruchtausdünnung.

Sorten

Zwetschken sind länglich, blau bis violettblau gefärbt, gelb-festfleischig.

Frühzwetschken sind primär Eßfrüchte (Ersinger, Bühler).

Von den Spätzwetschken, die meist festeres, steinlösendes Fruchtfleisch besitzen und eine gewisse Zeit lagerfähig sind, ist die Hauszwetschke die bekannteste mit der größten Anbaubreite. Sie ist eine ausgezeichnete Verarbeitungsfrucht. Im wärmeren Klimagebiet finden sich neue großfrüchtigere Typen und Sorten (Stanley, Bosnische).

Pflaumen sind meist großfrüchtig, eirund bis rundlich geformt und haben eher weiches Fruchtfleisch. Die Farbe ist gelb, blauviolett oder rötlich. Edelpflaumen sind sehr anspruchsvoll und reifen von Anfang Juli bis Mitte Oktober.

Ringlotten (Große Grüne, Graf Althans) haben ein ausgezeichnetes Aroma und sind daher neben dem Frischverzehr auch als Verarbeitungsfrucht sehr beliebt. Die Früchte sind rund, mittelgroß bis groß und von grün über grünlichgelb bis rot oder blau gefärbt.

Mirabellen (Mirabelle aus Nancy) sind kleinfrüchtig, festfleischig,

gut steinlösend und haben eine hervorragende Fruchtqualität mit einem intensiven Aroma.

Von den neueren Zwetschkensorten zeichnen sich einige durch besondere Anbaueignung aus: Herman, Katinka, Cacak's Schöne, Hanita, Cacak's Fruchtbare, Valjevka, Elena, Top, Elisa.

Interessant sind auch neue Hauszwetschkentypen wie: Wolff, Schüfer, Meschenmoser, Etscheid etc.

Eignung

Die Früchte dieser Obstart sind vielseitig verwendbar. Neben dem Frischverzehr eignen sie sich auch bestens für die Verarbeitung: Kuchenbelag, Konservierung, Saft, Sirup, Mus, Marmelade, Röster (Powidl), Dörrobst (Trockenfrüchte), kandierte und in Alkohol eingelegte Früchte, Zwetschkenbrände.

Die Vielfalt bei den Zwetschken- bzw. Pflaumenbränden ist sehr groß: von der eleganten, zarten, leicht zimtigen Frucht edler Pflaumen bis zur beinahe „wilden" der Hauszwetschke. Zwetschkenbrände eignen sich besonders für die Lagerung in heimischer Eiche.

1.7. Süßkirsche

(Prunus avium)

Herkunft

Die Süßkirsche stammt von der Vogelkirsche ab, deren Heimat Kleinasien und der Kaukasus ist. Sie ist aber bereits seit Tausenden Jahren auch in Europa heimisch.

Standortansprüche

Die Süßkirsche hat eine große Anbaubreite und gedeiht sogar noch in höheren Lagen. Wegen der Krankheitsanfälligkeit und der Platzempfindlichkeit sind Gebiete mit höheren Niederschlagsmengen und hoher Luftfeuchtigkeit nur wenig für den Anbau geeignet. Wegen der frühen Blüte sind Kirschen spätfrostgefährdet.

Gut geeignet sind warme, tiefgründige, gut durchlüftete Böden mit ausreichender Nährstoffversorgung. Staunasse Böden sind ungeeignet, da zu hohe Bodenfeuchtigkeit den „Gummifluß" fördert.

Befruchtungsverhältnisse

Alle Kirschensorten, mit Ausnahme einiger Neuzüchtungen, sind selbstunfruchtbar (selbststeril) und benötigen deshalb geeignete Befruchtersorten. Haupterntezeit ist Juni/Juli.

Anbau, Pflege

Waren es in früherer Zeit hauptsächlich Sämlinge, auf die veredelt wurde, ist der Vogelkirschenklon F 12/1 in den letzten Jahrzehnten zur wichtigsten Unterlage geworden. In jüngster Zeit werden immer häufiger vegetativ vermehrbare Unterlagen

(Weiroot, Gisela, Tabel Edabriz, Maxma) verwendet.

Dadurch wird es möglich, nicht nur mittlere und höhere Baumformen mit großer Pflanzweite (rund 100 Bäume je Hektar) zu kultivieren, sondern auch Niederstämme. Diese werden relativ dicht gepflanzt (600 bis 800 Bäume je Hektar) und immer häufiger als Spindel gezogen.

Sorten

Bei den <u>Tafelkirschen</u> werden heute noch alte Sorten verwendet: Dönissens Gelbe Knorpelkirsche, Hedelfinger Riesenkirsche, Große Germersdorfer, Prinzessinkirsche, Schwarze Knorpelkirsche.

In letzter Zeit gibt es jedoch zahlreiche platzfestere Neuzüchtungen wie: Regina, Oktavia, Kordia, Giorgia, Adriana, Burlat, Van, oder etwa die neuen Sorten aus den USA und Kanada, unter denen auch selbstfruchtbare sind: Lapins, Summit, Sweetheart, Celeste, Sunburst.

Daneben haben traditionelle <u>Brennkirschen</u> nie ihren Wert verloren. Unter ihnen sind die schüttelbaren Sorten heute mehr denn je gefragt: Dolleseppler, Wölflisteiner, Basler Langstieler.

Eignung

Kirschen sind als Frischfrucht sehr beliebt, aber auch verarbeitet als Kompott, Marmelade, Saft oder Wein. Besonders gefragt sind Kirschbrände aus geeigneten Brennkirschen.

1.8. Sauerkirsche (Weichsel)

(Prunus cerasus)

Herkunft

Die heutigen Sorten stammen von Wildformen ab, die in Europa, Kleinasien und im Kaukasus beheimatet sind. Ihre Kultur ist ebenso alt wie die der Süßkirsche, doch hatte sie nie deren Bedeutung.

Standortansprüche

Weichseln stellen geringere Ansprüche, sind anpassungsfähiger und weniger frost- und blütenfrostgefährdet als die Süßkirsche. Nur wenige Sorten benötigen Weinklima.

Der Boden sollte leicht und nährstoffreich sein.

Befruchtungsverhältnisse

Es gibt sowohl selbstfruchtbare als auch selbstunfruchtbare Sorten. Vor einer Auspflanzung muß überlegt werden, ob ein Befruchter notwendig und welcher geeignet ist.

Eine gegenseitige Befruchtung zwischen Sauer- und Süßkirsche ist, gleicher Blühtermin vorausgesetzt, möglich.

Anbau, Pflege

Im Gegensatz zur Süßkirsche waren die schwächerwachsenden Weichseln immer in einer etwas niedrigeren Baumform gezogen worden. Die einzelnen Sorten wachsen sehr unterschiedlich: die Schattenmorelle trauerweidenartig hängend, Köröser eher aufstrebend, süßkirschenähnlich. Damit es nicht zum „Verkahlen" kommt, ist ein konsequenter Verjüngungsschnitt notwendig.

In der Vergangenheit wurde ausschließlich die Unterlagensorte Prunus mahaleb verwendet, dann der Vogelkirschenklon F 12/1 und in letzter Zeit vegetativ vermehrbare Unterlagen wie Colt, Weiroot, Gisela, Tabel Edabriz, Maxma und andere.

Waren früher Pflanzdichten um 500 Bäume je Hektar üblich, finden sich in neueren Anlagen (meist Spindeln) solche bis 800 Bäume je Hektar.

Sorten

Die Weichselsorten lassen sich einteilen in: Amarellen (saure Frucht, Saft färbend, Stiel lang), Weichselkirschen (sauer, rot, Saft färbend, kurzer Stiel), Süßweichseln (Bastardkirschen mit färbendem Saft) und Glaskirschen (Bastardkirschen mit nichtfärbendem Saft).

Die verbreitetsten Sorten sind Schattenmorelle und Köröser Weichsel, dazu kommen einige neue Sorten wie: Korund, Karneol oder Gerema.

Eignung

Mildsäuerliche Sorten eignen sich besonders zum Frischkonsum, die säurereicheren Sorten für Kompott, Marmelade, Säfte, Fruchtweine und für Brände. Berühmt ist der „Marascino", ein Fruchtbrand aus Maraska und Tschernokorka (Dalmatien).

1.9. Pfirsich

(Prunus persica)

Herkunft

Aus seiner Heimat China gelangte der Pfirsich über den Vorderen Orient in die Mittelmeerländer und von dort durch die Römer auch nach Mitteleuropa.

Standortansprüche

Der Pfirsich gedeiht am besten im warmen Weinbauklima. Extreme Winterfröste schädigen Holz und Knospen. Die Blüten sind relativ wenig frostempfindlich.

Als Standort entsprechen frost- und windgeschützte, süd- bis südwestgeneigte Hanglagen.

Leichte, sandhaltige, nährstoffreiche Humusböden mit gleichmäßiger Wasserversorgung entsprechen sehr gut.

Befruchtungsverhältnisse

Pfirsiche sind selbstfruchtbar. Das Vorhandensein anderer Sorten fördert jedoch die Menge und Sicherheit des Ertrages, was besonders bei ungünstigem Blütewetter gilt. Die Bestäubung geschieht über Wind und Insekten.

Anbau, Pflege

Auf pfirsichholden Böden ist der Pfirsichsämling die geeignetste Unterlagensorte. Auf trockenen Böden mit höheren Kalkwerten werden günstigerweise Pfirsich-Mandel-Bastarde verwendet. Es sind aber auch alle Pflaumenunterlagen geeignet.

Der Busch ist die hauptsächliche Baumform des Pfirsichs, als Kronenform die Trichterkrone. Als häufigste Pflanzdichte gilt 500

Bäume je Hektar. Seltener ist die Spindelform anzutreffen.

Der Pfirsich sollte im Frühjahr gepflanzt werden.

Winterschnitt und Grünbehandlung müssen konsequent durchgeführt werden. Da der Pfirsich am einjährigen, kräftigen Trieb die besten Früchte bringt, sind alle Pflegemaßnahmen auf Triebförderung ausgerichtet.

Die Pflegeintensität ist hoch. Zusätzliche Wassergaben in temporären Trockenzeiten sind günstig, da ansonsten die Früchte zu klein, geschmacksleer und stärker behaart sind.

Sorten

Gab es früher fast ausschließlich weißfleischige Pfirsiche (z.B. Mamie Ross), haben sich inzwischen die gelbfleischigen durchgesetzt. Man unterscheidet zwei Gruppen von Pfirsichen: die behaarten echten Pfirsiche (Dixiered, Redhaven, Suncrest, ...) und die unbehaarten, glatten Nacktpfirsiche oder Nektarinen (Silver Lode, Red June, Flavortop, ...).

Die Ernte erfogt in der Zeit von Ende Juli bis Ende September.

Besondere Bedeutung kommt dem Weingartenpfirsich zu: Es gibt eine Vielzahl von Typen, meist mit regionaler Bedeutung. Ihnen allen ist jedoch das ausgeprägte Pfirsicharoma gemeinsam. In jüngster Zeit versucht man sie als wertvolles Genmaterial zu erhalten und in Kulturlandschaftsprogramme einzubauen.

Eignung

Der Schwerpunkt liegt am Frischmarkt. Aber auch für Marmeladen, Kompotte, Säfte und Nektare sowie zum Trocknen sind sie geeignet. Hervorragend sind Fruchtbrände (Weingartenpfirsich).

1.10. Marille (Aprikose)

(Prunus armeniaca)

Herkunft

Die Marille zählt zu den ältesten Obstarten und stammt aus Nordchina.

Standortansprüche

Von allen wärmeliebenden Obstarten stellt die Marille die höchsten Ansprüche, die Jahresmitteltemperatur sollte nicht unter 9 °C liegen.

Die Marille benötigt warme, trockene Lagen. Schutz vor kalten Winden ist günstig, Staulagen sind nicht geeignet. Ein Stamm- und Gerüstschutz durch Kalkanstrich ist empfehlenswert.

Ihre frühe Blüte ist durch Spätfröste gefährdet, weshalb die Erträge sehr unsicher sind. Alles, was eine spätere Blüte nach sich bringt, erhöht die Rentabilität im Anbau (leichtgeneigte Nordhänge, Sortenwahl ...).

Die Bodenansprüche sind je nach verwendeter Unterlagensorte unterschiedlich. Gut geeignet sind warme, gut durchlüftete, lockere, lehmige Böden oder Lößböden, nicht geeignet hingegen feuchte.

Befruchtungsverhältnisse

Marillen sind selbstfruchtbar, außer einigen Frühsorten.

Anbau, Pflege

Hauptsächlich sind die bestehenden Marillenanlagen auf Sämlinge veredelt und als Rundkronen - in höherer Baumform - erzogen. Um Pflege- und Erntearbeiten leichter durchführen zu können, versucht man Niederstämme in Hecken- oder Spindelform (etwa 800 Bäume je Hektar) auszupflanzen. Als Veredlungsunterlagen werden dabei dieselben wie bei Zwetschken verwendet: St. Julien GF 655-2, Ishtara, Mariana GF 8/1, in neuerer Zeit spezielle wie: Torinel, Julior, Pumiselekt.

In den ersten drei bis vier Jahren ist ein Erziehungs- und Aufbauschnitt notwendig. Später wird überwacht, Fruchtholz verjüngt und ausgelichtet.

Neben den Blütenfrösten sind das „Schlagtreffen" und das Scharkavirus die größten Hindernisse für einen erfolgreichen Anbau. Marillen reifen im Juli und August, sind transport-, kühl- und tiefkühlfähig.

Sorten

Die Selbstfruchtbarkeit dieser Obstart hat zu einer Vielzahl von Sorten und Typen geführt (Klosterneuburger, Wachauer, Kittseer), was besonders auch für die hervorragende Sorte Ungarische Beste gilt.

In den neueren Anlagen werden Sorten ausgepflanzt, die freudig, manche auch später blühen und virusfrei herangezogen wurden: Rouge de Fourness, Hargrand, Goldrich, Bergeron, ...

Eignung

Marillen werden frisch gegessen, aber auch gerne zu Kompott, Marmelade, Dörrobst, Saft, Nektar und Fruchtbrand verarbeitet oder als Kuchenbelag verwendet.

1.11. Ribisel (Johannisbeere)
(Gattung Ribes)

Herkunft

Rote und weiße Ribiseln entstammen Kreuzungen und Selektionen von Ribes rubrum, Ribes vulgare, Ribes petreum und Ribes multiflorum. Die schwarze Ribisel stammt aus der ebenfalls bei uns heimischen Art Ribes nigrum. Die Goldribisel (Ribes aureum) dient als Unterlage für Johannisbeer- und Stachelbeerstämmchen.

Standortansprüche

Ribiseln sind sehr anpassungsfähig. Rote und weiße haben eher geringe, schwarze eher höhere Ansprüche.

Die Winterfrostempfindlichkeit ist gering. Meist sind nur Frühsorten blütenfrostgefährdet. Günstig sind windgeschützte, sonnige Lagen.

Als Flachwurzler reagieren Ribiseln negativ auf Trockenheit und Nässe. Mittelschwere, humus- und nährstoffreiche Böden werden bevorzugt.

Befruchtungsverhältnisse

Rote und weiße Ribiseln sind fast durchwegs selbstfruchtbar. Bei den schwarzen Ribiseln gibt es von selbstfruchtbar bis selbstunfruchtbar alle Möglichkeiten. Mehrere Sorten in einer Anlage sind deshalb stets von Vorteil.

Ungünstiges Blütewetter sowie schlechter Ernährungs- und Pflegezustand und ungenügender Insektenflug fördern das „Verrieseln" der Trauben.

Anbau, Pflege

Tafelware wird häufig in Hecken- oder Spindelanlagen produziert, Verarbeitungsware vorwiegend in Buschkultur.

Die Pflanzdichten betragen im ersten Fall bis zu 5.000, im zweiten zwischen 1.700 und 2.700 Sträucher je Hektar.

Die Vermehrung der Pflanzen geschieht hauptsächlich mit Stecklingen. Grundvoraussetzung bei modernen Erziehungsformen ist die Verwendung wuchskräftiger ein- bis dreitriebiger Pflanzen. Nach der Ernte erfolgt ein Auslichtungs- und zu Winterausgang ein Korrekturschnitt. Die Hecken und Spindeln haben einen leicht modifizierten Schnitt und eine geringere Lebenserwartung.

Die Erntezeit ist von Ende Juni bis Anfang August. Bei Büschen kann auch mechanisch geerntet werden (Schüttelpistolen, Vollerntemaschinen).

Sorten

Rote Ribisel: Jonkheer van Tets, Rondom, Rovada, Rosetta

Weiße Ribisel: Weiße Versailler, Blanka

Schwarze Ribisel: Rosenthals, Silvergieter, Titania

Eignung

Neben dem Frischverzehr lassen sich die Früchte zu Marmelade, Gelee, Saft, Sirup, Wein, Fruchtbrand und Likör (Cassis aus schwarzen Ribiseln) verarbeiten.

1.12. Stachelbeere

(Ribes uva crispa)

Herkunft

Die Heimat der Stachelbeere ist Europa.

Standortansprüche

Die Anforderungen an den Standort sind gering, ähnlich der Ribisel. Blütenfröste können schädigen und Regenfälle zur Reifezeit (Ende Juni bis Ende Juli) ein Platzen der Früchte zur Folge haben. Anhaltende Hitze führt zu Sonnenbrand an den Früchten.

Genügend feuchter, auch kalkhaltiger, humoser und gut durchlüfteter Boden wird bevorzugt.

Befruchtungsverhältnisse

Stachelbeeren sind selbstfruchtbar. Mischbestände und ausreichend Bienen- und Hummelflug gewährleisten sichere Erträge.

Anbau, Pflege

Im Hausgarten dominieren Busch- und Stämmchen-, im Erwerbsanbau hingegen Hecken- und Spindelerziehung. Einerseits erreichen die Früchte so eine höhere Qualität, und andererseits sind sie leichter zu ernten. Wichtige Voraussetzung für den Anbauerfolg ist dabei die Verwendung eines kräftigen Pflanzenmaterials. Die Pflanzabstände in der Reihe betragen bei Büschen 1,5 bis 2,0 Meter und bei Hecken oder Spindeln 0,5 bis 1,0 Meter.

In den ersten Jahren wird durch starkes Einkürzen ein leistungsfähiges Leitastgerüst aufgebaut. Durch richtigen Schnitt werden Fruchtknospenbildung und Qua-lität gefördert, da nur ein- bis dreijähriges Holz reich trägt und große Früchte bringt.

Sorten

Rotschalige Sorten: Rote Triumph, Maiherzog, Rokula, Rolanda, Achilles

Gelbschalige Sorten: Gelbe Triumph, Rixanta

Grünschalige Sorten: Invicta, Lady Delamare

Eignung

Stachelbeeren werden frisch verzehrt, tiefgefroren oder zu Marmelade, Saft und Wein verarbeitet und zunehmend gebrannt.

Jostabeeren

Sie entstammen einer Kreuzung aus schwarzer Ribisel x Stachelbeere, sind selbstfruchtbar und starkwüchsig.

Die Ansprüche sind gleich wie bei der schwarzen Ribisel, die Pflanzabstände sind wegen der wesentlich stärkeren Wüchsigkeit weiter zu wählen. Jostabeeren sind ebenfalls als Hecke oder Spindel formierbar.

Die Beere ähnelt der schwarzen Ribisel in Farbe und Form, im Geschmack aber der Stachelbeere. Die Früchte sind größer, glattschalig und geruchlos und reifen Anfang Juli.

Die wichtigsten Sorten sind: Jostine, Jogranda und Jochelbeere.

1.13. Himbeere

(Rubus idaeus)

Herkunft

Unsere Kultursorten stammen von Wildarten der heimischen (Rubus idaeus) und der amerikanischen (Rubus strigosus) Himbeere ab.

Standortansprüche

Die Himbeere liebt sonnige, windgeschützte Lagen, ist aber sonst klimamäßig nicht sehr anspruchsvoll.

Der Boden soll humos, lehmig, tiefgründig und feucht sein. Ungeeignet sind schwere, kalkreiche oder gar verdichtete und staunasse Böden.

Befruchtungsverhältnisse

Himbeeren sind selbstfruchtbar. Fremdbestäubung über Insekten und Wind ist vorteilhaft.

Anbau, Pflege

Am besten setzt man virusfreie Topfpflanzen von anerkannten Vermehrungsbetrieben. Aus gesunden Altbeständen kann man einjährige Wurzelschoße gewinnen und auspflanzen.

Die Auspflanzung erfolgt in Reihen. Sommerhimbeeren erhalten ein Spaliergerüst, entweder als alljährlich tragende normale Hecke oder als Staberziehung. Pflanzabstand: In der Reihe 40 bis 80 Zentimeter, Reihenabstand 2,5 bis 3,0 Meter (im T- oder V-System bis zu 3,5 Meter).

Wichtig ist, daß der Boden vor der Pflanzung frei von Problemunkräutern, insbesondere frei von Quecke ist.

Die Himbeere ist ein Halbstrauch, der sich vom Wurzelstock her erneuert. Aus diesem entwickeln sich im ersten Jahr kräftige Jungruten, die im zweiten Jahr fruchten.

Neben den einmaltragenden Sommerhimbeeren (Reifezeit Ende Juni bis Anfang August) gibt es auch herbsttragende Sorten, bei denen die Jungruten im Entstehungsjahr fruchten. Die Früchte reifen ab Ende August bis hin zu den ersten Frösten.

Bei Sommerhimbeeren werden abgetragene Ruten nach der Ernte weggeschnitten, die verbleibenden Jungtriebe zu Winterausgang je nach Formierungssystem auf acht bis 16 gesunde Triebe je Laufmeter vereinzelt. Daneben gibt es die Möglichkeit der alternierenden Systeme, d.h. man erhält je Reihe nur jedes zweite Jahr eine Ernte. Herbsthimbeeren werden während der Vegetationsruhe bodengleich abgemäht. Die im Frühjahr austreibenden Jungtriebe tragen noch im selben Jahr.

Sorten

Resa, Zeva II, Himbo Queen, Meeker, Rucanta, Himbo Star und Schönemann sind Sommersorten, Autumn Bliss ist eine Herbstsorte.

Eignung

Himbeeren sind frisch und tiefgefroren, verarbeitet zu Marmelade, Saft, Gelee, Wein und als Brand, aber auch als eingelegte Frucht beliebt.

1.14. Brombeere

(Rubus fructicosus)

Herkunft

Unter dem Sammelnamen Rubus fructicosus waren alle heimischen, bedornten und rankenden Sorten zusammengefaßt worden. Unsere heutigen Kultursorten stammen aber auch von anderen Wildformen ab: die aufrechtwachsenden und stacheltragenden Sorten von Rubus discolor sowie die rankenden, stachellosen Sorten von Rubus lascinatus.

Standortansprüche

Die Brombeere verlangt warme, sonnige, windgeschützte Lagen. Sie blüht spät, ab Ende Mai und über einen längeren Zeitraum, was große Ertragssicherheit bedeutet.

An den Boden stellt sie keine besonderen Ansprüche. Am günstigsten sind mittelschwere, durchlässige Böden.

Befruchtungsverhältnisse

Brombeeren sind selbstfruchtbar.

Anbau, Pflege

Im modernen Erwerbsanbau werden überwiegend stachellose Sorten kultiviert. Gepflanzt werden Jungpflanzen mit Topfballen, die nicht zurückgeschnitten werden dürfen (Vertrocknungsgefahr).

Die Abstände von Reihe zu Reihe betragen 2,5 bis 4,0 Meter und in der Reihe 1,5 bis 3,5 Meter - in Abhängigkeit vom Anbausystem.

Die Kultur erfordert zur Unterstützung ein Drahtgerüst. Neben der halbaufrechten Fächererziehung wird auch die alternierende Staberziehung in der Praxis angewendet.

Als Halbstrauch bringt die Brombeere lange Jungruten, die im zweiten Jahr fruchttragende Kurztriebe erzeugen. Nach dem Ertrag sterben die Triebe ab.

Zu Winterausgang werden diese Triebe weggeschnitten und die im Vorjahr entstandenen Jungtriebe je nach Kultursystem auf das notwendige Maß reduziert. Eventuell vorhandene Geiztriebe werden eingekürzt.

Richtiger Schnitt verringert die Ertragsfläche, was bessere Besonnung und Qualität, aber auch eine erleichterte Ernte zur Folge hat.

Der Reifeverlauf ist gestreckt, er reicht von Ende Juli bis zum Frostbeginn. Haupternte ist August/September.

Pflückreif sind Brombeeren erst, wenn sie vollreif und die Fruchtböden violett-schwärzlich verfärbt und glasig sind.

Sorten

Theodor Reimers ist die bekannteste, bedornte Sorte. Stachellos sind die Sorten Nessy, Jumbo und Thornfree.

Eignung

Brombeeren eignen sich zum Frischkonsum, zum Tiefgefrieren und zur Herstellung von Marmelade, Gelee, Saft, Wein, Likör und Fruchtbrand.

1.15. Loganbeere

(Rubus loganobaccus)

Sie wurde aus Samen der Brombeere - Rubus ursinus - gezogen.

Wegen der Frostempfindlichkeit werden geschützte Lagen bevorzugt. Der Boden soll durchlässig, tiefgründig und feucht sein.

Der Wuchs ist dem der Brombeere ähnlich. Die Triebe sind fein bestachelt, dünn und zwei bis drei Meter lang.

Diese Selbstbefruchter blühen im Juni/Juli, die Reife ist im Juli/August. Die Früchte schmecken säuerlich, sind aromatisch und werden frisch gegessen oder zu Saft, Gelee oder Marmelade verarbeitet.

1.16. Boysenbeere

(Wilde Himbeere x Brombeere)

Sie ist nicht sehr winterhart und hat geringe Ansprüche an den Boden.

Der Wuchs ist mittelstark. Die dunkle, samenarme Beere reift im August und ist mit drei Zentimeter Länge dreimal so groß wie eine Himbeere, schmeckt intensiv, harmonisch und sehr saftig.

Sie wird frisch gegessen oder zu Kompott, Marmelade, Saft, Sirup und Fruchtwein verarbeitet.

1.17. Taybeere

(Aurorabrombeere x Himbeere)

Die Pflanze ist robust und widerstandsfähig - leider nicht ganz gegen Winterfröste ab -18 °C. Der Wuchs ist relativ stark.

Die Beeren reifen im Juli, sind groß, länglich, purpurrot gefärbt und feinsäuerlich im Geschmack.

Sie ist für den Frischverzehr, zum Tiefgefrieren, zur Herstellung von Marmelade, Saft und Wein geeignet.

1.18. Japanische Weinbeere

(Rubus phoenicicolasius)

Ihre Heimat ist Ostasien.

Sie liebt schattige Standorte und ist ziemlich frostresistent.

Der Boden soll tiefgründig, durchlässig, feucht, humus- und nährstoffreich sein.

Der Wuchs ist strauchartig, die Triebe sind rotborstig behaart. Die Blüte dieses Selbstbefruchters ist im Juni/Juli, die Reifezeit Juli/August.

Die Früchte sind brombeerähnlich, orangerot, wohlschmeckend und feinsäuerlich, gut zum Frischverzehr, zum Kühlen jedoch wenig geeignet.

... und weitere Verwandte von Brombeere und Himbeere

Yuongbeere, Arktische Brombeere, Nektarhimbeere, Lampionbeere, Malling-Sonnenbeere und Marionbeere

1.19. Erdbeere

(Fragaria x ananassa)

Herkunft

Die Gattung Fragaria ist über Europa, Asien und Amerika verbreitet.

Unsere großfrüchtige Gartenerdbeere ist ein Kreuzungsprodukt aus einer süd- und einer nordamerikanischen Art (F. chiloensis bzw. F. virginiana). Die bei uns beheimatete Walderdbeere (F. vesca) ist die Ausgangsform der Monatserdbeere.

Standortansprüche

Die Erdbeere hat aufgrund ihrer Vielfalt eine große Anbaubreite.

Erdbeeren können von Tal- bis in Höhenlagen angebaut werden. Die Standortansprüche sind eher sortenspezifisch.

Frostgefährdete, windausgesetzte Lagen sind ungeeignet.

Gut durchlüftete, humose, mit Nährstoffen ausreichend versorgte, mäßig feuchte, fruchtbare Böden sind gut geeignet.

Befruchtungsverhältnisse

Die meisten empfohlenen Kultursorten sind selbstfruchtbar.

Anbau, Pflege

Die Kulturdauer beträgt heute ein bis zwei Jahre. Üblicherweise werden im Freiland Reihenkulturen angelegt. Die Pflanzdichte beträgt 30.000 bis 35.000 Pflanzen je Hektar.

Im Folientunnel oder Glashaus wird eine Art Beetkultur gewählt: Eimer- oder Polsterkultur (Torfballenkultur).

Frisch- oder Grünpflanzen werden Ende Juli bis Ende August gesetzt, Frigopflanzen von Mitte April bis Ende Juli, je nach Verwendungsart. Wartebeetpflanzen sind geeignet für Terminkulturen im Gewächshaus oder im Freiland. Pflanzzeit ist Februar bis Mitte Juli.

Wichtig ist vor einer Neuauspflanzung die Bodenvorbereitung: Anbau von Gründüngungspflanzen, Unkrautfreimachen des Quartiers etc.

Sorten

Elvira und Lambada sind frühreifende, Elsanta, Gorella und Marmolada mittelfrühe, Gerida, Tenira und Thuriga mittelspäte, Bogota sowie Malling Pandora sind spätreifende Sorten.

Immertragende Sorten sind Evita, Irvine, Mara des Bois und Ostara.

Als Monatserdbeere ist Alexandra zu empfehlen.

Für Erdbeerwiesen (Walderdbeere x Gartenerdbeere) eignen sich besonders die Sorten Spadeka und Florika.

Eignung

Es gibt kaum eine andere Beerenobstart, bei der sich im Sortiment jährlich so viel ändert. Vielfältig sind die Sorten, und ebenso vielfältig ist die Eignung, einerlei ob für die Marktbelieferung oder die Selbstpflücke. Erdbeeren werden frisch gegessen oder zu Marmelade, Nektar, Wein und Likör verarbeitet. Es werden aber immer häufiger auch Brände hergestellt.

1.20. Heidelbeere
(Vaccinium corymbosum)

Herkunft

Die Wildform (Vaccinium myrtillus), auch Blau- oder Schwarzbeere genannt, ist ein niedriger Strauch, der in Europa und Asien in Wäldern und auf Lichtungen wächst. In den USA sind Wildformen im Osten verbreitet. Sie unterscheiden sich durch höheren Wuchs und größere Früchte. Aus ihnen entstanden durch Züchtung die Kulturheidelbeeren.

Standortansprüche

Die Kulturheidelbeere gehört ins gemäßigte Klima. Sie benötigt volle Sonne. Tiefe Wintertemperaturen bis -25 °C und Spätfröste von -3 bis -5 °C führen kaum zu Schäden. Die Blütezeit ist Mitte bis Ende Mai und die Aufblühfolge sehr langsam.

Die Kulturheidelbeeren stellen hohe Ansprüche an den Standort. Der Boden soll warm, genügend tiefgründig, gut durchlüftet, stark humos und sehr sauer sein (pH 4,0 bis 4,7). Für diese Moorbeetpflanzen sind humose Sandböden ideal. Oft ist es notwendig, ein „künstliches" Wurzelmilieu zu schaffen. Der Anbau erfolgt dann in eigens dafür angelegten Moorbeeten oder auf Dämmen. Regelmäßige Versorgung mit kalkfreiem Wasser ist notwendig, Heidelbeeren leiden leicht unter Trockenheit.

Befruchtungsverhältnisse

Kulturheidelbeeren sind selbstfruchtbar. Trotzdem ist eine Fremdbestäubung durch Nachbarpflanzen mit Hilfe der Insekten wegen der Ertragssicherheit und Beerengröße wichtig.

Anbau, Pflege

Zur Ausspflanzung sollten drei- bis vierjährige Pflanzen mit Erdballen - sie werden meist über Grünstecklingsvermehrung herangezogen - verwendet werden. Ein Pflanzschnitt ist nicht notwendig. Die häufigste Pflanzdichte beträgt 3.000 Sträucher je Hektar.

Die Reihenstreifen werden mit Sägespänen oder roher Rinde abgedeckt. Das hindert den Unkrautwuchs und hält den Boden feucht.

Ab dem zweiten Jahr werden lange Jahrestriebe eingekürzt (pinziert), die sich dann verzweigen und Kurztriebe mit Blütenknospen bringen. Ansonsten beschränkt sich der Schnitt auf das Entfernen zu stark hängender, zu schwacher oder geschädigter Triebe und Äste sowie auf ein Auslichten der Sträucher.

Bis ein Strauch im Vollertrag ist, dauert es acht bis zehn Jahre.

Die Ernte erstreckt sich sortenabhängig von Juli bis September.

Sorten

Verschiedene Sorten können bis mannshoch werden. Die meisten Sorten haben Früchte ohne färbenden Saft. Hauptsorten sind: Earliblue, Bluecrop, Berkeley, Coville, Darrow und Elliot.

Eignung

Frischkonsum, Kompott, Marmelade, Saft, Fruchtwein, Likör und Brände

1.21. Preiselbeere

(Vaccinium vitis idaea)

Herkunft

Die Preiselbeere ist in Europa in fast allen Ländern zu finden. Im Norden Mitteleuropas ist sie Bestandteil der sogenannten Waldheide und sogar in Skandinavien und in den Alpen bis in Höhen von über 2.000 Metern anzutreffen.

Der 10 bis 30 Zentimeter hohe Zwergstrauch macht unterirdische, wurzelnde, schuppig beblätterte Kriechtriebe. Aus deren Achselknospen entspringen Spros se, die Blätter und Blüten bzw. Früchte tragen.

Standortansprüche

Auch die Kultursorten sind frosthart. Sie vertragen ohne Schaden Wintertemperaturen bis -22 °C. Preiselbeeren blühen außerdem spät, das erste Mal Ende Mai. Grundsätzlich sind zwei Ernten möglich, eine im Juli/August und eine im Oktober.

Die Bodenansprüche sind ähnlich denen der Kulturheidelbeere. Der Boden sollte sauer (pH 3,5 bis 5,0) sein. Sogar leichteste Sandböden, wenn sie nur kalkarm sind, sind geeignet.

Die Erträge werden höher und gleichmäßiger durch ausreichende Nährstoff- und Wasserversorgung sowie durch genügend Humus.

Befruchtungsverhältnisse

Preiselbeeren sind selbstfruchtbar.

Anbau, Pflege

Über Samen vermehrte Preiselbeeren können Ausläufer bilden, wie die Wildform, doch so herangezogene Pflanzen bleiben zu lange in der Jugendphase, d.h. es dauert einige Jahre, bis die niedrigen, immergrünen Sträucher voll tragen.

Ungeschlechtlich über Stecklinge vermehrte Pflanzen sind leistungsfähiger und bilden keine Ausläufer. Sie werden in Pflanzabständen von 30 mal 30 Zentimetern in Beeten oder - wenn es sich um größere Flächen handelt - in Reihen ausgepflanzt. Eine Pflanzdichte von etwa vier Pflanzen je Quadratmeter ist anzustreben. Bei Reihenpflanzung besteht die Möglichkeit einer Teilmechanisierung. Solche Kulturen können vor allem leichter unkrautfrei gehalten werden.

Werden „Preiselbeerstöcke" zu dicht, ist auch hier ein behutsames Auslichten von Vorteil.

Sorten

Bei den Kultursorten Koralle, Erntedank und Erntesegen handelt es sich um Auslesen von Wildformen, die sich durch eine gute Ertragsleistung sowie größere und gleichmäßiger reifende Beeren auszeichnen.

Eignung

Es gibt Sorten (Erntesegen), die zum Frischgenuß geeignet sind. Meist werden Preiselbeeren jedoch verarbeitet genossen - als Marmelade, Kompott, Saft, Likör und Brand. Wegen des hohen Benzoesäuregehalts kann es zu Gärproblemen kommen.

1.22. Kulturpreisel-beere (Cranberry)
(Vaccinium macrocarpon)

Herkunft

Die Gemeine und die Kleinfrüchtige Moosbeere (var. oxycoccus) kommen vornehmlich in Hoch- und Übergangsmooren vor und sind obstbaulich uninteressant.

Die Große Moosbeere (var. macrocarpon) oder Kulturpreiselbeere (Cranberry), deren Heimat der Nordosten der USA und Kanada ist, wird dort seit langem kultiviert. So bedeutend diese Obstart in ihren Ursprungsländern ist, in Europa hat sie sich nicht durchgesetzt.

Standortansprüche

Klimatisch wünschen Cranberries kühle Sommer und vertragen Wintertemperaturen bis -18 °C. Langanhaltende, schneefreie Kälte kann zum Vertrocknen führen. Als immergrüne Pflanzen benötigen sie ausreichenden Verdunstungsschutz. Volles Sonnenlicht und Windschutz sind notwendig.

Als Moorbeetpflanze liebt sie feuchte, moorige, torfige Böden. Sie gedeiht auch auf lehmigen und sandigen, unbedingt aber sauren Böden, wenn notwendig mit Zusatzbewässerung.

Die Blüte erscheint erst spät (Ende Juni/Anfang Juli), ist also kaum frostgefährdet. Wichtig ist ein langer Herbst, damit für die Ausreifung genügend Zeit bleibt. Ernte ist Mitte September bis Ende Oktober. „Gefrostete" Früchte sind nicht mehr lagerbar, für die Verarbeitung aber noch sehr gut geeignet.

Befruchtungsverhältnisse

Cranberries sind selbstfruchtbar, doch empfiehlt sich der Anbau mehrerer Sorten.

Anbau, Pflege

Die Vermehrung geschieht mittels Stecklingen. Die Pflanzen treiben Ausläufer (manchmal meterlang), die dort, wo sie mit Knoten den Boden berühren, feine Faserwurzeln in die obersten Bodenschichten treiben. Nach oben entwickeln sich fünf bis sieben Zentimeter lange Ständertriebe, die an ihrem Ende Blütenknospen ausbilden können. Im Juni des nächsten Jahres entstehen daraus kleine Blütchen und in der Folge Früchte.

Während des Jahres ist ausreichend für Wasser zu sorgen, auch in schneefreien und trockenen Wintern. Frostschutz ist wichtig. Mulchen mit kalkfreiem Sand ist - neben der Unkrautfreihaltung - die einzige Pflegemaßnahme.

Sorten

Gute Erfolge brachten in unseren Breiten Early Black, Wilcox, Mac Farlin, Stevens, Franklin und Pilgrim (Beerendurchmesser um 20 Millimeter).

Eignung

Die Früchte werden zu Kompott, Marmelade, Gelee, Nektar, Saft, Sirup oder Likör verarbeitet. Im Gemisch mit anderen Obstsäften dienen sie als „Farbstoff" und sind in Saucen zu Fleisch (besonders Wild) beliebt.

1.23. Holunder

(Sambucus nigra)

Herkunft

Funde in Braunkohlelagern Mitteleuropas erbrachten den Beweis, daß Holunder etwa 60 Millionen Jahre alt ist. Von jeher ist er als Heilpflanze bekannt. Für die Intensivierung der Holunderkultur hat sich Strauß, HBLBA Klosterneuburg, verdient gemacht.

Die heutigen Sorten sind Selektionen aus Wildformen.

Standortansprüche

Die Klimaansprüche sind gering. Sowohl gegen Winter- als auch gegen Früh- und Spätfröste besteht keine Empfindlichkeit. Durch die späte Blüte, Anfang Juni, kommt es selbst in extremen Frostlagen nicht zu Blütefrostschäden.

Die Ansprüche hinsichtlich Nährstoffgehalt und Wasserversorgung sind hoch. Holunderpflanzen sind stickstoffliebend und bringen auf trockenen Böden und bei ungenügender Ernährung zu wenig Wuchs und Ertrag.

Anhaltend feuchtkühles Blühwetter führt zum „Verrieseln".

Befruchtungsverhältnisse

Holunder ist selbstfruchtbar.

Anbau, Pflege

In der Natur ist der Holunder ein Strauch („Hollerbusch"), die Kulturform ein Baum (Busch oder Meterstamm). Die Pflanzdichte beträgt im Durchschnitt 500 Bäume je Hektar.

Holunder wird mittels Steckholz vermehrt.

Bei der Pflanzung werden vier bis fünf Kronentriebe auf Zweiaugenzapfen geschnitten. In den Jahren danach wird ein Aufbauschnitt betrieben. Tragende Triebe senken sich unter der Fruchtlast und bringen scheitelpunktgefördert neue Triebe hervor. Die abgetragenen werden im Winter auf Zapfen geschnitten, wobei zehn bis 15 basisnahe Ständertriebe belassen werden. Dieser Rotationsschnitt wird die Jahre über fortgesetzt.

Beim Sommerschnitt wird die Kronenmitte ausgelichtet, und überstarke Jungtriebe werden reduziert, um die verbleibenden Triebe zu fördern.

Eine der wichtigsten Maßnahmen ist die Wühlmausbekämpfung.

Die Ernte erfolgt Ende August bis Mitte September, wenn nahezu alle Fruchtstände blauschwarz verfärbt sind.

Beim Ernten werden die Dolden zusammengefaßt und so abgeschnitten, daß ein möglichst großer Teil der Fruchtstiele weggeschnitten wird.

Sorten

Die Klosterneuburger Sorte Haschberg ist die bekannteste und hat die besten Werte hinsichtlich der Inhaltsstoffe, insbesondere auch die besten Farbwerte. Aus Dänemark stammen Sambu und ihre Abkömmlinge. Die deutsche Sorte Riese aus Voßloch befriedigt von den Inhaltsstoffen her nicht, sie hat nur Zierwert für den Hausgarten.

Eignung

Holunder ist geeignet für Säfte, Mus, Gelee, Wein und Brände.

1.24. Weintraube

(Vitis vinifera)

Herkunft

Die europäische Weinrebe dürfte aus Armenien stammen. Die Rebkultur kam mit den Römern nach Mitteleuropa.

Standortansprüche

Weinreben lieben warmes, mildes Klima und sonnige, geschützte Lagen oder leicht süd- bis westgeneigte Hänge.

Sie bevorzugen warme, durchlässige, nährstoffreiche, aber nicht zu üppige oder nasse Böden.

Befruchtungsverhältnisse

Die heute gebräuchlichen Kultursorten sind selbstfruchtbar.

Anbau, Pflege

Wo keine Reblausgefahr besteht, können Reben über Stecklinge oder Ableger vermehrt werden. Üblicherweise werden jedoch „Pfropfreben" ausgepflanzt. Darunter versteht man Veredlungen der gewünschten Traubensorte auf reblausresistenten Unterlagen. Wichtig ist, daß die Veredlungsstelle bei der Pflanzung über dem Boden liegt.

Die Rebe braucht als rankendes Gehölz ein Unterstützungsgerüst. Das kann ein Pfahl oder ein freistehendes Spalier, bestehend aus Stehern und Drähten, oder ein Gerüst an einer Hauswand sein.

Bei der Pflanzung werden die Wurzeln etwas und der Trieb auf das erste gut sichtbare Auge (Knospe) eingekürzt. Der daraus wachsende Trieb wird laufend aufgebunden, überzählige Triebe werden entfernt.

In den folgenden Jahren werden die verholzten Triebe in die Spalierform gebunden und die waagrechten auf drei bis fünf Augen angeschnitten sowie die Stammtriebe entfernt.

Ab dem dritten Standjahr ist Ertrag zu erwarten. Stocknähere Triebe werden als „Ersatzzapfen" auf zwei und entferntere als ertragbringende „Strecker", der Sorte und dem Standort entsprechend, auf fünf bis zehn Augen angeschnitten.

Laubarbeit und Ausbrechen überzähliger Trauben sichern die Qualität.

Sorten

Man unterscheidet Amerikaner- und Europäerreben sowie Kreuzungsprodukte aus beiden, die Direktträger oder Hybriden.

Von den Europäerreben gibt es neben den bekannten Sorten zur Weinerzeugung auch robustere für den Hausgarten: Blauer Portugieser, Perle von Csaba, Bouviertraube, Gutedel, Ortega, Königin der Weingärten, Muskattrauben.

Eignung

Frischfrucht, Saft, Likör, Wein, Perlwein und Schaumwein

Vielfältig wie der Sortencharakter der Weine sind auch die Brände aus Wein, Traubenmaische, Traubentrester und Weingeläger.

1.25. Eberesche

(Sorbus aucuparia)

Herkunft

Die Gemeine Eberesche, Vogelbeere oder auch Moschbeere genannt, ist in ganz Europa verbreitet. Eine Mutante wurde in Mähren gefunden: die Edeleberesche oder Mährische Eberesche. Sie ist weitgehend frei von Bitterstoffen.

Standortansprüche

Die Eberesche ist dank ihrer geringen Ansprüche auch für rauhere Lagen geeignet, der Baum ist bis -30 °C frosthart. Selbst in windoffenen Höhenlagen mit großer Niederschlagsmenge gedeiht er noch und ist gegen Spät- und Frühfröste weitgehend unempfindlich. Gegen negative Umwelteinflüsse, besonders Luftverschmutzung, ist die Eberesche ziemlich resistent.

Die Ansprüche an den Boden sind etwas höher: Humose, feuchte Böden sind gut geeignet, leichte, humusarme, trockene Böden hingegen weniger.

Befruchtungsverhältnisse

Ebereschen, auch alle bisher bekannten Sorten, sind selbstfruchtbar.

Anbau, Pflege

Die Anzucht der Pflanzen geschieht durch Veredlung - Okulation oder Reiserveredlung - der Sorten auf Wildlinge.

Da der Baum steil wächst, sollten für Kulturen nur Niederstämme angepflanzt werden, und zwar je nach Standort 500 bis 650 Bäume je Hektar.

Wichtig ist der Erziehungsschnitt während der ersten drei bis vier Jahre. Durch mehrmaligen Rückschnitt muß ein Leitastgerüst aufgebaut werden, das die zu erwartenden hohen Ernten der Kultursorten auch erträgt.

In den späteren Jahren wird lediglich ein Auslichtungsschnitt durchgeführt, um überaltertes Holz zu erneuern.

Die Ernte erfolgt im September, kurz vor der Vollreife. Die Fruchtdolden werden am Fruchtstiel vorsichtig abgeschnitten, damit die Blütenknospen für das nächste Jahr nicht beschädigt werden.

Sorten

Süße Mährische Eberesche, Rosina, Konzentra, Carola beauty, Granatova. Eder, Klosterneuburg, hat in umfangreichen Arbeiten sehr interessante Klone selektioniert: Nr. 1, 2, 4 und 8 unterscheiden sich von den Inhaltsstoffen her und im Ertrag wesentlich.

Eignung

Die Früchte der Eberesche haben einen hohen Vitamin C-Gehalt und sind ein altes Naturheilmittel. Sie werden getrocknet oder zu Gelee, Marmelade, Kompott, Saft, Sirup, aber auch zu Wein oder Likör verarbeitet.

Vogelbeerbrände stellen vor allem in Österreich eine äußerst beliebte Spezialität dar.

1.26. Mispel

(Mespilus germanica)

Herkunft

Ursprünglich stammt die Mispel aus dem Nordiran und Transkaukasien. Sie wurde von den Griechen und Römern nach Europa gebracht. Im Mittelalter durfte sie in keinem Klostergarten fehlen.

Standortansprüche

Die Mispel ist relativ anspruchslos. Am besten wächst sie in windgeschützten, besonnten oder halbschattigen Lagen.

Leichte, kalkreiche Lehmböden sind bestens geeignet. Zu feuchte Böden verzögern den ohnehin späten Triebabschluß, was Frostschäden am Holz zur Folge haben kann. Zu trockene Böden hemmen das ohnehin schwache Wachstum.

Befruchtungsverhältnisse

Die Blüten erscheinen noch später als die der Quitten, weshalb es nie zu Blütenfrostschäden kommt. Sie sind duftlos, bis zu fünf Zentimeter groß, stehen einzeln am Ende der Triebe und sind selbstfruchtbar.

Anbau, Pflege

Kulturformen werden mit Pflanzdichten von 500 bis 600 Bäumen je Hektar ausgepflanzt. Die Pflege ist relativ extensiv. Nur zum Aufbau wird ein wuchsfördernder Schnitt angewendet, später wird lediglich ausgelichtet.

Aus den auffallend großen Blüten, die am Ende von Kurztrieben stehen, entwickeln sich zwei bis fünf Zentimeter große - zuerst grünbraune, später braune - kugelförmige Früchte mit stark abstehenden Kelchzipfeln.

Die Ernte erfolgt Mitte/Ende Oktober bis Anfang November. Die Genußreife ist jedoch erst nach Frosteinwirkung oder längerer Lagerung gegeben, wenn die Früchte weich, dann teigig geworden sind.

Sorten

Wildformen sind bedornt und bilden bis zu acht Meter hohe Bäume. Durch Selektion sind heute dornenlose Sämlinge vorhanden, die durch Steckholz, Absenker oder durch Veredlung auf Birnensämlinge und Quitten weitervermehrt werden. Als Veredlungsunterlage kann auch Weißdorn verwendet werden.

In Frankreich und Italien gibt es bereits ein breiteres Sortenangebot (Olanda, Giant, Reale).

Eignung

Mispeln haben einen interessanten, würzig-süßsäuerlichen Geschmack und sind aromatisch. Sie enthalten Stärke, Säuren, Pektinstoffe, Invertzucker und Vitamine und werden häufig zu Marmeladen und Konfitüren verarbeitet. Aber auch in der Saft- und Likörerzeugung werden sie verwendet.

Eine besondere Spezialität sind Brände aus Mispeln.

1.27. Schwarze Apfelbeere

(Aronia melanocarpa)

Herkunft

Ihre Heimat ist der Osten Nordamerikas, von Kanada bis Florida. In Europa zuerst nur Zierstrauch, wurde sie in den letzten Jahrzehnten als Obst in Deutschland, Rußland und Tschechien ausgepflanzt.

Mitschurin verwendete sie zu Kreuzungszwecken mit der Eberesche: Likornaja, Titan und Burka sind Sorten der Schwarzen Eberesche.

Standortansprüche

Die Ansprüche sind hinsichtlich Boden und Klima sehr gering. Aronia ist sehr anpassungsfähig und gilt in Holz und Blüte als frosthart.

Apfelbeeren gedeihen in sauren, aber auch noch in salzigen oder steinigen Böden. Extrem trockene Standorte, Böden mit Staunässe oder Verdichtungen sind jedoch nicht geeignet.

Bei Veredlung auf Eberesche zum Erzielen eines Stammes steigen die Ansprüche dementsprechend.

Befruchtungsverhältnisse

Apfelbeeren sind selbstfruchtbar. Die großen Dolden blühen Ende Mai. Ein Blütenstand kann 15 bis 20, einer aus Endknospen sogar bis zu 30 Einzelblüten aufweisen.

Anbau, Pflege

Die Pflanzen werden durch Ableger, Abrisse, krautige Stecklinge und durch Veredlung auf Eberesche vermehrt.

Wurzelechte Büsche sollten im Verband 3,0 m x 2,0 m bis 3,0 m x 3,0 m ausgepflanzt werden, veredelte Nieder- oder Viertelstämme auf größeren Flächen 4,5 m x 1,8 m bis 4,5 m x 2,0 m. Als Einzelbäumchen im Garten haben Apfelbeeren Kronendurchmesser von etwa drei Metern. Sträucher werden bis zu zwei Meter, Stämmchen bis zu drei Meter hoch.

Da die Blütenknospen am einjährigen Holz, besonders im gut belichteten Bereich gebildet werden, ist ab dem vierten bis sechsten Standjahr ein regelmäßiger Auslichtungsschnitt erforderlich.

Bei Stämmchenerziehung sind unterlagenbürtige Triebe zu entfernen.

Der Ertrag ist regelmäßig und setzt sofort ein. Die Früchte reifen etwa Mitte August. Überreife Früchte fallen leicht ab, reife lassen sich gut abschütteln, was eine mechanische Ernte möglich macht.

Sorten

Eine bekannte Sorte ist Nero, daneben gibt es noch Rubin und Viking.

Eignung

Wegen ihres herb-säuerlichen Geschmacks werden die Beeren nicht frisch genossen, sondern meist zu Marmelade und Pasten verarbeitet. Säfte sind als Farbverstärker beliebt. Apfelbeeren sind geeignet zur Herstellung von Sirup, Fruchtwein und Fruchtbrand.

1.28. Kornelkirsche

(Cornus mas)

Herkunft

Sie stammt aus dem Kaukasus, ist aber auch in Mittel- und Südeuropa sowie in Mittel- und Kleinasien zu finden. Die Ausbreitung erfolgte bis in trockene Laubwälder Mitteldeutschlands und Niederösterreichs, wo sie unter dem Namen „Dirndl" bekannt ist.

Standortansprüche

Kornelkirschen sind frosthart, robust und genügsam. Sie vertragen sogar Halbschatten, fruchten jedoch bei guter Besonnung reichlicher.

Am besten gedeihen sie auf durchlässigen, humosen und kalkhaltigen Böden.

Befruchtungsverhältnisse

Die sehr frühe Blüte erfolgt im Vorfrühling, in manchen Lagen und Jahren schon im Februar. Die Blüten entwickeln sich weit vor den Blättern. Kornelkirschen sind Selbstbefruchter, doch gibt es blütenbiologisch manchmal Schwierigkeiten, was sich in deutlichen Mindererträgen zeigen kann.

Anbau, Pflege

Die langsamwüchsigen Kornelkirschen bilden Großsträucher oder kleine Bäume mit zwei bis sechs Meter Höhe und einer ebensolchen Breite.

Wurden Kornelkirschen noch vor einigen Jahren vornehmlich durch Samen vermehrt, geschieht dies heute, da es bereits spezielle Sorten gibt, fast ausschließlich ungeschlechtlich.

Wegen des frühen Austriebs ist rechtzeitig zu pflanzen. Dabei soll ein kräftiger Rückschnitt erfolgen, der ein besseres Anwachsen und Austreiben zur Folge hat. Pflanzen mit Topfballen brauchen nicht zurückgeschnitten werden. Einzelsträucher benötigen einen Pflanzabstand von drei bis vier Metern, in Reihenpflanzung als Hecke einen Meter.

Kornelkirschen vertragen ohne Probleme Schnittmaßnahmen oder eine radikale Verjüngung. Wichtig ist es, daß dem Überbauen der Krone durch kräftigen Rückschnitt entgegengewirkt wird.

Die Früchte reifen ab September folgeartig und fallen vollreif - ohne Schädigung - ab. Am besten ist es, die Sträucher des öfteren durchzuschütteln und die purpurroten, vollreifen Früchte aufzulesen. Sollen Früchte gelagert werden, ist es wichtig, sie im trockenen Zustand zu ernten. Vorzeitig geerntete Früchte reifen gut nach.

Sorten

In Österreich wurde eine Sortenauslese unter dem Namen Jolico herausgebracht. Titus und Devin stammen aus der Slowakei, Bulgarico und Kasanlaker aus Bulgarien. Daneben sind noch die Sorten Reichfruchtende und Fruitful bekannt.

Eignung

Kornelkirschen können zu Marmelade, Gelee, Saft, Sirup und Wein, aber auch zu hervorragendem Likör oder Fruchtbrand verarbeitet werden.

1.29. Hagebutte, Rosen *(Rosa sp.)*

Herkunft

Die Gattung Rosa ist auf der ganzen nördlichen Halbkugel verbreitet und besteht aus vielen Arten und noch mehr Bastarden (weit über 100). Die bei uns bekannteste Art ist die Hundsrose.

Rosenkulturen wurden als Ziergarten und für die Herstellung von Rosenöl und Rosenwasser ausgepflanzt. Erst in jüngster Zeit bekam die Hagebutte („Hetschepetsch") einige obstbauliche Bedeutung.

Standortansprüche

Die klimatischen Ansprüche sind gering, aber Rosen lieben die Sonne.

Sie wachsen auch noch auf kargen, flachgründigen Böden, am besten gedeihen sie aber auf mittelschweren, warmen, nährstoffreichen, nicht zu trockenen und auch nicht zu nassen. Rosen vertragen höhere Kalkgehalte, wenn man von einigen Arten wie Apfel- oder Kartoffelrose absieht.

Befruchtungsverhältnisse

Rosen sind selbstfruchtbar. Hauptblütezeit ist der Juni, doch gibt es auch Arten (z. B. Kartoffelrose), die von Mai bis Oktober blühen.

Anbau, Pflege

Durch Stecklinge oder Veredlung vermehrte Pflanzen eignen sich am besten. Ertragsanlagen werden in Reihen ausgepflanzt. Der Pflanzabstand beträgt 4,0 Meter x 1,0 Meter bis 4,0 Meter x 1,5 Meter. Rückschnitt fördert die Basistriebbildung und Auslichtungsschnitt Qualität und Fruchtgröße. Locker aufgebaute Sträucher sind außerdem leichter zu ernten.

Die Früchte reifen je nach Rosenart von August bis Oktober.

Sorten

Hundsrose oder Wilde Heckenrose (R. canina): zwei bis drei Meter hoch, bestachelt, Reife September/Oktober, Ernte oft erst nach den Frösten (Abschütteln)

Vitaminrose (R. pendulina): bekannte Sorte „Pi Ro 3" aus Pillnitz, einen bis zwei Meter hoch, wenig starke Stacheln, großfrüchtig, Ernte August/September

Kartoffelrose (R. rugosa): einen bis zwei Meter hoch, stark stachelborstig, jährlich bodengleich zurückzuschneiden, sehr große Früchte, Ernte ab Oktober

Gallische Rose (R. gallica): zwei bis drei Meter hoch, gekocht genießbar

Weinrose (R. rubiginosa): einen bis drei Meter hoch, sehr stachelig

Apfelrose (R. villosa): bis zwei Meter hoch, 2,5 Zentimeter große, fleischige Früchte

Daneben haben noch Bedeutung: Burnetrose, Stacheldrahtrose, Japanrose, Zimtrose, Rotblättrige Rose (Hechtrose) und Filzrose

Eignung

Hagebutten können getrocknet für Tees verwendet, aber auch nach Entfernen der haarigen Samen zu Marmelade verkocht werden. Ganz ausgezeichnet sind Saft, Sirup, Wein und besonders Fruchtbrand.

1.30. Elsbeere

(Sorbus torminalis)

Herkunft

Elsbeerbäume finden sich seit Jahrtausenden in den Laubwäldern Mittel- und Südeuropas bis zum Kaukasus hin. Sie können 200 bis 300 Jahre alt werden.

Standortansprüche

Bevorzugt werden warme und sonnige Hänge. Feuchte und schattige Lagen werden gemieden. In Südtirol kann man Elsbeerbäume bis in eine Höhe von 1.000 Metern finden.

Sie entwickeln sich auf nährstoffreichen, tiefgründigen, kalkhaltigen und gut durchlüfteten Böden am besten.

Befruchtungsverhältnisse

Elsbeeren sind Selbstbefruchter.

Anbau, Pflege

Jungpflanzen werden durch Aussaat von Samen im Herbst, aber auch durch Aufveredlung auf Birne oder Weißdorn hergestellt.

Elsbeerbäume können bis zu 20 Meter hoch werden. Im Alter sind die Baumkronen hoch gewölbt und breit. Außer in Laubwäldern finden sich diese Bäume noch in Alleen und Parkanlagen. In Vorgebirgslagen mit flachgründigen Böden können Elsbeeren auch strauchförmig wachsen.

Die Form der Bäume erinnert an die von Eichen. Dem sehr starken, manchmal gedrehten Stamm entspringen aufrechte Äste mit abstehenden Zweigen.

Im Mai/Juni blüht der Baum. An lockeren, filzigen Dolden erscheinen 30 bis 35 kleine weiße Blüten.

Im September/Oktober reifen die acht bis zehn Millimeter großen, apfelförmigen Früchte heran. Anfangs sehen sie rötlich-gelb aus, verfärben sich aber in der Vollreife braun - mit heller Punktierung.

Zuerst sind die Früchte noch hart, werden dann aber durch Frosteinwirkung teigig. Auch durch längeres Liegenlassen an einem luftigen Platz werden sie gebrauchsfähig. Die Früchte schmecken trocken, sandig-mehlig und säuerlich-süß.

Besonders attraktiv ist die purpurrote Herbstverfärbung der Blätter.

Sorten

Bis heute sind keine Sorten bekannt.

Eignung

Elsbeeren galten als Volksheilmittel und wurden gegen Verdauungsstörungen - besonders Kindern - verabreicht.

Aus nachgereiften Früchten können Kompotte, Gelees und Marmeladen zubereitet werden. Sie können aber auch dem Obstwein zugegeben und zur Herstellung von Essig verwendet werden.

Eine Rarität sind Fruchtbrände aus der Elsbeere, im Elsaß der „Aliziergeist" und in Österreich der „Alizenbrand".

1.31. Speierling

(Sorbus domestica)

Herkunft

Der Speierling ist eine mediterrane Pflanze und in Mittel- und Südeuropa sowie in Kleinasien heimisch. In günstigen Lagen findet er sich heute vom Mittelmeergebiet bis nach Thüringen. Wahrscheinlich wurde er hierher verpflanzt und ist in der Folge verwildert.

Standortansprüche

Der Speierling verlangt Weinklima. Standorte mit wenig Baumwuchs lassen den wegen des geringen Jugendwuchses wenig konkurrenzfähigen Baum aufkommen. Lichter Niederwald und Waldränder entsprechen dem großen Bedürfnis nach Licht.

Speierlingbäume wachsen bevorzugt auf kalkreichen Böden an warmen, sonnigen Hängen. Trockene Standorte kann der Speierling, aufgrund seiner Pfahlwurzel, ebenfalls noch besiedeln.

Befruchtungsverhältnisse

Der Speierling ist selbstfruchtbar.

Anbau, Pflege

Üblicherweise wird der Speierling durch Sämlinge vermehrt. Auch Veredeln auf Eberesche, Quitte oder Weißdorn durch Kopulation oder Geißfuß ist möglich. Es können auch Birnensämlinge okuliert werden.

Speierlingbäume wachsen nur sehr langsam, können bis zu 20 Meter hoch werden und einen Stammdurchmesser bis zu vier Metern erreichen. Der ausgewachsene Baum ähnelt einem Birnbaum.

Die Baumpflege beschränkt sich auf das Entfernen überalterter Äste und Auslichten zu dichter Kronenpartien.

Unveredelte Bäume fruchten oft erst nach 20 bis 25 Jahren.

Im Mai/Juni erscheinen an den Dolden weiß-rötliche, mit 1,7 Zentimeter Durchmesser relativ große Blüten. Je nach Befruchtung und Ernährung verbleiben nur ein bis vier „Spieräpfel" bis zur Ernte. Anfangs sind diese Früchte grünlich, dann gelblich, manchmal in der Vollreife braun berostet. Sie reifen September/Oktober. Wenn sie zu fallen beginnen, wird gepflückt oder abgeschüttelt.

Die baumreifen, noch harten Früchte werden trocken und luftig gelagert. Dabei werden sie teigig und genußreif. Sie schmecken dann säuerlich-süß, ähnlich Bratäpfeln.

Sorten

Es sind keine bekannt.

Eignung

„Sorbolen" werden zu Saft oder Wein verarbeitet. Oft werden sie als Schönungsmittel Obstweinen zugegeben. Der hohe Gerbstoffgehalt wirkt gärungslenkend, Eiweiß wird leichter gefällt, Aroma, Klarheit und Haltbarkeit des Obstweines werden dadurch verbessert. Gemischt mit Äpfeln, Birnen oder Quitten, ergeben sie vorzügliche Marmeladen. Eine Spezialität sind Brände, in Frankreich unter dem Namen „sorbette" bekannt.

1.32. Schlehe
(Prunus spinosa)

Herkunft

Die Schlehe, auch Schlehdorn oder Schwarzdorn genannt, ist in Kleinasien und Europa beheimatet. Von ihr stammen die europäischen Pflaumen ab.

Standortansprüche

Schlehen lieben die Sonne und sind kalkhold. Wild kommen sie im Gebüsch, an Wald- und Wegrändern, auf Kahlschlägen, Halden, Fels- und Geröllhängen sowie auf trockenen Böschungen vor.

Die Klimaansprüche sind gering. Schlehen gedeihen in südlichen Gebieten ebenso wie in Skandinavien oder in Gebirgslagen.

Der Schlehdorn wächst sowohl bei saurer als auch bei alkalischer Bodenreaktion. Er ist noch anspruchsloser als der Weißdorn.

Auf fruchtbaren Mineralböden, auf kalkhaltigen Lehmböden und auf Schwarzerden gedeiht er jedoch optimal.

Befruchtungsverhältnisse

Schlehen sind selbstfruchtbar. Sie lassen sich mit Marille, Süßkirsche, Pfirsich und Kirschpflaume sowie einigen anderen Prunusarten kreuzen.

Blütezeit ist April bis Mai. Erst danach erscheinen die Blätter.

Anbau, Pflege

Als typisches Wildgehölz können Schlehen über Wurzelschößlinge vermehrt werden. Sämlinge wachsen sehr langsam und erreichen ihre volle Ausdehnung erst mit 20 Jahren.

Schlehen sind nur als ganz junges Gehölz gut verpflanzbar. In Hecken wird im Abstand von 50 bis 100 Zentimetern gepflanzt.

Die Sträucher werden zwischen zwei und fünf Meter hoch, sind dicht und aufgrund der starken Bedornung undurchdringlich.

Werden Schlehen zur Fruchtgewinnung kultiviert, müssen die Sträucher immer wieder ausgelichtet werden. Sogar strenger Schnitt wird von diesem Gehölz vertragen, jedoch kein Schnitt ins alte Holz.

Die Steinfrucht ist rundlich, 10 bis 15 Millimeter groß, blau und bereift. Der Geschmack ist herb, zusammenziehend-gerbsauer.

Am besten werden die Früchte verarbeitet, wenn sie voll aromatisch sind. Das ist erreicht, wenn sie im Lager runzelig und weich geworden sind, oder - und das ist das beste - wenn sie mehrmals vom Frost durchgefroren worden sind. Dadurch werden Gerbstoffe abgebaut, und die Frucht saftet besser. Die Reife ist im Oktober/November.

Sorten

Erst in jüngster Zeit beschäftigt man sich mit der Selektion. Ziele dabei sind ein gleichmäßiger und höherer Ertrag sowie eine gleichmäßige Reife.

Eignung

Die Früchte werden zu Marmelade, Saft, Likör, Wein und Brand verarbeitet. Blüten werden getrocknet und für Tees verwendet.

Literaturverzeichnis

AEPLI A., GREMMINGER U., RAPILLARD Ch., RÖTHLISBERGER K.: 100 Obstsorten. Verlag Landwirtschaftliche Lehrmittelzentrale Zollikofen, 1. Auflage 1983

ANONYM: BdB Handbuch VI Obstgehölze. Eigenverlag Fördergesellschaft „Grün ist Leben" Baumschulen mbH, Pinneberg, 1. Auflage 1985

ANONYM: Kreuzers Gartenpflanzen Lexikon, Band 3 Obst, Gemüse, Kräuter, Verlag Bernhard Thalacker, Braunschweig, 2. Auflage 1989

EDER R.: Quitten, Besseres Obst, 6 und 7/1989, Österr. Agrarverlag, Wien

EDER R.: Edel-Ebereschen auch für den Marktobstbau, Besseres Obst, 10 und 11/1990, Österr. Agrarverlag, Wien

FISCHER M.: Farbatlas Obstsorten. Verlag Eugen Ulmer, Stuttgart 1995

FRIEDRICH G., SCHURICHT W.: Nüsse und Quitten. Neumann Verlag, Leipzig Radebeul, 2. Auflage 1990

FRIEDRICH G., SCHURICHT W.: Seltenes Kern-, Stein- und Beerenobst. Neumann Verlag, Leipzig Radebeul, 1. Auflage 1985

FRITSCHE R., MELI T.: Obstbau. Landwirtschaftliche Lehrmittelzentrale Zollikofen, 3. Auflage 1972

GARTNER H.: Erfahrungen mit Kulturpreiselbeeren, Kärntner Bauer, Klagenfurt 1978

GARTNER E.: Holunderanbau, Kärntner Bauer, Klagenfurt 1994

GARTNER H.: Kulturheidelbeeren im Liebhabergarten, Besseres Obst, 8/1977, Österr. Agrarverlag, Wien

GARTNER H.: Versuchsberichte aus den Jahren 1971 bis 1995 der Obstbauversuchsanlage St. Andrä der Kammer für Land- und Forstwirtschaft in Kärnten

HÄBERLI H.: Hauszeitung Erdbeeren - Himbeeren - Strauchbeeren für den Erwerbsanbau. Eigenverlag 1996

KEIPERT K.: Beerenobst. Verlag Eugen Ulmer, Stuttgart 1981

KEPPEL H., PIEBER K., WEISS J., HIEBLER A.: Obstbau. Leopold Stocker Verlag, Graz 1991

KLEIN K.: Versuche über Verbreitungsmöglichkeiten von Vacciniumarten in Österreich, Eigenverlag, Klagenfurt, 1976

LAUX H. E.: Wildbeeren und Wildfrüchte. Verlag Franckh, Stuttgart 1982

PETZOLD H.: Apfelsorten. Neumann Verlag, Leipzig Radebeul, 3. Auflage 1985

PETZOLD H.: Birnensorten. Neumann Verlag, Leipzig Radebeul, 2. Auflage 1984

PIEBER K.: Wildfrüchte als Alternative, Kärntner Bauer, Klagenfurt 1990

PIEPER J., BRUCHMANN E. E., KOLB E.: Technologie der Obstbrennerei, Verlag Eugen Ulmer, Stuttgart, 2. Auflage 1993

RUSTERHOLZ P., HUSISTEIN A.: Nashi - Klima, Markt und Anbau, Schweizerische Zeitschrift für Obst- und Weinbau 127, Wädenswil 1991

SCHOBINGER U. et al.: Frucht- und Gemüsesäfte, Verlag Eugen Ulmer, Stuttgart, 2. Auflage 1987

SORGER P.: Beerenobstsorten. Neumann Verlag, Leipzig Radebeul, 1. Auflage 1984

STOLL K., GREMMINGER U.: Besondere Obstarten. Verlag Eugen Ulmer, 1986

STRAUSS E.: Obstbau-Praxis. Österr. Agrarverlag, Wien 1986

TANNER H., BRUNNER H. R.: Obstbrennerei heute. Verlag Heller Chemie- und Verwaltungsgesellschaft mbH. Schwäbisch Hall, 1982

WINTER F., JANSSEN K., KENNEL W., LINK H., SILBEREISEN R.: Lucas' Anleitung zum Obstbau. Verlag Eugen Ulmer, 30. Auflage 1981

Bildnachweis

Obstbauversuchsanlage St. Andrä, Gartner H., Mader St., Novak R., Zmugg J.

Apfel

Birne

Asienbirne = Nashi

Quitte

Zwetschke

Süßkirsche

Sauerkirsche = Weichsel

Pfirsich

Marille = Aprikose

Ribisel = Johannisbeere

Stachelbeere

Himbeere

Brombeere

Taybeere

Erdbeere

Heidelbeere

Preiselbeere

Kulturpreiselbeere

Holunder

Weintraube

Eberesche = Vogelbeere

Mispel

Schwarze Apfelbeere = Aronia

Kornelkirsche

Hagebutte

Schlehe

Elsbeere

Speierling

Kartoffelrose

Jostabeere „Jostine"

> "Das Genießen einer edlen Spirituose macht Spaß, wenn man das Verkosten und Verstehen richtig gelernt hat!"

HANDBUCH

SPIRITUOSEN

GENIESSEN UND

VERKOSTEN ③

So lernen Sie richtig Verkosten

Dr. Peter Dürr von der Eidgen. Forschungsanstalt Wädenswil (CH) - anerkannter Sensorikexperte - handelt das Thema in Theorie und Praxis ab.

ISBN 3-7040-1313-7, im Buchhandel, beim Österreichischen Agrarverlag, Sturzgasse 1a, A-1141 Wien, Tel. 0222/98118-222 oder bei **Messe Wien**, A-1021 Wien, Tel. 01/727 20-570

öS
248.-
zzgl. Porto
und
Versand

2.

Die Gärung

von **Dr. Gerd Scholten**

2.1. Was ist Gärung?

Unter Gärung versteht man üblicherweise die Umwandlung von Zucker in Alkohol, was jedoch nur eine spezielle Art der Gärung darstellt.

Zur Erzeugung qualitativ hochwertiger Brände ist es erforderlich, auch konkurrierende Gärungsreaktionen zu kennen und zu berücksichtigen.

Als Gärungen bezeichnet man enzymatische Spaltungen von Zuckern, die unter Luftausschluß von Mikroorganismen durchgeführt werden. Mit Hilfe dieser Prozesse gewinnen die Mikroorganismen Energie, die sie zur Vermehrung benötigen. Die Vergärung von Zuckern verläuft über verschiedene Zwischenschritte, wobei die jeweils freiwerdende Energie an spezielle zelleigene Substanzen (Coenzyme) der Mikroorganismen gebunden und so für sie verfügbar wird. Diese Prozesse werden durch spezielle Enzymsysteme der Mikroorganismen ermöglicht.

Man kennt verschiedene Arten von Gärungs- und Atmungsreaktionen, bei denen die Zucker zu jeweils verschiedenen Produkten abgebaut werden. Diese Reaktionen werden von verschiedenen Mikroorganismen durchgeführt.

Die alkoholische Gärung der Hefen findet nur bei Abwesenheit von Sauerstoff (Luft) statt. In Anwesenheit von Sauerstoff bevorzugen die Hefen die Atmung, bei der kein Alkohol gebildet wird.

Da der Rohstoff Obst stets mit zahlreichen Mikroorganismen belastet ist, können in der Maische auch mehrere verschiedene Gärungsarten nebeneinander mit unterschiedlicher Intensität stattfinden.

Die größte Bedeutung für den Brenner hat die alkoholische Gärung, bei der Zucker unter Bildung von Alkohol abgebaut wird. Für diese erwünschte Art des Zuckerabbaus sollten optimale

Bedingungen herrschen, die gewährleisten, daß andere Gärungsarten weitgehend vermieden werden, die zu anderen, zum Teil für die Maische negativen Endprodukten führen.

Dazu muß man sowohl die Voraussetzungen und Vorgänge der alkoholischen Gärung als auch die der Konkurrenzgärungen kennen.

2.1.1. Alkoholische Gärung

Unter der alkoholischen Gärung versteht man die enzymatische Spaltung von Glucose bzw. Fructose unter Bildung von Ethanol (Ethylalkohol) und Kohlendioxid.

Verantwortlich für diese Reaktion sind Hefen der Gattung Saccharomyces cerevisiae.

Nach der Gärungsgleichung liefert die Vergärung von 100 Kilogramm Zucker theoretisch 51 Kilogramm = 64,6 Liter Ethanol. Dieser rein theoretische Wert kann in der Praxis selbst bei optimaler Betriebsführung nie erreicht werden, was teils mikrobiologische und teils technische Gründe hat.

Eine Maische wird nie vollständig vergoren, sondern es bleibt stets eine geringe Zuckermenge zurück (unvergärbare Zucker, z. B. Pentosen).

Die vergärenden Hefen verbrauchen zur Aufrechterhaltung ihrer Stoffwechselprozesse bestimmte Zuckermengen, die für die Alkoholbildung nicht mehr zur Verfügung stehen. Ebenso wird Zucker verbraucht, indem je nach Verlauf der Gärung unterschiedliche Mengen an Acetaldehyd und Glycerin gebildet werden. Auch Konkurrenzreaktionen wie der Zuckerabbau durch verschiedene Bakterien lassen sich nie ganz vermeiden und vermindern die Alkoholausbeute.

Das Umrühren der Maische, das in vielen Fällen zur Zerstörung eines gebildeten Tresterhutes unvermeidbar ist, führt zu einem zusätzlichen Sauerstoffeintrag. In Anwesenheit von Sauerstoff beginnen die Hefen sofort mit der Veratmung der Zucker, wodurch sie deutlich mehr Energie gewinnen können. Die so veratmeten Zuckermengen fehlen dann für die Alkoholgewinnung.

Technologisch bedingte Gründe sind die Verdunstung von Alkohol während der Gärung und Maischelagerung, die stark temperatur- und verarbeitungsabhängig sind, und das Verbleiben geringer Alkoholmengen in der Schlempe, da der Alkohol beim Brennen nicht vollständig abdestilliert wird.

Aufgrund dieser Alkoholverluste werden in der Praxis Alkoholausbeuten zwischen 54 und 57 Liter Alkohol pro 100 Kilogramm Glucose bzw. Fructose erreicht.

$C_6H_{12}O_6$	$\longrightarrow$	$2CH_3 - CH_2 - OH$	+	$2\ CO_2$
Glucose/Fructose		Ethanol		Kohlendioxid
100 kg	$\longrightarrow$	51 kg = 64,6 l	+	49 kg

Die Höhe der Alkoholausbeute pro 100 Kilogramm Maische ist von der verarbeiteten Obstart und ihrem Reifegrad abhängig. In der Brennereiordnung § 122 sind die sogenannten „regelmäßigen Ausbeutesätze" für die verschiedenen Brennereirohstoffe festgelegt, wobei es sich um Mindestausbeutesätze handelt, die in der Praxis stets erreicht werden und Grundlage der steuerlichen Berechnung sind. Die üblicherweise erzielten Ausbeuten liegen meist deutlich darüber.

Die üblichen Ausbeutesätze nach § 122 der Brennereiordnung sind für die wichtigsten Obstsorten in Tabelle 1 aufgeführt.

Da die alkoholische Gärung eine komplexe Abfolge verschiedener chemischer Reaktionen darstellt, können auch sogenannte Gärungsnebenprodukte in je nach Gärverlauf unterschiedlichen Mengen entstehen, z. B. Acetaldehyd und Glycerin. Acetaldehyd entsteht als eines der Zwischenprodukte der alkoholischen Gärung bei der Spaltung von Brenztraubensäure. Bei normalem Gärverlauf wird dem gebildeten Acetaldehyd durch ein Enzym Wasserstoff angelagert, wodurch Ethanol entsteht. Bei Gärstörungen können größere Mengen der

Tab. 1

Regelmäßige Ausbeutesätze (§122 Brennereiordnung) für verschiedene Obststoffe

Rohstoff	Ausbeute in l Alkohol/ hl Maische
Kernobst (auch Fallobst) und Kernobstwein	3,6
Zwetschken und Mirabellen	4,6
Kirschen	5,0
Schlehen	2,0
sonstiges Steinobst	3,5
Weintrauben und Weinbeeren	5,0
sonstiges Beerenobst	2,0
Kernobsttrester	1,5
Traubenweintrester aus deutschen Weinbaugebieten	2,0
Traubenwein	7,0
Beerenwein und Beerenmost	4,0
Obstweinhefe	2,5
Traubenweintrub (Weinhefe) aus deutschen Weinbaugebieten	5,0
Traubentrub (Weinhefe)–im Micro-Flow-Verfahren gewonnen – aus deutschen Weinbaugebieten	6,0

Zwischenstufe Acetaldehyd in der Maische verbleiben und später auch ins Destillat gelangen.

Besonders zu Beginn der Gärung sind noch keine ausreichenden Acetaldehydmengen für die Wasserstoffübertragung vorhanden. Der Wasserstoff wird dann anderen Zwischenprodukten angelagert, was in mehreren Schritten zur Bildung von Glycerin als Gärungsnebenprodukt führt. Aus 100 Gramm Saccharose können etwa 3 Gramm Glycerin gebildet werden, die beim Brennen in der Schlempe zurückbleiben und für den Brenner einen Ausbeuteverlust darstellen.

Aktuelle mikrobiologische Forschungsvorhaben befassen sich mit der Selektion spezieller Brennereihefen, die kein oder nur sehr wenig Glycerin bilden.

Andere, in geringen Mengen erwünschte Nebenprodukte der alkoholischen Gärung sind die höheren Alkohole wie z. B. Isobutylalkohol und die Isoamylalkohole, die auch als Fuselalkohole bezeichnet werden.

Sie entstehen unter Einwirkung spezieller Hefeenzyme aus in der Maische stets vorhandenen Aminosäuren.

Da verschiedene Obstarten unterschiedliche Aminosäuregehalte aufweisen, ist die Bildung der Fuselalkohole nicht zuletzt von der Obstsorte abhängig.

2.1.2. „Konkurrenz"-Gärungen

2.1.2.1. Gärung durch „wilde" Hefen

Einige in der Natur vorkommende Hefearten vergären nicht nur den vorhandenen Zucker zu Alkohol, sondern beziehen die Energie für ihre Stoffwechselvorgänge auch aus der Umwandlung von bereits gebildetem Alkohol. Da dieser Vorgang nicht nur zu Ausbeuteverlusten führt, sondern dabei auch für das Aroma des Obstbrandes negative Stoffe gebildet werden, sind diese „wilden" Hefen in der Obstbrennerei unerwünscht.

Regelrechte Schädlinge sind insbesondere die hautbildenden Hefen wie Hansenula-, Brettanomyces- oder Pichiaarten. Sie bilden Ester (z. B. Essigsäureethylester) und andere geruchs- und geschmacksintensive Substanzen, die eine Maische stark schädigen können. Diese Verbindungen gehen beim Brennen ins Destillat über und überlagern hier das fruchttypische Aroma bis zur Ungenießbarkeit.

Um solche Destillatfehler zu vermeiden, sollte die Tätigkeit wilder Hefen soweit wie möglich unterdrückt werden (Kapitel 2.8.).

2.1.2.2. Gärungsarten verschiedener Bakterien

Bakterien sind genau wie Hefen in der Lage, Zucker unter Gewinnung von für die Zellneubildung notwendiger Energie abzubauen. Die bei der Obstverarbeitung überwiegend vorkommenden Bakterienarten vergären Zucker unter Bildung von Säuren. Die meisten Bakterienarten brauchen dazu jedoch die Anwesenheit von Sauerstoff.

Milchsäurebakterien erzeugen je nach ihrer Art auch ohne Anwesenheit von Sauerstoff aus Zucker entweder nur Milchsäure (homofermentative Milchsäuregärung) oder neben Milchsäure noch Ethanol, Essigsäure und CO_2 (heterofermentative Milchsäuregärung).

Die vermehrte Essigsäurebildung in der Maische kann weitreichende Auswirkungen auf die Qualität des Brandes haben. Essigsäure geht beim Brennen ins Destillat über und kann hier, selbst wenn sie bei aromastarken Bränden nicht als deutlicher Fehler in Erscheinung tritt, während der Destillatlagerung mit Ethanol den sensorisch intensiven Essigsäureethylester („Esterton", „Uhuton") bilden. Dabei können sich Destillate im Verlauf der Reifung bis zur Ungenießbarkeit verändern.

Eine weitere gefürchtete bakterielle Fehlgärung führt zur Acroleinbildung. Die Gefahr dabei ist, daß die in der Maische vorliegende Vorstufe des Acroleins sensorisch nicht wahrnehmbar ist, beim Brennen aber in Acrolein umgewandelt wird und so das Destillat aufgrund des stechenden Geruchs schwer schädigen kann.

In jedem Fall führt eine bakterielle Gärung zu Alkoholausbeuteverlusten und fehlerhaften Maischen, da entweder ein Teil des vorhandenen Zuckers zu anderen Stoffen als Alkohol umgewandelt oder aber bereits gebildeter Alkohol verbraucht wird. Da sich solche Fehler - wenn überhaupt - nur unter Aromaverlusten beheben lassen, ist es für den Brenner von größter Wichtigkeit, eine Infektion der Maische mit Bakterien zu verhindern (Kapitel 2.5.).

2.2. Einmaischen

2.2.1. Anforderungen an die Rohstoffe

Die erste Voraussetzung für das Herstellen qualitativ hochwertiger Brände ist die Qualität der verarbeiteten Rohstoffe.

2.2.1.1. Obst

Früher war die Meinung weit verbreitet, daß faules, schimmeliges und minderwertiges Obst, das für andere Verwendungszwecke nicht mehr geeignet schien, immer noch gut genug sei zum Brennen. Sofern man unter Brennen nur die Erzeugung von Alkohol versteht, ist diese Ansicht korrekt. In der heutigen Zeit eines ständig steigenden Qualitätsbewußtseins der Verbraucher ist sie jedoch absolut falsch.

Schmutziges, faules und schimmeliges Obst ist stark mit verschiedenen Mikroorganismen belastet, die schon teilweise im Obst die Bildung von sensorisch negativen Substanzen hervorrufen. Eine reintönige Gärung, die zu einer fehlerfreien Maische führt, ist bei solchen Rohstoffen kaum möglich. Zur Erzeugung hochwertiger Brände sind deshalb unbedingt hochwertige Rohstoffe erforderlich.

Die Anforderungen, die an das zu verarbeitende Obst zu stellen sind, hängen im wesentlichen vom Verwendungszweck ab. Während bei Tafelobst das äußere Erscheinungsbild (Form, Größe und Oberflächenglanz) eine bedeutende Rolle spielt - ebenso wie die Preßbarkeit (Festigkeit der Zellstruktur) bei der Saftbereitung -, stehen bei der Obstbrandherstellung die inneren Werte der Früchte im Hinblick auf die Qualität und die zu erreichende Ausbeute im Vordergrund:

» hoher Zuckergehalt, d. h. vollständig ausgereiftes Obst,

» ausgeprägtes, sortentypisches Aroma und

» sauberes, gesundes Obst, das keine schimmeligen und faulen Früchte enthalten darf.

2.2.1.2. Inhaltsstoffe des Obstes

Die Zusammensetzung des Obstes kann in Abhängigkeit von Sorte und Reifezustand stark schwanken. Von den drei wesentlichen Gruppen an Inhaltsstoffen (Wasser, wasserunlösliche und wasserlösliche Bestandteile) sind für den Obstbrenner überwiegend die letzteren von Bedeutung. Diese betragen je nach Obstsorte etwa zehn bis 20 Prozent des Gesamtgewichts und enthalten folgende Inhaltsstoffe:

» Kohlenhydrate (Zucker)

» Fruchtsäuren

» Eiweiße und eiweißhaltige Substanzen

» phenolische Stoffe

» Vitamine und Mineralstoffe

» Aromastoffe

Die festen, wasserunlöslichen Stoffe verbleiben bei der Destillation in der Schlempe, können jedoch das Geschmacksbild des Destillats beeinflussen, da aus Blättern und Stielen durch die Bildung von Alkohol flüchtige Stoffe (z. B. Hexanol) extrahiert werden, die bei der Destillation in das Destillat übergehen und sich sensorisch auswirken können.

Den größten Teil der **Kohlenhydrate** der Früchte bilden die Zucker Glucose (Traubenzucker) und Fructose (Fruchtzucker) sowie der aus einem Molekül Glucose und einem Molekül Fructose zusammengesetzte Zucker Saccharose (Rohr- oder Rübenzucker). Der Gehalt an Saccharose in den Früchten ist sehr gering, da dieser Zucker durch fruchteigene Enzyme in Glucose und Fructose gespalten wird. Die genannten Zucker bilden den Gesamtzuckergehalt, der in Abhängigkeit von Obstart, Sorte und Reifegrad erheblichen Schwankungen unterliegen kann. Glucose und Fructose sind durch

Hefen vergärbar und bestimmen dementsprechend die Alkoholausbeute.

Die **Fruchtsäuren** sind für die geschmackliche Harmonie des Obstes von entscheidender Bedeutung. Im Obst kommen überwiegend Äpfelsäure und Zitronensäure vor, in Trauben zusätzlich Weinsäure. Neben den genannten Fruchtsäuren findet sich im Obst eine Reihe weiterer Säuren, die zwar mengenmäßig nicht hervortreten, zum Teil jedoch typisch für die Charakterisierung einzelner Obstarten sind. Während der Vergärung von Obstmaische können die Fruchtsäuren einen bakteriellen Abbau erleiden.

Eiweiße und **eiweißhaltige Substanzen** sind mengenmäßig von untergeordneter Bedeutung. Zu dieser Gruppe gehören allerdings so wichtige Verbindungen wie die fruchteigenen Enzyme, die die einzelnen Stoffwechselvorgänge (z. B. Gärung) lenken und katalysieren, und die Aminosäuren, die als Hefenährstoffe dienen und somit den Verlauf der Gärung fördern. Darüber hinaus sind die Aminosäuren an der Bildung höherer Alkohole (Fuselöle) und anderer Aromastoffe direkt beteiligt.

Die **phenolischen Stoffe** wurden früher oft unter der Sammelbezeichnung „Gerbstoffe" zusammengefaßt. Zu ihnen gehören Catechine, Anthocyane und Flavonole, die unter anderem für die Färbung der verschiedenen Obstarten verantwortlich sind. Polyphenole werden leicht durch Sauerstoff oder durch Enzyme oxidiert oder zu größeren Molekülverbänden zusammengeschlossen und bilden dann tiefbraun gefärbte Verbindungen, was schon an der Verfärbung des Fruchtfleisches bei geschädigten Früchten erkennbar ist. Sensorisch treten Polyphenole durch einen herb-adstringierenden, bitteren Geschmackseindruck hervor.

Die **Vitamine** tragen ganz entscheidend zum hohen Stellenwert bei, den Obst in der Ernährung des Menschen hat. In erster Linie ist hier die Ascorbinsäure (Vitamin C) zu nennen, die vorwiegend in Beerenobst enthalten ist. Daneben kommen Vitamin A und eine Reihe der B-Vitamine in verschiedenen Obstarten vor.

Neben den Vitaminen enthält Obst **Mineralstoffe** wie Kalium, Calcium, Magnesium, Eisen und Phosphor in ernährungsphysiologisch günstigen Konzentrationsverhältnissen. Ebenso wie Vitamin B1 sind auch die Mineralstoffe wichtige Hefenährstoffe und fördern eine rasche und vollständige Gärung.

Bei den **Aromastoffen** handelt es sich vorwiegend um Alkohole, flüchtige Säuren, Ester (Verbindungen aus einer organischen Säure und einem Alkohol), Aldehyde und Ketone. Je nach Fruchtart, Reifegrad und Herkunft variieren die Konzentrationen der einzelnen Verbindungen oder Verbindungsgruppen sehr stark.

Obwohl die Aromastoffe mengenmäßig nur eine untergeordnete Bedeutung haben (ca. 0,1 % des Gesamtgewichts), zeigt die Vielzahl der Verbindungen - in

Weintrauben wurden über 200 Einzelverbindungen identifiziert - die Schwierigkeiten bei der analytischen Ermittlung der Aromazusammensetzung.

In der Aromaforschung unterscheidet man im wesentlichen drei Gruppen von Obstarten. In der ersten Gruppe wird das Aroma entscheidend von einer einzigen Verbindung geprägt. Andere Aromaverbindungen sind zwar vorhanden, spielen jedoch nur eine untergeordnete Rolle. Als Beispiel ist die Williams Christbirne zu nennen, deren Aroma von einem Ester (Ethyldecadienoat) geprägt wird.

Die zweite Gruppe umfaßt Obstarten, deren Aroma von einigen wenigen Verbindungen bestimmt wird, von denen eine besonders wichtig sein kann. Beispiel dafür ist der Apfel, dessen Aroma in erster Linie von einem Ester (Ethyl-2-methylbutyrat) geprägt wird. Darüber hinaus sind im Apfelaroma die Verbindungen Hexanal und Hexenal wichtig. Der Ester verleiht dem Apfel die reife Note, während ein Überwiegen von Hexanal und Hexenal den Eindruck der Unreife und des „grünen" Obstes signalisiert. Alle anderen Aromastoffe sind von nachgeordneter Bedeutung.

In der dritten Gruppe sind alle Obstarten zusammengefaßt, bei denen das Aroma nur mit einer großen Zahl von Verbindungen befriedigend beschrieben werden kann, wobei keine der Aromakomponenten dominant ist. Dazu gehören Aprikose, Johannisbeere und Pfirsich.

2.2.1.3. Rückstände aus der Weinbereitung

Trester und **Weinhefe** wurden früher aus Gründen der wirtschaftlichen Abfallverwertung durch Erzeugung von Alkohol gebrannt. Bei diesen Produkten konnte von Qualität keine Rede sein.

Heute genießen diese Brände zunehmend höheres Ansehen, nicht zuletzt durch das Vorbild der italienischen Grappa, die letztendlich oft nichts anderes ist als aufgezuckerter Tresterbrand.

Selbstverständlich gilt auch hier, daß nur fehlerfreie Trester und Hefegeläger zu qualitativ hochwertigen Erzeugnissen führen können. Hefetrub aus fehlerhaften Weinen sollte keinesfalls gebrannt werden, da die Fehler auch später im Destillat zu finden sind (Essigsäureethylester, Buttersäureester, Milchsäureester).

2.2.2. Verarbeitung der Rohstoffe

Damit die Inhaltsstoffe für die Hefen verfügbar werden, müssen die Zellen durch mechanische Zerkleinerung der Früchte zerstört werden. Wichtig ist, daß die Rohstoffe nicht bis zum Mus zermahlen werden, weil dabei Kerne und Steine zu stark beschädigt würden. Vielmehr sollte das Obst vorsichtig gequetscht oder zerkleinert werden. Steine und Kerne sollten möglichst ganz bleiben, um Fehltöne durch zu starkes Herauslösen steintypischer Inhaltsstoffe zu vermeiden. Ein solcher steintypischer Inhaltsstoff ist das Amygdalin, das von fruchteigenen Enzymen unter anderem in Blausäure und Benzaldehyd umgewandelt wird. Benzaldehyd ist ein typischer Inhaltsstoff von Steinobstbränden, der das Aroma entscheidend mitprägt, in erhöhten Konzentrationen aber zu einem intensiven Bittermandelton führt und das sortentypische Aroma überlagert.

Die ebenfalls entstehende Blausäure ist eine Vorstufe zur Bildung von Ethylcarbamat. Auch zur Vermeidung der Bildung dieses in seiner gesundheitlichen Relevanz umstrittenen Stoffes ist die Schonung der Steine beim Einmaischen eine geeignete Vorsorgemaßnahme. Der Anteil der geschädigten Steine sollte unter fünf Prozent liegen.

Im allgemeinen gilt, daß stark zerkleinerte Maischen schneller vergären, da die Inhaltsstoffe für die Hefen besser zugänglich sind. Auch die Verarbeitung ist in diesem Fall erleichtert. Fein zerkleinerte Maischen verflüssigen schneller und sind somit besser pumpbar, Zusatzstoffe lassen sich leichter einrühren.

Zur Obstzerkleinerung sind Walzenmühlen, Rätzmühlen, aber auch Muser geeignet. Während die Mühlen mit jeweils verschiedenen Siebeinsätzen und verschiedenen Einstellungen der Walzen für alle Obstarten verwendet werden können, werden Muser nur bei Kernobst eingesetzt. Beim Musern von Steinobst würden nahezu alle Steine zertrümmert werden.

Steinobst wird deshalb bevorzugt mit Walzenmühlen zerkleinert, wobei die Walzen so eingestellt werden, daß das Fruchtfleisch vorsichtig zerquetscht wird und die Steine unbeschädigt bleiben.

Während heute unbestritten ist, daß Steine beim Einmaischen nicht zerstört werden sollten, besteht Uneinigkeit darüber, ob Steine bei **Zwetschken** und **Mirabellen** mitvergoren werden sollten oder vor dem Vergären zu entfernen sind. Bleiben die Steine in der Maische, erhält der Brand den steinobsttypischen leichten Bittermandelton. Bei der Steinentfernung vor der Gärung fehlt dem Brand diese Aromakomponente.

Bei **Mirabellen** muß wegen der relativ kleinen Früchte im Verhältnis zum Kern besonders sorgfältig darauf geachtet werden, daß die Steine unbeschädigt bleiben. Eine Zerkleinerung der festen Früchte ist für eine einwandfreie Gärung jedoch unbedingt erforderlich. Der Einsatz pektolytischer Enzyme ist empfehlenswert.

Da das Mitvergären auch unbeschädigter Steine schon einen deutlichen Bittermandelton mit sich bringt, werden bei Mirabellenmaischen die Steine vor dem Brennen meist entfernt. Über den Grad der Steinentfernung vor der Gärung läßt sich die Stärke des Bittermandeltons beeinflussen.

Während bei festen Zwetschken - und auch Pflaumen - eine steinschonende Zerkleinerung der Früchte unbedingt anzuraten ist, müssen reife, saftige Früchte vor dem Einmaischen nicht zwangsläufig zerkleinert werden. Auch hier helfen pektolytische Enzyme beim Zellaufschluß.

Bei den kleineren Löhrpflaumen sollte wie bei den Mirabellen auf unbedingte Steinschonung geachtet werden, da sonst das feine sortentypische Aroma leicht überlagert werden kann.

Auch beim Einmaischen von **Kirschen** sollten weniger als fünf Prozent der Kerne zerstört werden, damit der Bittermandelton nicht zu aufdringlich wird und eine Ethylcarbamatbildung weitgehend unterbleibt. Außerdem ist darauf zu achten, daß die Stiele entfernt werden, da sie dem Destillat einen herben, untypischen Geschmack verleihen.

Weiche Kirschen, die viel Saft enthalten, können als ganze Früchte eingemaischt werden, da sie bereits durch das Einfüllen in Gärbehälter und beim Umrühren zerdrückt werden.

Manche Kirschenarten reifen am Baum bis zur Vertrocknung. Die Früchte sind dann hart und müssen vor dem Einmaischen durch Walzenmühlen vorsichtig angeritzt werden. Bei besonders eingetrockneten Früchten sollte den Maischen zur besseren Vergärung etwas Wasser zugesetzt werden. Werden die Steine vor der Gärung nahezu vollständig entfernt, fehlt dem Brand die für Kirschwasser typische Bittermandelkomponente.

Der Ethylcarbamatgehalt ist seit mehr als zehn Jahren ein für den Brenner unangenehmes, aber unumgängliches Beurteilungskriterium für die Qualität von Steinobstbränden. Die mit diesem Inhaltsstoff verbundenen Diskussionen und die Festlegung eines Höchstwertes von 0,4 mg/l (verwaltungsinterner Richtwert, beanstandet wird ab 0,8 mg/l) haben dazu geführt, daß heute überwiegend ein neuer Typ von Kirschwasser produziert wird (Adam und Postel, 1992).

Diese Brände sind sensorisch harmonischer und weisen eine wesentlich dezentere Steinnote auf. Das Aroma ist feiner, in stärkerem Ausmaß von fruchttypischen Estern geprägt und wirkt nicht mehr so breit wie bei den bisher bekannten Kirschbränden. Die Brände enthalten deutlich weniger Benzylalkohol, Benzaldehyd und Benzylacetat. Ebenso ist der früher bei Kirschen durchschnittliche Ethylcarbamatgehalt von 1,6 mg/l auf durchschnittlich 0,8 mg/l zurückgegangen.

Diese Effekte sind darauf zurückzuführen, daß Kirschen heute unter weitgehender Steinschonung eingemaischt werden. Auch die mittlerweile übliche Ansäuerung der Maische auf pH 3,0 (größere Flüchtigkeit von freigesetzter Blausäure, Hemmung der für die Bildung von Blausäure verantwortlichen fruchteigenen Enzyme), die Zugabe von Reinzuchthefe, kurze Maischestandzeiten sowie die Destillation unter Anwendung des Cyanurex-Verfahrens oder mit Katalysator tragen zu dieser Qualitätsverbesserung bei.

Da die Produktion von Kirschbränden seit der Ethylcarbamatdiskussion mit größerer Sorgfalt erfolgt, fehlen diesem neuen Kirschwassertyp auch die früher üblichen leicht unsauberen Noten, die durch Infektionen der Maische - insbesondere bei langen Standzeiten nach der

Gärung - hervorgerufen wurden. Die Infektion vergorener Maischen mit Essigbakterien (in Einzelfällen auch die gezielte Zugabe von Essigsäure) und eine intensive Oxidation prägten den Charakter des „alten" Kirschwassers.

Pfirsiche und **Aprikosen** besitzen besonders große Steine. Das Aroma dieser Früchte ist sehr fein und zurückhaltend und verträgt deshalb keinen starken Steinton. Auch hier gibt es verschiedene Rezepte zur Erzeugung dieser Brände. Während einige Brenner die Steine vor der Gärung entfernen, da sie einen bitteren Geschmack im Destillat verursachen sollen, vergären andere die Maische mit Steinen. Dabei sollten die Steine nach Möglichkeit nicht zerstört werden, was in der Praxis sehr schwierig ist, und die Maischestandzeit nach der Gärung sollte möglichst kurz sein. Beim Befüllen der Brennblase muß darauf geachtet werden, daß möglichst wenige der zerstörten Steine, die sich im Maischebehälter abgesetzt haben, mit in die Blase gelangen. Beim Brennen ist der Einsatz eines Katalysators oder die Zugabe von Kupfersalzen (Cyanurex-Verfahren) zur Vermeidung der Cyanid- bzw. Ethylcarbamatbildung notwendig.

Das Zermahlen von **Schlehen** ist wegen ihres im Verhältnis zur Frucht großen Steins ohne Steinzerstörung kaum möglich. Deshalb weisen Schlehenbrände oft einen starken Bittermandelton auf.

Erntet man die Schlehen etwa zwei Tage nach dem ersten Frost, so sind die vorher harten Früchte weich und überwiegend aufgeplatzt, was im wesentlichen zwei Vorteile hat: Zum einen ist ein Zermahlen vor dem Einmaischen nicht mehr erforderlich. Die Früchte platzen durch den Frost auf, die Steine bleiben unzerstört. Zum anderen verringert sich der Gerbstoffgehalt der Früchte dadurch, daß beim Aufplatzen ein Teil des Saftes ausläuft, in dem große Mengen an Gerbstoffen gelöst sind.

Da Schlehen von Natur aus einen hohen Gerbstoffgehalt mitbringen, kommt es anderenfalls oft zu Gärstörungen (Kapitel 2.9.). Es ist daher üblich, Schlehenmaischen bei höheren Temperaturen (22 bis 25 °C) unter Zusatz gerbstofftoleranter Hefen und eventuell mit Hefenährsalzen zu vergären. Ein Zusatz pektolytischer Enzyme in höheren Konzentrationen ist eine elegante und einfache Methode, das mechanische Zerkleinern zu unterstützen oder zu ersetzen.

Bei einem anderen Verfahren zur Steinschonung werden die Schlehen in Fässern mit Wasser übergossen, bis die Früchte gerade bedeckt sind. Auch dabei platzen die Häute auf, und die Vergärung wird erleichtert. Das Wasser muß vor dem Einmaischen abgegossen werden, da es sowohl hohe Gerbstoffkonzentrationen enthält als auch die Ausbeute und das Aroma verschlechtert.

Vogelbeeren, Holunderbeeren, Wacholderbeeren, Preiselbeeren, Heidelbeeren und **Weintrauben** müssen zur Erzeugung qualitativ hochwertiger Brände ohne Stiele eingemaischt werden. Dabei kann zum Teil mit im Weinbau üblichen Entrappungsmaschinen gearbeitet werden. Der Aufwand macht sich in der Qualität des Brandes bemerkbar.

Vogelbeeren müssen im Gegensatz zu weichen Beerenarten vor dem Einmaischen gemahlen werden.

Zur Vermeidung von Gärstörungen ist es erforderlich, die doppelte für Kernobst angegebene Menge an pektolytischen Enzymen und Reinzuchthefe zuzusetzen.

Bei **weichen Beeren** wie Weintrauben reicht das Aufreißen der Häute, das beim Entrappen größtenteils bereits erfolgt. Bei **harten Beeren** ist ein Zusatz pektolytischer Enzyme sinnvoll. Wie bei Schlehen sollte die Vergärung auch hier bei höheren Temperaturen erfolgen.

Kernobst kann mit Mühlen und Musern fein zerkleinert werden. Je härter die Früchte sind, desto feiner sollten sie zerkleinert werden. Besonders bei Quitten und harten Apfelsorten ist ein Enzymzusatz zur Maischeverflüssigung anzuraten.

Die Früchte sollten zum Zeitpunkt des Einmaischens reif und teigig sein, weil sich dann die fruchteigenen Gerbstoffe weitgehend abgebaut haben und die Gärung nicht mehr behindern können. Deshalb werden **Äpfel, Birnen** und **Quitten** nach der Ernte zum Nachreifen gelagert. Die noch vorhandene Stärke wird dabei in Glucose (Zucker) umgewandelt, was zu höheren Ausbeuten führt und die Gefahr des Anbrennens der Maische im Brennkessel vermindert.

Eine Lagerung ist aber nur bei gesunden, unverletzten Früchten möglich, da verletzte Früchte und Fallobst faulen und zu Destillaten minderer Qualität führen.

Bei **Williams Christbirnen** ist eine Lagerung bis zum Teigigwerden unbedingt zur Aromaausprägung erforderlich, sofern ein „klassischer" Williamsbrand erzeugt werden soll. Eine Zerkleinerung ist dann nicht mehr notwendig. Da diese Birnen sehr säurearm sind, sollten sie unter Säureschutz vergoren werden. Die Gärtemperatur darf maximal 18 °C betragen, da höhere Temperaturen zu Aromaverlusten führen.

Beim Williamsbrand stehen sich zwei grundverschiedene sensorische Typen gegenüber: der „klassische" Typ, bei dem das leicht überreife Obst und die Maischestandzeit nach der Gärung zu einem buttrigen und breiten Geruchs- und Geschmackseindruck führen, und der „junge" Williamstyp, der in die abklingende Gärung gebrannt wird. In diesem Fall wird das Obst nicht bis zum Teigigwerden gelagert, es ist also weniger reif.

Dieser Typ wird von einem intensiven, etwas an Schalen erinnernden Aroma mit einer leichten Unreifekomponente dominiert.

Obst- und Weintrester müssen unmittelbar nach dem Abpressen unbedingt eingemaischt werden, da sie extrem anfällig für mikrobiologische Infektionen sind.

Zum Einbringen in die Gärbehälter kann der Tresterkuchen zerteilt werden. Es ist jedoch für eine reintönige Gärung unerläßlich, die äußerst trockenen Trester im Gärbehälter festzustampfen, damit keine Hohlräume zwischen den Schalen mehr vorhanden sind, in denen sich Schimmel bilden könnte. Ein Zusatz kleiner Mengen Wasser zur Ausfüllung verbleibender Hohlräume ist förderlich und beeinflußt die Qualität kaum. Eine Enzymierung zur besseren Verflüssigung ist anzuraten, aufgrund der niedrigen pH-Werte bei manchen Trestern (z. B. aus Rieslingtrauben) aber nur wenig effektiv.

Ein Wasserzusatz zur Maische ist in vielen Fällen überflüssig. Er vermindert die Ausbeute, die auf Kilogramm Maische berechnet wird, und sollte nur bei extrem trockenen Maischen erfolgen, z. B. Quittenmaischen, Maischen bereits eingetrockneter Zwetschken oder Kirschen und Vogelbeermaischen. In jedem Fall sollte aber nur so viel Wasser zugesetzt werden, daß die Hohlräume zwischen den Fruchtstückchen aufgefüllt werden, damit hier keine Schimmelbildung stattfinden kann.

Da sich flüssige Maischen wesentlich besser verarbeiten lassen als trockene und feste, ist bei vielen Obstarten ein Zusatz pektolytischer Enzympräparate von Vorteil.

Eine Übersicht über die Verarbeitung der einzelnen Rohstoffe gibt Tabelle 2.

Die häufigsten Fehler beim Einmaischen und Vergären sind in Tabelle 3 zusammengefaßt.

2.3. Voraussichtliche Alkoholausbeute

Wie bereits unter 2.1.1. aufgeführt, entspricht die tatsächlich erzielte Alkoholausbeute nicht der theoretisch erwarteten. Trotzdem ist es für den Brenner wichtig, die voraussichtliche Alkoholausbeute des jeweils eingemaischten Obstes annäherungsweise zu kennen. Ihre Berechnung erfolgt aufgrund des Extraktgehalts der unvergorenen Maische.

Als Extrakt bezeichnet man die Summe aller im Saft des Obstes gelösten Obstinhaltsstoffe: hauptsächlich Zucker, aber auch Nichtzuckerstoffe wie Fruchtsäuren, Aminosäuren und Mineralstoffe. Der Extraktgehalt ist für den Brenner einfach zu bestimmen und läßt Rückschlüsse auf den Zuckergehalt des Obstes zu. Er darf aber nicht mit dem Zuckergehalt gleichgesetzt werden, da dies zu einer ungenauen Ausbeuteberechnung führen würde.

Vielmehr gilt: Extrakt minus Nichtzuckerstoffe = Zuckergehalt.

2.3.1. Extraktbestimmung

Die Extraktbestimmung erfolgt üblicherweise mittels Saccharometer, Mostgewichtswaage oder Handrefraktometer.

Tab. 3

Fehler beim Einmaischen und Vergären

Fehler	Auswirkungen
unreifes Obst	Aromaschwäche, geringe Ausbeute
schmutziges, beschädigtes Obst	Gefahr von Bakterieninfektionen, z. B. Bildung von Acrolein
beschädigtes, angefaultes, schimmeliges Obst	Fehlaroma im Destillat
Anteil der zerstörten Steine zu hoch	Bittermandelton
ungeeignete und schmutzige Gärbehälter	Fremdinfektion, Fehlaromen
pH-Wert zu hoch	Bakterieninfektionen, Fehlaromen, Ausbeuteverluste
kein Zusatz von Reinzuchthefe	Fehlaroma (z. B. „Uhuton") durch wilde Hefen
Sauerstoffzutritt	Essigsäurebildung, Uhuton, Alkoholverluste
Gärtemperatur zu hoch	Aromaverluste
zu lange Maischelagerung mit Steinen	Bittermandelton

Tab. 2

Übersicht über die Verarbeitung einzelner Rohstoffe

Obstsorte	Verarbeitung	Brennnzeitpunkt/ Maischelagerung
Äpfel	- waschen, möglichst fein zerkleinern - Enzymzusatz vorteilhaft, besonders bei trockenen Maischen - falls erforderlich, auf pH 3 ansäuern - Zugabe von Trockenreinzuchthefe	- in die abklingende Gärung brennen - Lagerung falls möglich vermeiden
Birnen	- waschen, möglichst fein zerkleinern - Enzymzusatz vorteilhaft, besonders bei trockenen Maischen - falls erforderlich, auf pH 3 ansäuern - Zugabe von Trockenreinzuchthefe	- nach abgeschlossener Gärung brennen - kurze Maischelagerung
Williams Christbirne „Klassischer" Typ	- Obst bis zum Teigigwerden lagern - waschen, zerkleinern - eventuell Enzymzusatz - eventuell ansäuern - eventuell Zugabe von Trockenreinzuchthefe	- nach abgeschlossener Gärung brennen - kurze Maischelagerung
Williams Christbirne „Junger" Typ	- keine Lagerung des Obstes - waschen, zerkleinern - Enzymzusatz vorteilhaft - unbedingt auf pH 3 ansäuern - Zugabe von Trockenreinzuchthefe	- in die abklingende Gärung brennen - Lagerung unbedingt vermeiden
Quitte	- Obst vor dem Einmaischen lagern - waschen, möglichst fein zerkleinern - unbedingt Enzymzusatz, evtl. doppelte, für Kernobst angegebene Menge - falls erforderlich, auf pH 3 ansäuern - Zugabe von Trockenreinzuchthefe	- nach abgeschlossener Gärung brennen - kurze Maischelagerung
Mirabellen, Löhrpflaumen	- Anteile der zerstörten Steine unter 5% - ohne Stiele, evtl. ohne Steine einmaischen - Enzymzusatz vorteilhaft - unbedingt auf pH 3 ansäuern - Zugabe von Trockenreinzuchthefe	- nach abgeschlossener Gärung brennen - kurze Maischelagerung, um Ethylcarbamatbildung zu vermeiden
Zwetschken, Pflaumen	- Anteile der zerstörten Steine unter 5% - evtl. zerkleinern - Enzymzusatz vorteilhaft - unbedingt auf pH 3 ansäuern - Zugabe von Trockenreinzuchthefe	- nach abgeschlossener Gärung brennen - kurze Maischelagerung, um Ethylcarbamatbildung zu vermeiden

Tab. 2

Übersicht über die Verarbeitung einzelner Rohstoffe

Obstsorte	Verarbeitung	Brennnzeitpunkt/ Maischelagerung
Kirschen „Alter" Typ	- Anteile der zerstörten Steine unter 5% - ohne Stiele einmaischen - evtl. Enzymzusatz (bei festfleischigen Sorten oder eingetrockneten Kirschen) - evtl. auf pH 3 ansäuern - Zugabe von Trockenreinzuchthefe	- nach abgeschlossener Gärung brennen - Maischelagerung 4-5 Monate
Kirschen „Neuer" Typ	- Anteile der zerstörten Steine unter 5% - ohne Stiele einmaischen - Enzymzusatz vorteilhaft - unbedingt auf pH 3 ansäuern - Zugabe von Trockenreinzuchthefe	- nach abgeschlossener Gärung brennen (Cyanurex, Katalysator) - möglichst kurze Maischelagerung
Pfirsiche, Aprikosen	- Anteile der zerstörten Steine unter 5% - ohne Stiele einmaischen - Enzymzusatz vorteilhaft - unbedingt auf pH 3 ansäuern - Zugabe von Trockenreinzuchthefe	- nach abgeschlossener Gärung brennen (Cyanurex, Katalysator) - möglichst kurze Maischelagerung
Schlehen	- möglichst nach Frost einmaischen (Steinschonung) - entrappen - Enzymzusatz vorteilhaft - evtl. auf pH 3 ansäuern - Zugabe von Trockenreinzuchthefe, evtl. doppelte Menge - evtl. Hefenährsalze - höhere Gärtemperatur	- nach abgeschlossener Gärung brennen (Cyanurex, Katalysator) - möglichst kurze Maischelagerung
Vogelbeeren, Wacholderbeeren	- entrappen - mahlen - Enzymzusatz vorteilhaft, doppelte für Kernobst angegebene Menge - evtl. auf pH 3 ansäuern - Zugabe von Trockenreinzuchthefe, doppelte Menge - evtl. Hefenährsalze - höhere Gärtemperatur	- nach abgeschlossener Gärung brennen - möglichst kurze Maischelagerung

Tab. 2

Übersicht über die Verarbeitung
einzelner Rohstoffe

Obstsorte	Verarbeitung	Brennnzeitpunkt/ Maischelagerung
Heidelbeeren, Preiselbeeren	- ohne Stiele einmaischen - evtl. mahlen - Enzymzusatz vorteilhaft - evtl. auf pH 3 ansäuern - Zugabe von Trockenreinzuchthefe - evtl. Hefenährsalze - höhere Gärtemperatur	- nach abgeschlossener Gärung brennen - möglichst kurze Maischelagerung
Holunderbeeren	- ohne Stiele einmaischen - mahlen - Enzymzusatz vorteilhaft - evtl. auf pH 3 ansäuern - Zugabe von Trockenreinzuchthefe - evtl. Hefenährsalze	- nach abgeschlossener Gärung brennen - möglichst kurze Maischelagerung
Himbeeren, Brombeeren	- ohne Stiele einmaischen - Enzymzusatz vorteilhaft - evtl. auf pH 3 ansäuern - Zugabe von Trockenreinzuchthefe	- in die abklingende Gärung brennen - Lagerung unbedingt vermeiden
Trauben	- entrappen - evtl. mahlen - Enzymzusatz vorteilhaft - evtl. ansäuern auf pH 3, je nach Sorte - Zugabe von Trockenreinzuchthefe - evtl. Hefenährsalze - höhere Gärtemperatur	- nach abgeschlossener Gärung brennen - möglichst kurze Maischelagerung
Obst- und Weintrester	- Enzymzusatz vorteilhaft - evtl. auf pH 3 ansäuern, je nach Sorte - Zugabe von Trockenreinzuchthefe	- nach abgeschlossener Gärung brennen - möglichst kurze Maischelagerung
Weinhefe		- umgehend brennen

Für einen orientierenden Anhaltspunkt genügt bei Verwendung des Handrefraktometers das Herausquetschen von zwei bis drei Tropfen Saft aus der Frucht.

Bei den anderen Verfahren ist es erforderlich, die Maische vor der Bestimmung zu filtrieren, da verbleibende Fruchtstückchen die Messung behindern. In der Praxis wird die Maische durch ein dichtgewebtes Tuch ausgedrückt oder besser durch ein Faltenfilter filtriert. Das ablaufende Filtrat sollte möglichst klar sein und darf auf keinen Fall noch Fruchtteilchen enthalten.

Zusätzlich ist unbedingt darauf zu achten, daß die Maische vor der Entnahme einer Probe gründlich durchmischt wird, damit der bestimmte Extraktgehalt auch ein repräsentativer Durchschnittswert dieser Maische sein kann.

Bei Saccharometer und Mostgewichtswaage handelt es sich um Aräometer, also Schwimmkörper, die in eine Flüssigkeit unterschiedlich tief eintauchen, während auf der an ihrem Hals angebrachten Skala ein entsprechender Wert abgelesen werden kann. Mit beiden Geräten wird die Dichte des Maischefiltrats bestimmt, die davon abhängig ist, wie viele Inhaltsstoffe darin gelöst sind.

Auf der Skala der Mostgewichtswaage sind Grad Oechsle (°Oe) ablesbar, beim Saccharometer erfolgt die Angabe in Massenprozenten (%mas), d. h. es gibt an, wieviel Gramm Extrakt in 100 Gramm Maischefiltrat enthalten sind.

Wichtig ist bei beiden Methoden die Bestimmung der Temperatur des Maischefiltrats. Gute Saccharometer haben zusätzlich ein Thermometer. Da sowohl Saccharometer als auch Mostgewichtswaage üblicherweise auf 20 °C eingestellt sind und die Dichte einer Flüssigkeit temperaturabhängig ist, ist es zur Ermittlung richtiger Werte erforderlich, einen Korrekturfaktor zu berücksichtigen, sobald die Maischetemperatur von 20 °C abweicht.

Für das Saccharometer beträgt diese Temperaturkorrektur pro Grad Celsius 0,06 %, d. h. für jedes Grad über 20 °C müssen dem abgelesenen Wert 0,06 % dazugerechnet, für jedes Grad unter 20 °C abgezogen werden.

Bei der Mostgewichtswaage werden für jedes Grad über 20 °C 0,02 °Oe dazugezählt, pro Grad unter 20 °C 0,02 °Oe abgezogen.

Eine wichtige Voraussetzung zur richtigen Extraktbestimmung ist wie bei der Alkoholbestimmung (Kapitel 4.3.1.) die Sauberkeit, vor allem die Fettfreiheit aller verwendeten Geräte. Auch ist auf eine ausreichende Größe des verwendeten Spindelzylinders zu achten, damit Saccharometer oder Mostgewichtswaage frei schwimmen können. Starkes Auf- und Abpendeln der Meßgeräte ist unbedingt zu vermeiden. Zur Temperaturmessung des Maischefiltrats muß zwei bis fünf Minuten gewartet werden, bis die tatsächliche Maischetemperatur am Thermometer ablesbar ist.

Die Ablesung erfolgt - sofern die Geräte keine anderen Angaben aufweisen - am unteren Rand des Flüssigkeitsspiegels (Abb. 40, Kapitel 4.4.1.1.).

GÄRUNG

Abb. 1

Foto: Schliessmann

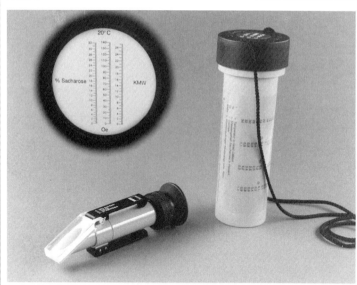

Refraktometer

Die Extraktbestimmung mittels Refraktometer basiert auf der optischen Bestimmung der Lichtbrechung. Dabei sind nur einige Tropfen des klaren Maischefiltrats erforderlich, die auf die vorher gesäuberte Meßprismenfläche des Refraktometers (Abb. 1) aufgetragen werden. Nachdem der Klappdeckel heruntergeklappt wurde, kann durch das Okular eine Hell-Dunkel-Grenze auf einer Skala abgelesen werden, wenn man das Refraktometer mit der Meßzelle gegen eine Lichtquelle hält. Die Skala ist meist in °Oe und %mas ablesbar. Die erforderliche Temperaturbestimmung wird bei guten Meßgeräten durch ein Thermometer im Klappdeckel vorgenommen.

In jüngster Zeit sind Handrefraktometer im Handel, bei denen sich die Lage der Ableseskala in Abhängigkeit von der Temperatur verschiebt, so daß eine ausreichend genaue automatische Temperaturkorrektur erfolgt.

Die erhaltenen Extraktwerte können beliebig ineinander umgerechnet werden. Für die Umrechnung von °Oe in %mas gilt:

$$\frac{°Oe}{4} = \%mas \qquad bzw. \qquad \%mas \times 4 = °Oe$$

Tab. 4

Nichtzuckerstoffgehalte und Tresterfaktoren verschiedener Obstsorten

Obstsorte	Nichtzucker-stoffgehalt des Maischefiltrats %	Trestergehalt der Maische %	Tresterfaktor
Äpfel	2,5	6 – 8	0,94 – 0,92
Tafeläpfel	2,5	3 – 4	0,97 – 0,96
Birnen	3,5	8 – 10	0,92 – 0,90
Zwetschken	4,0	11 – 12	0,89 – 0,88
Kirschen	5,0	15	0,85
Brombeeren	3,5		
Heidelbeeren	3,5		
Stachelbeeren	3,5		
Erdbeeren	3,5		
Johannisbeeren	3,5		
Himbeeren	3,5		
Vogelbeeren	7,0		

2.3.2. Berechnung des Zuckergehalts

Die Berechnung des Zuckergehalts nach der Extraktbestimmung ist nur annäherungsweise möglich, da hier der Anteil der Nichtzuckerstoffe mit berücksichtigt werden muß. Die Werte der Nichtzuckerstoffgehalte sind aus Tabellen (Tab. 4) zu entnehmen und stellen meist Durchschnittswerte für die jeweilige Obstsorte dar.

Der Anteil der Nichtzuckerstoffe schwankt innerhalb einer Obstart und hängt stark vom jeweiligen Reifegrad des verwendeten Obstes ab.

Die Berechnung des Zuckergehaltes erfolgt nach der untenstehenden Formel.

Beispiel:

Ein Maischefiltrat aus Williams Christbirnen hat einen Extraktgehalt von 52 °Oe bzw. 13 %mas (gemessener Wert). Der Anteil der Nichtzuckerstoffe liegt laut Tabelle 4 bei 3,5 % für Birnen.

% Zucker des Maischefiltrats

$$= \frac{52}{4} - 3,5 = 9,5$$

% Zucker = % Extrakt - % Nichtzuckerstoffe (Tabellenwert)

bzw.

$$\% \text{ Zucker} = \frac{°Oe}{4} - \% \text{ Nichtzuckerstoffe}$$

GÄRUNG

Da die Maische neben dem flüssigen Maischefiltrat auch noch feste Bestandteile enthält, die nicht zuckerhaltig sind, ist für eine annähernd genaue Berechnung des Zuckergehaltes der Maische ein weiterer Faktor erforderlich, der sogenannte Tresterfaktor. Ohne Berücksichtigung der Feststoffanteile der Maische, die im Tresterfaktor zum Ausdruck kommen, würde der errechnete Zuckergehalt zu hoch ausfallen.

Die Werte für diesen Tresterfaktor müssen ebenfalls aus Tabellen entnommen werden, die auf Erfahrungswerten basieren (Tab. 4).

Für die annähernde Berechnung des Zuckergehalts einer Maische gilt die tieferstehende Formel.

Für unser Beispiel kann als Wert für den Tresterfaktor für Birnenmaische aus Tabelle 4 entnommen werden:

0,92 bis 0,90

Daraus ergibt sich ein Zuckergehalt der Birnenmaische von:

9,5 % Zucker im Maischefiltrat x 0,90 = 8,55 % Zucker in der Maische

---

% Zucker der Maische = % Zucker im Maischefiltrat x Tresterfaktor

= (% Extrakt - % Nichtzuckerstoffe) x Tresterfaktor

2.3.3. Berechnung der voraussichtlichen Alkoholausbeute

Wie in Kapitel 2.1.1. bereits beschrieben, werden die theoretisch erwarteten Alkoholausbeuten aus verschiedenen Gründen nie erreicht. Statt der theoretisch aus der Vergärung von 100 Kilogramm Glucose erwarteten 64,6 Liter Alkohol erhält man in der Praxis unter optimalen Betriebsbedingungen ca. 56 Liter Alkohol.

Zur Berechnung einer für die Praxis realistischen Alkoholausbeute müssen diese unvermeidbaren Alkoholverluste mit berücksichtigt werden, was durch die Einbeziehung eines weiteren Korrekturfaktors (Alkoholfaktor) zum Ausdruck gebracht wird. (Formel zur Berechnung der voraussichtlichen Alkoholausbeute siehe unten!)

Aufgrund der Ungenauigkeiten der Werte für die Nichtzuckerstoffe und für den Tresterfaktor kann der berechnete Wert nur ein Richtwert sein.

In unserem Beispiel ergibt sich für 100 Liter Maische eine voraussichtliche Alkoholausbeute von:

l A./100 l Maische =

(13 - 3,5) x 0,9 x 0,56

= 4,79

Unter optimalen Bedingungen könnten aus 100 Liter dieser Maische etwa 4,8 Liter Alkohol entstehen.

2.4. Enzyme

Enzyme (früher Fermente genannt) sind meist Eiweißstoffe (Proteine). Sie sind Biokatalysatoren, ohne die Stoffwechselvorgänge in lebenden Zellen nicht möglich wären. Ihre Funktion besteht darin, die Aktivierungsenergie, die zum Ablauf chemischer Reaktionen innerhalb der Zelle erforderlich ist, so weit zu senken, daß diese Prozesse stattfinden können. Dabei bilden die Enzyme mit den Stoffen, die umgesetzt werden sollen (solche Stoffe werden als Substrate bezeichnet), Zwischenstufen, die unter Rückbildung des jeweiligen Enzyms weiterreagieren.

Enzyme sind spezifische Biokatalysatoren, d. h. daß für jede in der Zelle ablaufende Reaktion spezielle Enzyme zuständig sind. Beispielsweise wird die alkoholische Gärung durch das Zusammenwirken von zwölf Enzymen gesteuert.

Enzyme spielen aber nicht nur bei der Gärung selbst eine Rolle, sie sorgen auch dafür, daß die Rohstoffe für die Hefen überhaupt vergärbar werden.

Die für die Brennerei entscheidenden Inhaltsstoffe des Obstes sind neben den direkt vergärbaren Zuckern Glucose und Fructose Stärke und verschiedene Polysaccharide (Mehrfachzucker).

Liter Alkohol / 100 Liter Maische =

(% Extrakt - Nichtzuckerstoffe) x Tresterfaktor x Alkoholfaktor

l A./100 l Maische = (% E - NZ) x T x 0,56

Abb. 2

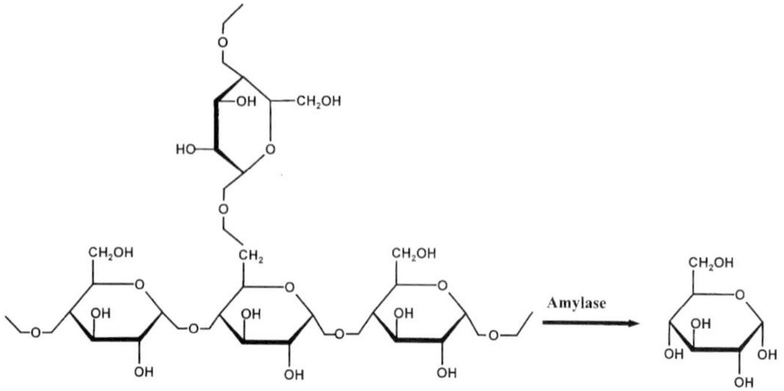

**Stärke
nicht vergärbar**

**Glucose
vergärbar**

Diese Verbindungen können als solche von den Hefen nicht umgesetzt werden. Hefen sind nur in der Lage, Monomere (Einfachzucker) wie Glucose und Fructose zum gewünschten Alkohol umzusetzen. Daher müssen verschiedene Enzyme die großen Stärke- und Polysaccharidmoleküle erst in vergärbare Zucker spalten.

Diese Aufgabe wird von den fruchteigenen Enzymen des Obstes wahrgenommen. Bei Bedarf können diese durch einen Zusatz biotechnologisch hergestellter Enzympräparate unterstützt werden (kürzere Einwirkzeit, höhere Effektivität).

2.4.1. Enzyme in der Brennerei

Glycosidasen

α-**Glucosidase** und **Fructosidase** spalten für die Hefe unvergärbare Zucker, z. B. Saccharose, in vergärbare Glucose und Fructose. Dabei greift die Fructosidase stets an der Fructosehälfte des jeweiligen Polysaccharids an, während die α-Glucosidase Glucoseeinheiten aus dem Molekül freisetzt. Auf der Wirkung der α-Glucosidase beruht auch der Abbau von Maltose zu Glucose.

β-Glycosidasen setzen glycosidisch (an Zucker) gebundene Aromastoffe frei. Sie sind auch für die Bildung des Bittermandeltons in Steinobstbränden verantwortlich, indem sie das Amygda-

Abb. 3

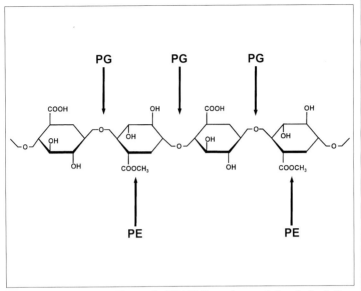

Pektin (vereinfachte Formel). Mit Pfeilen eingezeichnet sind die Angriffsstellen der Enzyme Pektinesterase (PE) und Polygalakturonase (PG).

lin der Kerne in Mandelsäurenitril und Gentobiose spalten, die dann von dem als „Emulsin" bezeichneten Enzymsystem zu Blausäure und Benzaldehyd umgewandelt werden.

Glycanasen

Ein Beispiel sind die Glucanasen, die Glucane (Polymere der Glucose) spalten.

Zu den α-Glycanasen gehören die **Amylasen**, die Stärke (Amylose und Amylopektin) entweder direkt oder über Dextrine zu Maltose und Glucose abzubauen vermögen (Abb. 2).

Amylasen spielen eine bedeutende Rolle in der Kartoffel- und Getreidebrennerei, da diese Rohstoffe große Mengen an Stärke enthalten.

Amylasen sind jedoch auch für die Obstbrennerei wichtig, da sie unter anderem für die Nachreifung verschiedener Obstsorten, wie z. B. Äpfel, verantwortlich sind. Solche Nachreifungsreaktionen bei der Obstlagerung führen letztendlich zu Ausbeutesteigerungen, da die Zucker für die Gärung in größerem Umfang zur Verfügung stehen. Ein weiterer Nebeneffekt der Amylasewirkung liegt in der zunehmenden Maischeverflüssigung, deren Vorteile in Kapitel 2.4.3. ausführlich beschrieben sind.

Proteinasen

Diese Enzyme, die auch als Peptid-Hydrolasen bezeichnet werden, sind verantwortlich für die Bildung der Fuselalkohole, indem sie die Proteine (Eiweiße) des Obstes in Aminosäuren spalten, die dann in Nebenreaktionen der alkoholischen Gärung zu höheren Alkoholen (Fuselalkoholen) umgesetzt werden.

Die beim Proteinabbau freiwerdenden Aminosäuren sind notwendig für die Ernährung und Vermehrung der Hefen.

Pektolytische Enzyme

Pektolytische Enzyme haben in der Obstbrennerei große Bedeutung. Sie sorgen durch die Spaltung der Pektine, die als Gerüst- und Kittsubstanzen für den Zusammenhalt der Zellen im Gewebeverband verantwortlich sind, für die Zerstörung der Zellwände und damit für die Verfügbarkeit der Zellinhaltsstoffe, insbesondere Zucker, für die Hefen.

Die Spaltung von Pektinen wird im wesentlichen durch drei verschiedene Enzyme katalysiert: Pektat-Lyase, Polygalacturonase und Pektinesterase.

Diese Pektinesterase ist verantwortlich für den Methanolgehalt der Obstbrände, da sie Pektine unter Freisetzung von Methanol spaltet. (Abb. 3)

Alle diese Enzyme sind von Natur aus im Obst in unterschiedlichen Konzentrationen enthalten.

2.4.2. Beeinflussung der Enzymtätigkeit

Durch solche und andere fruchteigene Enzymsysteme werden die Reifung des Obstes sowie Gärungsreaktionen ermöglicht.

Der Brenner nutzt diese natürliche Enzymtätigkeit aus, hat aber nur begrenzte Einflußmöglichkeiten darauf. Er kann Obst nachreifen lassen und so die Amylasetätigkeit optimal nutzen, muß aber das Risiko der Fäulnis berücksichtigen. Einer Steigerung der fruchteigenen Enzymtätigkeit durch Erhöhung der Gärtemperatur oder des pH-Wertes stehen die gravierenden Nachteile dieser Maßnahmen (Aromaverlust durch zu intensive Gärtätigkeit, Fremdinfektionen der Maische) gegenüber.

Eine Möglichkeit, die Vorteile einer gesteigerten Enzymtätigkeit zu nutzen, ohne dabei Nachteile in Kauf nehmen zu müssen, ist der Zusatz industriell hergestellter Enzympräparate für die Brennerei.

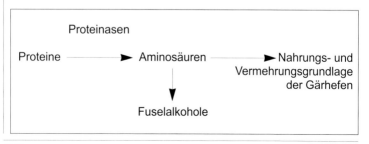

Die Zulassungskriterien für solche Enzympräparate sind gesetzlich geregelt. Die derzeit gültigen Regelungen umfassen:

- Das Lebensmittel- und Bedarfsgegenstände-Gesetz (LMBG) in der geltenden Fassung, nach dessen § 11 Enzyme nicht der Zulassungspflicht als Zusatzstoffe für Lebensmittel unterliegen. Spezielle Regelungen sind in den jeweiligen Produktverordnungen aufgeführt.

- Das Weingesetz, EWG-Verordnung 822/87, das pektolytische Enzyme in Most und Jungwein sowie β-Glucanasen in Wein zuläßt. Diese Regelungen sind relevant für Trester-, Hefe- und Weinbrände sowie Traubenbrände, die unter den Obstbränden immer mehr an Bedeutung gewinnen.

- Die Spirituosen-Verordnung, die als derzeit geltendes EU-Recht keine Regelungen über Enzyme enthält. Die Brennereiordnung schreibt lediglich vor, daß keine Hefenährsalze zugelassen sind. Die Zulassung von Präparaten zur Maischebehandlung unterliegt der Einzelprüfung, die sicherstellen soll, daß eine entsprechende Maischebehandlung keine ausbeutesteigernden Auswirkungen hat.

Künftige EU-einheitliche Zulassungskriterien für Enzympräparate werden derzeit als Vorschlag des OIV (Office International du Vin) diskutiert. Statt der bisherigen Einzelzulassung einzelner Enzymgruppen sollen Enzympräparate generell zugelassen werden, wobei die Beschreibung der Enzymaktivität, die Definition der Substrate und der Wirksamkeit sowie die hygienische und toxikologische Unbedenklichkeit im Verantwortungsbereich des Herstellers liegen sollen.

Nebenaktivitäten werden dann nur noch im Bereich des technologisch Unvermeidbaren akzeptiert. Diese Regelung soll zu mehr Produktehrlichkeit seitens der Hersteller führen, die zulässige Enzympräparate nicht mehr unter besonderem Hinweis auf ihre Nebenaktivitäten verkaufen müssen, sondern mit konkreten, meßbaren Wirkungen für konkrete Problemstellungen werben können. Diese Regelung wäre ein großer Vorteil für den Brenner, der damit klar erkennen kann, welches Enzym für welche Anwendung geeignet ist.

Bis diese Vorstellungen verwirklicht werden, muß der Brenner sich jedoch mit der beschriebenen Rechtssituation abfinden.

2.4.3. Wirkung pektolytischer Enzyme

Die Wirkung pektolytischer Enzyme liegt im Abbau von Pektin. Da die Herstellung chemisch reiner Enzympräparate aufwendig und damit teuer ist, enthalten pektolytische Enzyme immer geringe Mengen anderer Enzyme. Daher treten neben der eigentlichen Enzymaktivität auch Nebenaktivitäten auf, die oft erwünscht (vom Hersteller unter Umständen verstärkt und angepriesen), in einigen Fällen aber auch negativ sein können.

Eine unerwünschte Nebenaktivität pektolytischer Enzyme ist

GÄRUNG

die Cinnamylesterase(Depsidase)-Aktivität, von der man weiß, daß sie bei Wein- und Traubenbränden zu Fehltönen führen kann. Die Untersuchung solcher Auswirkungen auf andere Obstsorten erübrigt sich weitgehend, da die meisten Hersteller heute Depsidase-freie Enzympräparate anbieten.

Zu den positiven Nebenaktivitäten pektolytischer Enzyme können ihre Gehalte an Cellulasen und Hemicellulasen gezählt werden, die den Abbau von Polysacchariden verstärken.

Eine positive Nebenaktivität, mit der die Hersteller in jüngster Zeit verstärkt werben, ist die β-Glycosidase-Aktivität. Sie setzt Aromastoffe, die an Zucker gebunden und damit sensorisch inaktiv in der Maische vorliegen, aus ihrer glycosidischen Bindung frei. Freigesetzte Aromastoffe sind sensorisch aktiv, also wahrnehmbar. Diese Nebenaktivität soll zu einer besseren Ausnutzung des fruchteigenen Aromapotentials und damit zu einer Verstärkung des fruchttypischen Aromas führen.

Voraussetzung ist allerdings, daß eine zweite Enzymierung mit dafür geeigneten Enzympräparaten (pektolytische Enzyme mit deutlicher β-Glycosidase-Aktivität), die von den Herstellern zum Teil als „Aromaenzyme" angeboten werden, in die abklingende Gärung erfolgt. Dieser Vorgang ist deshalb erforderlich, weil β-glycosidische Enzyme glucoseintolerant sind, d. h. sie können nur bei geringen Zuckerkonzentrationen, wie sie in der abklingenden Gärung vorliegen, wirksam werden. Nebenbei nutzt

man die restliche Gärungswärme zur Steigerung der Enzymaktivität.

Als weitere wichtige Voraussetzung für die Wirksamkeit der β-Glycosidasen ist eine ausreichend lange Einwirkungszeit des Enzyms, d. h. längere Maischelagerung (vier bis acht Wochen) bei Temperaturen über 12 °C (möglichst höher) zu beachten, wobei der Brenner für optimale Lagerbedingungen (Kapitel 2.8.) sorgen muß. Eine längere Lagerzeit zur Enzymeinwirkung ist selbstverständlich nur bei einwandfreien Maischen möglich. Es versteht sich aber von selbst, daß eine Aromaforcierung, die zusätzliche Aromareserven mobilisieren soll, nur bei qualitativ hochwertigen Maischen sinnvoll ist. Es geht dabei um eine weitere Aromaverstärkung für bereits hochwertige Produkte, die absolute Fehlerfreiheit voraussetzt.

Die Aromaforcierung wurde bisher an **Traubenbränden** der Sorten Riesling und Gewürztraminer in Hinblick auf die Freisetzung von Terpenen, die bei Trauben aromaprägend sind, untersucht. Sie führte sowohl zu einer analytisch meßbaren Steigerung der Terpenkonzentration als auch zu einer sensorisch wahrnehmbaren Aromaintensivierung.

Auch bei anderen Obstarten, die nicht hauptsächlich von Terpenen geprägt sind, wie **Williams**, **Pflaume** und **Apfel**, verhalf eine zweite Enzymierung zu aromaintensiveren Bränden. Auf welche Aromastoffe sich die Aromaforcierung durch analytisch meßbare Konzentrationsänderungen auswirkt, ist bisher nicht ausreichend untersucht.

Breite Anwendung finden pektolytische Enzympräparate aufgrund ihrer Hauptaktivität, die zu einer besseren Maischeverflüssigung führt. Dies ist bei Kernobstsorten wie **Äpfeln** und **Quitten** von Vorteil, deren Maischen besonders trocken sind. Der Enzymzusatz ist ebenso vorteilhaft für Maischen aus am Baum weitgehend vertrockneten **Zwetschken** oder **Kirschen**, bei denen sonst ein Wasserzusatz für einen einwandfreien Gärverlauf erforderlich wäre. Beim Einmaischen von harten Beeren wie **Vogelbeeren** oder **Schlehen** ermöglicht es der Zusatz pektolytischer Enzyme, weitgehend auf das Zermahlen zu verzichten, wodurch sowohl der Steinton als auch die Ethylcarbamatbildung reduziert werden.

Bei allen Steinobstarten führt die Enzymierung mit pektolytischen Enzymen zu einem besseren Ablösen des Fruchtfleisches vom Stein.

Maischen, die durch Zusatz von Enzymen verflüssigt sind, gären schneller an, da die Zucker aufgrund der Maischekonsistenz für die Hefen besser verfügbar sind. Dadurch kommt es zu einer besseren Ausnutzung des vorhandenen Zuckerpotentials und damit zur Optimierung der vom Reifezustand des Obstes abhängigen möglichen Alkoholausbeute. Der Zusatz von Säure- und Hefepräparaten wird erleichtert, da flüssige Maischen leichter umzurühren sind, wodurch eine bessere Durchmischung und damit eine Effektivitätssteigerung der

Behandlung erreicht wird. Die Enzymierung vermindert die Deckenbildung während der Gärung.

Auch nach vollendeter Gärung wirkt sich ein Zusatz pektolytischer Enzyme, der vor Beginn der Gärung erfolgte, positiv aus. So wird die Pumpfähigkeit der Maische verbessert, wodurch das Befüllen der Brennblase vereinfacht wird. Die Optimierung der Wärmeübertragung innerhalb der Brennblase verhindert lokale Überhitzungen und damit das Anbrennen der Maische und spart außerdem Energie und Zeit.

Die verflüssigende Wirkung pektolytischer Enzyme auf Kernobstmaischen wurde von Kolb (1973) an Williams- und Apfelmaischen und von Pieper und Trah (1984) an verschiedenen Apfelsorten positiv beurteilt. Apfel- und Birnenmaischen brauchen zur optimalen Verflüssigung bei Enzymbehandlung nur die Hälfte der normalerweise üblichen Zeit. Auch bei Zwetschkenmaischen führt eine Enzymierung zu einer deutlich besseren Verflüssigung.

Da es sich bei pektolytischen Enzymen um Gemische von Polygalacturonase, Pektat-Lyase und Pektinesterase (Pektase) handelt, liegt der Verdacht nahe, daß durch den Pektinesteraseanteil der Methanolgehalt der Maischen und damit auch der Destillate ansteigt.

Früher war der Pektaseanteil in Enzympräparaten relativ hoch, was teilweise zu erhöhten Methanolgehalten führte. Neuere Untersuchungen der Methanolgehalte enzymierter Maischen im Vergleich zu nichtenzymierten

Varianten zeigen, daß eine Pektinenzymbehandlung in den meisten Fällen keine Methanolsteigerung bewirkt (Scholten, Müller, Kacprowski und Fäth 1992, 1993).

Enzymhersteller versuchen heute, den Pektinesteraseanteil durch eine bessere Enzymreinigung niedrig zu halten. Der Methanolgehalt in Bränden aus enzymierten Maischen ist daher heute nicht mehr zwangsläufig erhöht (Scholten et al.).

Die Freisetzung von Methanol erfolgt nahezu vollständig durch die fruchteigenen Pektinesterasen, worauf auch die unterschiedlichen und in ihrer Größenordnung charakteristischen Methanolgehalte der verschiedenen Obstsorten zurückzuführen sind.

Die vielseitigen Vorteile einer Enzymbehandlung der Maische haben dazu geführt, daß Enzympräparate heute sehr verbreitet sind.

Voraussetzung für optimale Wirksamkeit ist jedoch, daß sowohl Herstellerangaben zur Dosierung und Lagerung von Enzympräparaten als auch allgemeine Eigenschaften beachtet werden.

2.4.4. Anwendung pektolytischer Enzympräparate

Enzympräparate werden in der Praxis meist in Saft oder Wasser gelöst oder verdünnt, danach entweder beim Zerkleinern des Obstes im Einfülltrichter des Musers oder im Maischegefäß zugesetzt und intensiv mit der Maische vermischt.

Eine gleichmäßige Möglichkeit der Dosierung ist auch das kontinuierliche Zerstäuben der verdünnten Enzymflüssigkeit über dem zerkleinerten Obst am Ausgang des Musers. Diese Methode gewährleistet eine optimale Verteilung des Enzyms in der Maische.

Die Zugabe des unverdünnten Enzympräparats ist unzweckmäßig, da oft nur wenige Milliliter pro Hektoliter Maische angewandt werden. Eine gleichmäßige Durchmischung ist dabei kaum möglich.

Wie eigene Versuche gezeigt haben, wirkt sich eine Überdosierung zwar nicht nachteilig auf das Aroma aus, ist jedoch unwirtschaftlich.

Zu den Eigenschaften der Enzyme gehören die Denaturierung (Zersetzung) durch Hitze bei Temperaturen über 60 °C und der Aktivitätsverlust bei längerer Lagerung, weshalb Enzympräparate im Kühlschrank aufbewahrt werden sollten. Verdünnte Lösungen sind nur wenige Stunden haltbar und sollten daher vor der Anwendung stets frisch angesetzt werden. Zur Haltbarkeit sind die Herstellerangaben zu beachten.

Enzyme haben ihr Wirkungsoptimum bei Temperaturen von etwa 40 bis 50 °C. Dieser Temperaturbereich ist für Maischen völlig ungeeignet. Hier muß ein Kompromiß gefunden werden, der nicht zuletzt von der jeweiligen Beschaffenheit der Rohstoffe abhängt. Auf jeden Fall sollte die Maischetemperatur bei Enzymeinwirkung mehr als 10 °C betra-

Abb. 4

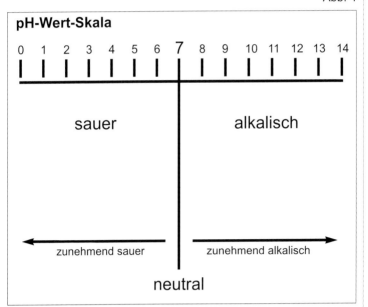

pH-Wert-Skala

0 1 2 3 4 5 6 7 8 9 10 11 12 13 14

sauer

alkalisch

← zunehmend sauer

zunehmend alkalisch →

neutral

gen, da Enzyme unterhalb dieser Temperatur nicht wirken.

Ein weiterer Kompromiß muß bei der Einstellung des pH-Wertes der Maische geschlossen werden. Während Maischen zur Vermeidung von Fremdinfektionen bei einem pH-Wert von 3 bis 3,2 (eventuell ansäuern) vergoren werden sollten, liegt das Wirkungsoptimum von Enzymen in einem pH-Bereich von 4 bis 6. Unterhalb von pH 3 und oberhalb von pH 8,5 sind Enzyme weitgehend unwirksam.

Auch hier sollte der Zustand der Rohstoffe die Wahl des pH-Wertes entscheiden, da geschädigtes oder leicht angefaultes Obst zur Vermeidung von Fehlgärungen unbedingt unter Säureschutz vergoren werden sollte.

Die Enzymzugabe muß vor der Säurezugabe erfolgen, damit das Enzym einige Stunden bei höheren pH-Werten wirken kann. Vorsicht bei geschädigtem Obst, hier haben Säureschutz und Hefezugabe Priorität!

2.5. Säuregehalt der Maische

2.5.1. Säuren des Obstes

Charakteristische Inhaltsstoffe des Obstes sind unter anderem verschiedene Fruchtsäuren, deren Spektrum je nach Obstsorte variiert. Den mengenmäßig dominierenden Anteil am Säurespektrum haben Äpfelsäure, Zitronensäure, Weinsäure, Chinasäure und Isozitronensäure. Neben diesen gibt es noch zahlrei-

Abb. 5   Foto: Kacprowski

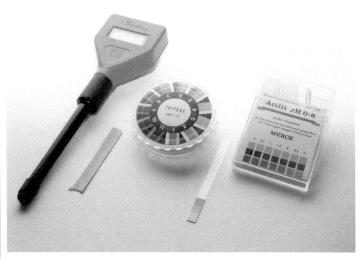

pH-Meter, Indikatorpapier, Indikatorstäbchen

che andere, für das sortentypische Aroma wichtige, In ihrer Konzentration für den Säuregehalt der Maische aber unbedeutende Fruchtsäuren.

Während die Äpfelsäure in allen Obstsorten eine große Rolle spielt, ist die Weinsäure nur in Trauben enthalten.

Zitronensäure kommt ebenfalls in nahezu allen Früchten vor, wobei ihre Gehalte in Beerenobst besonders hoch liegen, während sie in Kirschen nur in Spuren vorhanden ist.

Süße Äpfel, Heidelbeeren und einige Steinobstarten sind reich an Chinasäure. Die sonst nur in Spuren vorkommende Isozitronensäure dominiert das Säurespektrum von Brombeeren.

Die Säuregehalte und damit die pH-Werte der einzelnen Obstsorten sind unterschiedlich. Die pH-Werte von Steinobstsäften liegen zwischen 2,7 und 4,5, die von Kernobstsäften bei 3,0 bis 4,5 und die von Beerensäften bei 2,5 bis 4,2. Die Säuregehalte des Obstes sind in hohem Maß vom Reifegrad abhängig. Unreifes Obst ist deutlich saurer als reifes.

2.5.2. Messung des pH-Wertes der Maische

Der pH-Wert einer Lösung gibt an, ob sie sauer (pH-Bereich 7 bis 0), neutral (pH-Wert 7) oder alkalisch (pH-Bereich 7 bis 14) ist (Abb. 4). Der pH-Wert ist ein Maß für die Säuren- bzw. Basenstärke. Je stärker eine Säure ist, desto niedriger ist ihr pH-Wert. Je stärker eine Lauge (Base) ist, desto höher ist der pH-Wert. Neutrales, entionisiertes Wasser hat einen pH-Wert von 7. Leitungswasser liegt je nach Zusammensetzung im pH-Bereich von 6,5 bis 9,5.

Der pH-Wert einer Obstmaische sollte zur Vermeidung bakterieller Infektionen bei etwa 3 liegen. Tiefere pH-Werte behindern die Wirksamkeit der obsteigenen oder zugesetzten Enzyme.

Die Bestimmung des pH-Wertes in der Obstmaische ist auf verschiedene Weise möglich. Die einfachste Art ist sicherlich die Bestimmung mit Indikatorpapier oder Indikatorstäbchen (Abb. 5), deren Wirkungsweise darauf beruht, daß sie mit einem Farbstoff (Indikator) getränkt sind, der seine Farbe in Abhängigkeit vom pH-Wert der Lösung ändern kann.

Diese Indikatorstäbchen gibt es für verschiedene pH-Bereiche. Hier gilt: Je kleiner der pH-Bereich ist, der mit einem solchen Stäbchen erfaßt werden kann, desto genauer ist die Messung. Für Obstmaischen sollte der Meßbereich zwischen pH 2,5 und pH 4,5 liegen.

Die Bestimmung wird durchgeführt, indem das Indikatorstäbchen mit dem Ende, auf dem sich der Indikatorfarbstoff befindet, kurz in die Maische eingetaucht wird. Nach dem Herausziehen wird die Farbänderung des Indikators mit einer auf der Packung befindlichen Farbskala verglichen und dadurch ein pH-Wert abgelesen.

Indikatorstäbchen sind nur einmal verwendbar und müssen trocken gelagert werden.

Eine weitere einfache Methode ist die pH-Messung mit einfachen elektronischen pH-Metern (Abb. 5), wie sie im Brennereizubehörhandel erhältlich sind. Diese pH-Meter werden mit der Glasmeßzelle in die Maische eingetaucht. Auf der digitalen Anzeige ist der gemessene pH-Wert sofort ablesbar. Solche pH-Meter müssen pfleglich behandelt werden und sollten in regelmäßigen Abständen nachgeeicht werden, damit eine richtige Messung gewährleistet ist. Beim Kauf ist darauf zu achten, daß die Eichung des pH-Meters vom Brenner selbst problemlos durchgeführt werden kann.

Zur Eichung wird das pH-Meter in eine fertige, im Zubehörhandel erhältliche Pufferlösung mit dem exakten pH-Wert 7 eingetaucht und der gemessene pH-Wert abgelesen. Weicht dieser gemessene Wert von 7 ab, so muß das pH-Meter auf 7 neu eingestellt werden. Mit dem gegebenenfalls neu eingestellten pH-Meter mißt man den pH-Wert einer ebenfalls fertig käuflichen, exakt auf pH 4 eingestellten Lösung. Weicht der gemessene Wert von 4 ab, muß das Gerät auf 4 eingestellt werden. Man mißt nun abwechselnd so lange die exakt eingestellten Eichlösungen, bis das pH-Meter 4 bzw. 7 anzeigt.

Die Eichlösungen sind gut verschlossen aufzubewahren, da Verdunstungen ihren pH-Wert verändern. Die Lösungen dürfen dann nicht mehr zur Eichung verwendet werden. Aus diesem Grund sollten Eichlösungen auch in regelmäßigen Abständen erneuert werden.

Bei elektronischen pH-Meßzellen handelt es sich ausschließlich um Glaselektroden, die bei der Aufbewahrung zwischen den Meßvorgängen immer mit einer 3molaren wäßrigen Kaliumchloridlösung benetzt sein müssen (3molar = 223 g Kaliumchlorid pro Liter Wasser). Diese einfache Maßnahme gewährleistet eine praktisch unbegrenzte Lebensdauer.

Die Aufbewahrungslösung wird entweder vom Gerätehersteller mitgeliefert oder ist in Apotheken oder anderen chemischen Zulieferbetrieben erhältlich. Sollte sich die pH-Messung doch einmal als besonders schwierig erweisen, so bleibt noch die Möglichkeit, den pH-Wert in einem chemischen Labor bestimmen zu lassen.

2.5.3. Ansäuern der Maische

In der Brennerei ist ein niedriger pH-Wert der Obstmaische für die Erzeugung reintöniger Destillate von großer Bedeutung.

Während Reinzuchthefen eine große Säuretoleranz aufweisen (Kapitel 2.6.1.), werden zahlreiche unerwünschte Bakterien und wilde Hefen durch niedrige pH-Werte in ihrer Stoffwechseltätigkeit gehemmt.

Diese Tatsache kann der Brenner gezielt ausnutzen, indem er säurearme Maischen, z. B. Williams-Christ- oder Kirschmaischen, unter Säureschutz vergärt. Ohne den Zusatz von Säure muß in solchen Maischen mit einer verstärkten Tätigkeit von Milchsäure- und Essigsäurebakterien gerechnet werden, die aus Zucker unter Ausbeuteverlust unerwünscht hohe Mengen an Milchsäure und Essigsäure bilden und die Maische schädigen.

Ein weiterer, nicht unbedeutender Vorteil der Maischeansäuerung bei Steinobst ist die Unterdrückung der Ethylcarbamatbildung. Bei niedrigen pH-Werten werden zum einen die für die Amygdalinspaltung verantwortlichen fruchteigenen Enzyme gehemmt, d. h. es wird weniger Blausäure (Vorstufe zu Ethylcarbamat) gebildet, zum anderen ist die gebildete Blausäure leichter flüchtig. Beide Effekte führen zu einem geringen Blausäuregehalt und damit zu einer verminderten Ethylcarbamatbildung bei der Lagerung der fertigen Destillate.

Der pH-Wert einer Obstmaische sollte bei etwa 3,0 liegen, um die Reintönigkeit der Gärung zu gewährleisten. Liegt er höher, ist ein Säurezusatz empfehlenswert. Aufgrund der guten Erfahrungen mit dieser Maischebehandlung ist das Ansäuern von säurearmen Obstmaischen heute als wichtige Voraussetzung für die Erzeugung von Qualitätsbränden in der Praxis weit verbreitet. Uneinigkeit besteht jedoch teilweise noch darüber, welcher Säurezusatz als optimal anzusehen ist.

Während in der Schweiz mit

Kombinationen von Milchsäure und Phosphorsäure, deren Phosphorsäureanteil gleichzeitig als Hefenährstoff dient, besonders fruchtbetonte Destillate erzielt werden sollen, ist die Verwendung von Phosphorsäure in deutschen Abfindungsbrennereien aufgrund ihrer Wirksamkeit als Hefenährstoff verboten (§155 Brennereiordnung).

In Deutschland sind lediglich solche Säurekombinationen unter anderem als granulierte Feststoffe im Handel erhältlich, die keine als Hefenährstoff anzusehenden Säuren enthalten. Dabei handelt es sich meist um Milchsäure-Äpfelsäure-Präparate, die gut geeignet, einfach und relativ ungefährlich in der Handhabung, aber recht teuer sind.

Als Säurezusatz ungeeignet ist die Zitronensäure. Sie kommt zwar auch natürlich im Obst vor, wird aber durch Bakterien leicht zu Milchsäure, Essigsäure, Ameisensäure und Acetaldehyd abgebaut, wodurch die Maische geschädigt wird.

Weit verbreitet wegen seiner Wirtschaftlichkeit und in seiner Wirksamkeit unumstritten, ist der Zusatz von Schwefelsäure zur Maische. Die Verwendung von konzentrierter Schwefelsäure ist kostengünstig. Von der besonders preiswerten technischen Schwefelsäure ist jedoch abzuraten, da sie Arsen enthält, das als Hefegift wirkt.

Die Dosierung der konzentrierten Schwefelsäure beträgt in der Regel pro 100 Kilogramm Maische etwa 50 Milliliter bei Kern-obst- und ca. 100 Milliliter bei Steinobstmaischen.

Die Zugabe zur Maische hat mit Vorsicht zu erfolgen, da der Nachteil der konzentrierten Schwefelsäure ihre Handhabung ist. Unter Beachtung einiger wesentlicher Regeln ist aber auch der Umgang mit Schwefelsäure kein Problem.

Vor der Zugabe zur Maische muß die Säuremenge mit der zehn- bis zwanzigfachen Wassermenge verdünnt werden, da konzentrierte Schwefelsäure organisches Material zersetzt. Zum Verdünnen muß die Säure langsam unter Vermeidung von Spritzern in die vorgesehene Wassermenge gegeben werden (dabei unbedingt Schutzbrille tragen!). Die Zugabe von Wasser zur Säure wäre aufgrund des unvermeidbaren heftigen Spritzens, das aus der Erwärmung beim Zusammentreffen resultiert, gefährlich. Wird die Säure zur Wassermenge geschüttet, findet zwar auch eine Wärmeentwicklung statt, es kommt aber nicht zum gefährlichen Spritzen.

Die verdünnte Säure kann der Maische problemlos zugesetzt werden, wobei aber unbedingt zur Vermeidung lokaler Übersäuerung auf eine gute Vermischung zu achten ist.

Nicht zu verwechseln ist die Schwefelsäure mit der schwefligen Säure, die bei der Weinbereitung eingesetzt wird. Von einer Verwendung in Obstmaischen ist abzuraten, da schweflige Säure wegen ihrer Flüchtigkeit zu schwerwiegenden Destillatfehlern führen kann (stechender Geruch im Destillat).

2.5.4. Zeitpunkt des Säurezusatzes

Unabhängig von der Art des Säurezusatzes ist die Vorgehensweise beim Ansäuern der Maische. Da hohe Säurekonzentrationen sowohl die Maischeinhaltsstoffe als auch eventuell schon zugesetzte Enzym- oder Hefepräparate schädigen können, muß eine lokale Übersäuerung in der Maische unbedingt vermieden werden.

Die Säure sollte stets in kleinen Mengen bei gleichzeitiger guter Durchmischung zugesetzt werden.

Die Dosierung der Säure kann bereits portionsweise bei der Maischezerkleinerung erfolgen, indem sie beispielsweise beim Einmaischen über die Maischemühle zugegeben wird. Trotzdem sollte anschließend noch gut durchgerührt werden.

Die Reihenfolge der Zusätze von Säure, Enzympräparaten und Reinzuchthefen ist in hohem Maß von der Beschaffenheit der Maische abhängig.

Während bei deutlich faulem oder schimmeligem Obst zuerst ein Säurezusatz zu empfehlen ist, damit die Maische vor Fremdinfektionen geschützt ist, bevor Enzyme und Reinzuchthefe zugesetzt werden, erfolgt bei Maischen aus gesunden Rohstoffen üblicherweise der Enzymzusatz vor dem Säurezusatz. Der Vorteil dieser Verfahrensweise ist die bessere Enzymwirksamkeit bei höheren pH-Werten. Das Enzym kann so einige Stunden wirken, bevor es durch den Zusatz von Säure in seiner Wirksamkeit eingeschränkt wird. Nachteilig ist, daß diese Zeitverzögerung des Säurezusatzes von Bakterien und wilden Hefen zur Vermehrung genutzt werden kann.

Ein Säurezusatz sollte immer erfolgen, wenn das eingemaischte Obst geschädigt ist.

Bei säurereichen Obstsorten wie **Sauerkirschen** und manchen **Äpfeln** kann bei gesundem Rohmaterial der Säurezusatz wegfallen. Säurearme Maischen wie **Williams**, **Kirschen** oder **Aprikosen** sollten nicht ohne Säurezusatz vergoren werden. Anderenfalls ist das Risiko von Fehlgärungen durch Fremdinfektionen selbst bei intensiver Gärüberwachung sehr hoch.

Unumstritten sollte der Zeitpunkt der Hefezugabe sein: Zuerst sollten die Enzyme ausreichend Zeit (mehrere Stunden) haben, um die Maische zu verflüssigen und so die Inhaltsstoffe für die Hefen besser verfügbar zu machen. Auch der Säurezusatz sollte vor der Hefezugabe erfolgt sein, da die Bakterientätigkeit dann möglichst früh unterdrückt wird. Die Hefe, die relativ säureunempfindlich ist, kann sich so ungestört vermehren.

Zwischen Ansäuerung und Hefezugabe ist keine Wartezeit erforderlich. Wichtig ist, daß die Säure durch intensives Umrühren gleichmäßig in der Maische verteilt ist, damit die Hefe nicht durch zu hohe örtliche Säurekonzentrationen geschädigt wird.

2.6. Hefen

Die Ursache natürlicher Fäulnis- und Gärungsreaktionen des Obstes sind Bakterien, Schimmelpilze und „wilde" Hefen. Sie haften auf der Oberfläche der Früchte und gelangen beim Zerkleinern der Rohstoffe in die Maische.

Hefen sind einzellige Mikroorganismen, die man zur Gruppe der Pilze zählt.

45 % aller bekannten Hefearten sind gärfähig, d. h. sie sind in der Lage, Zucker (Glucose, Fructose und Mannose) in Alkohol umzuwandeln. Hefen brauchen dazu - im Gegensatz zu den meisten Bakterien - keinen Sauerstoff.

Sie können den Zucker zum Zweck der Ernährung und Vermehrung auch assimilieren, d. h. veratmen. Sobald der erforderliche Sauerstoff (Luft) zur Verfügung steht, führen die Hefen ausschließlich diese Atmungsvorgänge durch, da sie dabei wesentlich mehr Energie gewinnen als bei der Vergärung. Die zur Atmung benötigten Zuckermengen vermindern dann die Alkoholausbeute.

Kulturhefen vermehren sich relativ langsam (Verdopplung der Zellzahl in drei bis fünf Stunden). Bei wilden Hefen kann diese Zeit wesentlich kürzer sein, manche Bakterien brauchen nur ein bis zwei Stunden.

Bei Hefen unterscheidet man, wie auch bei anderen Mikroorganismen, verschiedene Entwicklungsphasen. Nach einer je nach Art der Mikroorganismen unterschiedlich kurzen Zeit beginnt die Vermehrungsphase, die wegen des logarithmischen Anstiegs der Zellzahl „Logarithmische Phase" genannt wird. Diese Phase endet, sobald die Vermehrungsbedingungen für die Hefen aufgrund der stark angestiegenen Population ungünstig werden. Es folgt eine „Stationäre Phase", in der keine Vermehrung mehr stattfindet. Das Nährstoffangebot reicht nur noch zur Versorgung der vorhandenen Zellen. Sind entweder die Nährstoffe aufgebraucht oder die Konzentration an durch die Mikroorganismen selbst gebildeten Giftstoffen zu stark angestiegen, dann folgt die „Letalphase" (Absterbephase). Mikroorganismen zerstören sich somit selbst durch von ihnen gebildete Stoffwechselprodukte.

Die Vermehrungsphase ist bei Zugabe von Reinzuchthefe von nachgeordneter Bedeutung, da eine ausreichende Zellpopulation vorliegt. Die für die Vermehrungsphase aufgebrauchten Zucker stehen beim Einsatz von Reinzuchthefen für die Umwandlung in Alkohol zur Verfügung (höhere Ausbeute).

Bei den Hefen ist das selbstproduzierte Stoffwechselprodukt, das in hohen Konzentrationen als Zellgift für die Hefepopulation wirkt, der Alkohol. Unterschiedliche Hefearten erreichen unterschiedliche Alkoholkonzentrationen. Man spricht von der Alkoholtoleranz der Hefen.

Neben Alkohol bilden Hefen auch Glycerin. Die Konzentrationen liegen maximal bei einem Zehntel der gebildeten Alkoholmenge. Dieses Glycerin, das für die Weinbereitung wichtig ist, stellt für den Brenner nur eine Ausbeuteverminderung dar. Eines der Ziele der Hefezüchtung ist deshalb die Entwicklung eines Stammes, bei dem die Glycerinproduktion zugunsten der Ausbeutesteigerung unterdrückt wird.

Bedeutenden Einfluß auf die Entwicklungsphasen der Hefe hat die Temperatur. Der optimale Temperaturbereich für die Hefevemehrung liegt bei 25 bis 30 °C. Bei Temperaturen über 45 °C sind Hefen nicht mehr lebensfähig. Zur Vergärung von Zucker sind Temperaturen unter 20 °C durchaus geeignet, sogenannte „Kaltgärhefen" bevorzugen sogar Temperaturen unter 10 °C.

Findet die Gärung bei Temperaturen über 20 °C statt, verläuft sie schneller. Der Nachteil dieser „stürmischen" Gärung liegt aber darin, daß durch die hohen Temperaturen und die damit verbundene starke CO_2-Entwicklung wertvolle Aromastoffe aus der Maische „hcrausgeblasen" werden. Für den Brenner ist zu beachten, daß die Gärung selbst cin exothermer Vorgang ist, bei dem sich die Maische durch die Gärtätigkeit der Hefen erwärmt. Die Temperatur muß also zur Vermeidung von Aromaverlusten während der Gärung kontrolliert werden (Kapitel 2.8.).

Die Fähigkeit der Hefen, bei Temperaturen unter 20 °C Zucker zu vergären, hat für die Brennerei entscheidende Vorteile:

Bakterien und zum Teil wilde Hefearten bevorzugen höhere Temperaturen und können daher durch niedrige Gärtemperaturen in ihren Stoffwechselvorgängen gehemmt werden. Sie verbrau-

chen somit keinen Zucker für unerwünschte Nebenreaktionen, die unter Umständen zu fehlerhaften Maischen führen können.

Auch Alkohol- und Aromaverluste durch Verdunstung werden eingeschränkt.

Die Alkoholtoleranz der Hefen steigt bei niedrigen Gärtemperaturen, d. h. die Hefen sind bei höheren Temperaturen alkoholempfindlicher.

Resultat einer Vergärung bei niedriger Temperatur sind reintönige, fehlerfreie Maischen (sofern auch andere wichtige Bedingungen eingehalten werden, vgl. Kapitel 2.8. bzw. 2.9.).

Große Bedeutung für die Entwicklungsphasen der Hefen hat auch der Sauerstoff. Zur Züchtung nutzt man die Tatsache, daß Hefen bei Anwesenheit großer Sauerstoffmengen eine Maische nicht vergären, sondern den Zucker zu Atmungsreaktionen und damit zur Vermehrung verbrauchen (Pasteur-Effekt). Eine zu große Sauerstoffzufuhr zur Maische hemmt somit die alkoholische Gärung.

Relativ unempfindlich sind Hefen gegenüber niedrigen pH-Werten, wie sie in Obstmaischen zur Verhinderung von Fremdinfektionen eingestellt werden (Kapitel 2.5.3.). Sie sind in einem breiten pH-Bereich (pH 1,8 bis 6,5) lebensfähig, ohne daß ihre Stoffwechsel- und Gärungstätigkeit beeinflußt wird.

2.6.1. Reinzuchthefen

„Wilde" Hefen und Bakterien gelangen auch bei sorgfältigem Waschen der Rohstoffe in die Mai-

Abb. 6

Foto: Kacprowski

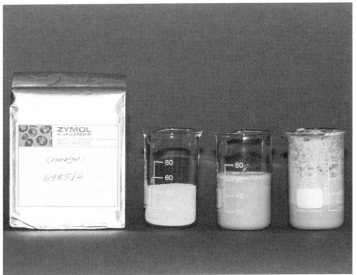

Reinzuchthefe
links: trocken
Mitte: direkt nach Wasserzugabe
rechts: zehn Minuten nach Wasserzugabe

sche, wo sie sich sofort vermehren und die sogenannte Spontangärung (bei Bakterien Fehlgärungen) auslösen. Wilde Hefen sind temperaturempfindlicher als Kulturhefen, weshalb Gärstockungen bei tiefen Temperaturen in spontanvergorenen Maischen keine Seltenheit sind. Außerdem bilden wilde Hefen weniger Alkohol zugunsten von Gärungsnebenprodukten wie Essigsäure und Essigsäureethylester.

Da Spontangärungen in Abhängigkeit von den jeweiligen Hefe- und Bakterienarten, die sich zu Beginn der Gärung aufgrund ihrer überwiegenden Zellzahl durch-

setzen, zu fehlerhaften Maischen und Alkoholverlusten führen können, hat sich die kontrollierte Vergärung mit Reinzuchthefen in der Brennerei durchgesetzt.

Entscheidend für diese reintönige Vergärung ist jedoch, daß die Reinzuchthefen frühzeitig - noch bevor sich wilde Hefen und Bakterien vermehren konnten - und in ausreichender Zellzahl zugesetzt werden. Nur wenn die gewünschte Hefeart von Anfang an zahlenmäßig überlegen ist, kann sie die Gärung dominieren und andere, unerwünschte Arten unterdrücken.

Ob ein Zusatz von Reinzuchthefe in den üblichen Mengen aber

zum gewünschten Erfolg einer reintönigen Gärung führt, hängt stark von der Qualität der verarbeiteten Rohstoffe ab. Bei geschädigtem oder angefaultem und verschimmeltem Obst ist die Belastung mit Bakterien und Schimmelpilzen so groß, daß Nebenreaktionen dieser Mikroorganismen unter Ausbeuteverlusten zu fehlerhaften Maischen führen. Bevor sich die Kulturhefe durchsetzen kann, haben solche Mikroorganismen bereits einen Teil der Zucker umgesetzt, der dann nicht mehr für die Alkoholbildung zur Verfügung steht.

Eine Maischepasteurisation vor dem Hefezusatz könnte solche Nebenreaktionen verhindern, ist aber in der Obstbrennerei aufgrund der fehlenden technischen Einrichtungen nicht üblich.

Reinzuchthefen sind als flüssige und granulierte Präparate erhältlich. Während die Flüssighefen zunächst in sogenannten Anstellkulturen vermehrt werden müssen, können Trockenhefen unmittelbar nach der Rehydratisierung in die Maische eingebracht werden und haben sich daher in der Brennerei durchgesetzt.

Zur Vermehrung werden Flüssighefen in frisch pasteurisiertem Saft bei Zimmertemperatur zur Gärung gebracht. Setzt hier nach drei bis fünf Tagen eine stürmische Gärung ein, hat sich die Hefe so weit vermehrt, daß sie der Maische zugesetzt werden kann. Die Anstellkultur ist nur begrenzt haltbar und muß vor Fremdinfektionen geschützt werden.

Deutlich einfacher ist die Handhabung von Trockenreinzuchthefe, obwohl auch hier einige wesentliche Regeln zu beachten sind. Trockenhefe wird bei der Produktion auf einen Restwassergehalt von etwa 8 % getrocknet und ist in dieser Form rund ein Jahr ohne Aktivitätsverluste haltbar. Damit sie wirksam werden kann, muß sie zunächst rehydratisiert werden, d. h. die Zellen müssen erst einmal Wasser einlagern.

Die Hefe wird zum Aufquellen in die fünf- bis zehnfache Menge warmen Wassers (max. 35 °C) eingerührt. Ein häufiger Fehler bei der Anwendung von Trockenhefe liegt darin, daß die Wassertemperatur zur Rehydratisierung der Hefe zu hoch ist, wodurch die Hefe geschädigt wird. Die Temperatur des Wassers muß mittels Thermometer kontrolliert werden und darf 35 bis 40 °C auf keinen Fall überschreiten.

Nach etwa zehn Minuten beginnt die Hefesuspension zu schäumen und kann der Maische zugesetzt werden (Abb. 6).

Zur Unterdrückung von Bakterieninfektionen der Hefe, die bei der Herstellung niemals gänzlich auszuschließen sind, empfiehlt sich nach etwa zehn Minuten der Zusatz einer geringen Menge Maische. Der darin enthaltene Zucker dient den Hefen als Nahrungsgrundlage, die Säure unterdrückt die Bakterientätigkeit.

Die Verwendung von Preß- oder Backhefen ist in der Obstbrennerei nicht zu empfehlen. Zum einen enthalten sie Fremdorganismen wie Milchsäurebakterien, zum anderen muß mit Aromaver-

Abb. 7   Foto: Kacprowski

Verschiedene Gärspunde (Flüssigkeit angefärbt)

lusten und einer erhöhten Bildung höherer Alkohole (Fuselakohole) gerechnet werden. Da Backhefen Temperaturen um 30 °C bevorzugen, die in der Obstbrennerei unerwünscht sind, sind sie für diesen Zweck ungeeignet.

Die für die Obstbrennerei gezüchteten Hefen gehören fast alle zur Gattung Saccharomyces cerevisiae.

2.6.2. Hefenährstoffe

Hefen benötigen zur Ernährung und zur Vermehrung neben Stickstoffverbindungen auch Phosphorsalze, Vitamine und Spurenelemente. Ihr Bedarf an Stickstoffverbindungen ist während der Vermehrungsphase beson-

ders hoch, da Stickstoff die Grundlage der Zellneubildung ist.

Obwohl diese Nahrungsgrundlagen Bestandteile von Obstmaischen sind, reicht beispielsweise die Menge an Stickstoffverbindungen bei Beerenobst und Schlehen selten zur optimalen Hefeversorgung aus, weshalb es hier leicht zu Gärstörungen kommen kann. Diese Effekte werden gelegentlich auch bei Kernobst beobachtet.

Hefen können aber nicht nur den organischen Stickstoff, z. B. Aminosäuren, des Obstes verarbeiten, sie sind darüber hinaus in der Lage, ihren Bedarf aus anorganischen Salzen zu decken. Diese Tatsache erlaubt dem Brenner die Einflußnahme auf die

Abb. 8

aus: Pieper,
Technologie der
Obstbrennerei

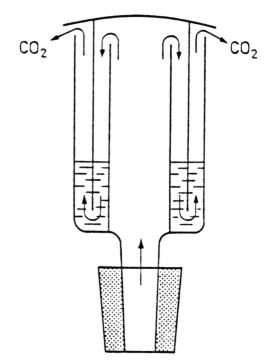

Das Prinzip des Gärspundes

Nährstoffversorgung der Hefe durch Zusatz von anorganischen Ammoniumsalzen. In der Praxis üblich ist die Zugabe von Ammoniumsulfat oder Di-Ammoniumhydrogenphosphat. Letzteres sorgt zusätzlich für eine ausreichende Phosphorversorgung.

Die Angaben über die erforderlichen Mengen dieser Salze schwanken in der Literatur zwischen 20 und 40 g/hl Maische.

Zur Anwendung wird die Salzmenge in wenig Wasser oder Saft gelöst und während des Einmaischens zugegeben, wobei auf eine intensive Durchmischung geachtet werden muß.

Eine optimale Hefeversorgung wäre mit speziellen Hefenährpräparaten sicherzustellen, die im Handel angeboten werden und eine Kombination aller erforderlichen Hefenährstoffe darstellen. In der Brennereiordnung § 155, Abs. 2 wird für deutsche Abfindungsbrennereien die Anwendung solcher kombinierten Hefenährstoffpräparate und Präparate vergleichbarer Wirkung untersagt. Die Zulassung einzelner Präparate unterliegt der

Einzelprüfung durch die Bundesmonopolverwaltung.

Aus diesem Grund ist auch der Zusatz von Ammoniumsalzen oder Vitamin B1 nicht eindeutig geregelt und daher umstritten.

Ammoniumsalze oder Vitamin B1 verbessern zwar das Nährstoffangebot für die Hefe, sind aber sicherlich in ihrer Wirksamkeit nicht mit kombinierten Hefenährstoffpräparaten vergleichbar, was ihre Anwendung rechtfertigen würde.

2.7. Gärbehälter

Als Maischebehälter sind grundsätzlich alle Behälter geeignet, wenn sie

- peinlich sauber sind

- keine giftigen Substanzen darin gelagert wurden (alte Chemikalienfässer)

- keine Substanzen aus dem Behältermaterial an die Maische abgegeben werden können (Lösungsmittel aus Kunststoffen, die nicht für Lebensmittel geeignet sind, Aluminium aus Milchfässern)

- eine genügend große Öffnung zum Einfüllen der Maische haben

- luftdicht verschließbar sind

Gärbehälter sollten fest verschließbar sein, damit die Maische vor Luftzutritt und damit vor Infektionen geschützt wird und das gebildete Kohlendioxid nicht entweichen kann. Damit kein Überdruck durch die gebildeten Gärgase entstehen kann, sollte im Deckel eine Öffnung sein, auf die ein Gärspund (Abb. 7) aufgesetzt werden kann. Der Gärspund ist mit Wasser, verdünnter Schwefelsäure oder verdünnter schwefliger Säure gefüllt, wodurch Luftzutritt von außen verhindert wird. Kohlendioxid, das sich während der Gärung bildet, kann bei entsprechendem Überdruck durch das Wasser nach außen entweichen (Abb. 8). Es bleibt stets eine ausreichende Kohlendioxidschicht über der Maischeoberfläche, die gewährleistet, daß aerobe Bakterien nicht lebensfähig sind. Hefen brauchen für ihre Stoffwechseltätigkeit keinen Sauerstoff.

Andere Behältertypen besitzen einen Schwimmdeckel, der in einem wassergefüllten Rand ruht. Hier muß der Flüssigkeitsstand im Rand öfter kontrolliert werden (Verdunstung).

Damit sich eine Kohlendioxidschutzschicht über der Maischeoberfläche ausbilden kann, dürfen Gärbehälter nur zu 2/3 bis 3/4 gefüllt werden. Diese maximale Füllhöhe ist auch deshalb erforderlich, weil die Maische im Verlauf der Gärung durch die Gasentwicklung im Behälter einen gewissen Steigraum beansprucht (Schaumbildung).

Zur Verringerung der Schaumbildung während der Gärung sind im Handel Antischaummittel auf Silikonbasis erhältlich. Sie werden als dünne Schicht am Gärbehälterinnenrand über der Maische aufgetragen.

Gärbehälter sollten in einem Zug gefüllt werden. Das teilweise Füllen und spätere Auffüllen zerstört die CO_2-Schutzschicht und ermöglicht den Sauerstoffzutritt zur Maische, wodurch die Gefahr von Fehlgärungen steigt.

Gärbehälter sollten durch eine große Öffnung gut zu reinigen und zu befüllen sein. Die Reinigung ist besonders bei **Metallbehältern**, die rosten können, problematisch. Auch wenn der Rost weitgehend entfernt wurde, bildet er sich beim Kontakt mit der säurehaltigen Maische neu. Die Maische nimmt so relativ große Mengen an Metall auf, die zu Fehlern im Destillat führen können.

Ebenso problematisch sind **Holzfässer**, da sie sehr pflegebedürftig sind. In den Poren setzen sich leicht Bakterien oder Schimmelpilze fest, die nur schwer zu entfernen sind und die Maische schädigen können. Zur Reinigung werden Holzfässer zunächst mit kaltem Wasser ausgespült. Heißes Wasser würde die Poren öffnen, in denen sich dann unerwünschte Substanzen einlagern könnten. Die Fässer müssen intensiv gebürstet werden. Anschließend werden sie mit einem geeigneten Reinigungsmittel (z. B. 2%ige Sodalösung) ausgebürstet, mit heißem Wasser und danach noch so lange mit kaltem Wasser ausgespült, bis dieses geruch- und geschmacklos ist.

Ein weiterer Nachteil von Holzfässern ist, daß sie nicht luftdicht sind. So kann sowohl CO_2 entweichen als auch Luft hineingelangen. Werden Maischen nach der Gärung in Holzfässern gelagert, ist zusätzlich mit erheblichen Alkoholverlusten durch Verdunstung zu rechnen.

Ausgediente **Chemikalienfässer** lassen sich selten so gut reinigen, daß eine darin vergorene Maische nicht geschädigt wird. Die Vergärung in solchen Behältern kann die unterschiedlichsten Fehltöne in den Bränden zur Folge haben.

Aluminiumfässer oder -**tanks**, wie sie in der Milchwirtschaft Verwendung finden, sind problematisch, da die säurehaltige Maische größere Mengen Aluminium aus der Oberfläche herauslösen kann. Da Aluminiumionen stark reduzierende Wirkung haben, ist eine negative Beeinflussung der Maische nicht auszuschließen.

Gut geeignet zur Vergärung von Maischen sind **Kunststoffbehälter** aus glasfaserverstärkten Polyesterharzen und Niederdruck-Polyethylen. Die Vorteile liegen in der hohen Stabilität, der langen Lebensdauer, der leichten Reinigung und der dichtschließenden Deckel. Sie sind in vielen Größen erhältlich, zum Teil auch stapelbar.

Andere Kunststoffe sind bedenklich, da sie zum Teil Lösungsmittel (Weichmacher etc.) an die Maische abgeben können.

Auf keinen Fall sollten Behälter aus nicht für Lebensmittel geeigneten Kunststoffen verwendet werden.

Eine sehr gute Alternative sind **Edelstahlbehälter**. Sie sind säurebeständig, haltbar, leicht zu reinigen, absolut luftdicht und vor allem geruchs- und geschmacksneutral.

Betonbehälter finden bei großen Maischemengen Verwendung. Sie brauchen eine geeignete Innenauskleidung, die sich der Maische gegenüber neutral verhält und leicht zu reinigen ist.

2.8. Gärtemperatur und Gärverlauf

Die Gärung beginnt bei Verwendung unbeschädigter Rohstoffe unmittelbar nach dem Zerkleinern der Früchte. Die Zucker sind dann für die auf dem Obst haftenden Mikroorganismen leicht verfügbar und werden abgebaut. Selbst auf gewaschenen Rohstoffen sind noch Mikroorganismen in geringen Mengen vorhanden. Je sauberer das Obst ist, desto länger läßt sich eine unkontrollierte Gärung hinauszögern. Bei beschädigten Früchten haben erste unerwünschte Gärungsprozesse bereits in der Frucht stattgefunden.

Zerkleinertes Obst sollte ohne größere Verzögerungen verarbeitet werden (eventuell Enzymzusatz, Säurezusatz, Hefezusatz).

Die Gärbehälter sollten zu 2/3 bis 3/4 gefüllt werden. Eine größere Füllhöhe führt zu Problemen, da die Maische mit Beginn der Gärung steigt. Nach dem Befüllen sollten die Behälter mit einem Gäraufsatz versehen und fest verschlossen werden.

Günstige Gärbedingungen haben die meisten Maischen bei Temperaturen zwischen 15 und 20 °C. Bei einigen Rohstoffen, z. B. Vogelbeeren, **Heidelbeeren, Preiselbeeren, Holunderbeeren, Wacholderbeeren** und **Schlehen**, sind höhere Anstelltemperaturen von etwa 22 °C von Vorteil, da sonst mit Gärstörungen gerechnet werden muß.

Williams-Maischen sollten bei maximal 18 °C vergoren werden, da bei höheren Temperaturen Aromaverluste eintreten können.

Die weitverbreitete Praxis, Maischebehälter zur Gärung einfach im Freien stehenzulassen, führt häufig aufgrund der niedrigen Außentemperaturen zu Gärverzögerungen oder Gärstörungen. Bei Maischetemperaturen unter 10 °C findet kaum noch Gärtätigkeit statt.

Der Einfluß der Temperatur auf den Gärverlauf ist erheblich. Hefen brauchen eine ausreichende Temperatur, um mit der Gärung zu beginnen. Diese erste Phase der Gärung wird als „Vorgärung" bezeichnet. Hier findet zunächst die Hefevermehrung statt. Bei Zugabe einer ausreichenden Menge Reinzuchthefe verkürzt sich diese Vermehrungsphase (Kapitel 2.6.).

Daß sich zu Beginn der „Hauptgärung" Hefezellen in ausreichender Menge gebildet haben, erkennt man an verstärkter Gasentwicklung (CO_2-Bildung), die am Gäraufsatz zu beobachten ist. Die Temperatur der Maische beginnt zu steigen. In dieser Phase findet der Zuckerabbau statt. Ist der größte Teil des Zuckers abgebaut, läßt die Kohlendioxidbildung nach, und die Maische kühlt langsam ab. Diese Phase wird als „Nachgärung" oder „abklingende Gärung" bezeichnet.

Alle Phasen der Gärung müssen vom Brenner sorgfältig überwacht werden, damit eventuelle Gärstörungen umgehend erkannt werden können.

2.9. Gärstörungen

2.9.1. Rohstoffbedingte Gärstörungen

Gärstörungen können unterschiedliche Ursachen haben. Einige Rohstoffe enthalten bereits Substanzen, die als Hefegifte oder Konservierungsmittel die Gärung behindern, indem sie die Hefevermehrung hemmen. Beispiele sind die **Vogelbeeren**, die große Mengen an Vitamin C (Ascorbinsäure) und des natürlichen Konservierungsstoffs Sorbinsäure aufweisen, sowie **Preiselbeeren** und **Heidelbeeren**, in denen Benzoesäure als Konservierungsstoff von Natur aus vorkommt. Die Tätigkeit der Bakterien wird von diesen Konservierungsstoffen kaum beeinflußt.

Hier kann die Gärung durch erhöhte Anstelltemperaturen (etwa 22 °C) und mögliche Zugabe von Stickstoffverbindungen als Hefenahrung eingeleitet werden. Hilfreich ist auch die Verdopplung der angegebenen Menge an pektolytischen Enzymen und Reinzuchthefe.

Bei Zusatz von Kalk (Calciumcarbonat) können diese Konservierungsmittel als Calciumsalze gebunden werden und sind somit für die Hefe unschädlich.

Diese Behandlung ist jedoch nur bei einwandfreien, sauberen Rohstoffen und Zusatz von ausreichend Reinzuchthefe sinnvoll, da die mit der Kalkzugabe verbundene pH-Wert-Anhebung die Tätigkeit von unerwünschten Bakterien verstärken würde. Um die Wirkung dieser Konservierungsstoffe zu unterdrücken, ist die Anhebung des pH-Wertes auf 5,5 bis 6,0 erforderlich. Bei diesen hohen pH-Werten ist die Maische mikrobiologisch besonders anfällig.

Bei **Schlehen** kann es aufgrund ihres hohen Gerbstoffgehalts zu Gärstörungen kommen. Vorbeugend kann eine Gelatineschönung mit 30 bis 50 g/hl Maische durchgeführt werden, ist aber nicht üblich. Auch hier sind Anstelltemperaturen von etwa 22 °C sowie der Zusatz von Hefenährsalzen für einen einwandfreien Gärverlauf vorteilhaft. Nach Möglichkeit sollten gerbstofftolerante Hefen, gegebenenfalls in höherer Dosierung, eingesetzt werden

Auch ein Mangel an bestimmten, für die Hefen wichtigen Inhaltsstoffen kann zu Gärstörungen führen.

So enthalten z. B. **Heidelbeeren** extrem wenig Stickstoffverbindungen, die die Hefe als Nährstoffe braucht. Auch **Preiselbeeren, Vogelbeeren, Wacholderbeeren** und **Schlehen** sind sehr stickstoffarm. Abhilfe kann hier der Zusatz von Ammoniumsalzen oder speziellen Hefenährstoffpräparaten schaffen (siehe Kapitel 2.6.).

Durch die Kohlendioxidentwicklung bei der Gärung werden mit dem entweichenden Gas Häute und Schalenteile an die Maische-oberfläche transportiert, während sich die entstehende Flüssigkeit am Boden des Gärgefäßes absetzt. Es kommt zur Ausbildung eines sogenannten Tresterhutes. Mitunter kann sich zwischen diesem Tresterhut und der flüssigen Maische ein Kohlendioxidpolster ausbilden. Die Hefen haben keinen Zugang mehr zu den im Tresterhut befindlichen Fruchtteilen. Diese Fruchtanteile werden deshalb nicht weiter abgebaut, was zu erheblichen Ausbeuteverlusten führt, zumal sich der Tresterhut bereits am Anfang der Gärung bildet, wenn die Fruchtteile noch große Mengen Zucker enthalten.

Der Brenner muß die Maische deshalb zu Beginn der Gärung besonders überwachen. Hat sich ein Tresterhut gebildet, so kann er durch Umrühren oder Umpumpen der Maische zerstört werden. Die Maische ist dann wieder homogen und kann weitergären.

Vor einem zu häufigen Umrühren - vor allem gegen Ende der Gärung, wenn sich das Kohlendioxidpolster nicht mehr vollständig erneuern kann - muß jedoch gewarnt werden, da größere Mengen Sauerstoff in die Maische eingetragen werden könnten, was die Infektionsgefahr erhöht.

Die Bildung eines Tresterhutes kann durch den Zusatz pektolytischer Enzyme häufig vermieden werden.

2.9.2. Temperaturbedingte Gärstörungen

Ein weiterer und recht häufiger Grund für Gärstörungen oder Gärverzögerungen sind zu niedrige Anstelltemperaturen. Maischen, die zur Gärung im Winter einfach ins Freie gestellt werden, vergären nur verzögert und sehr langsam.

Die Gärtemperatur sollte für die meisten Obstarten bei 15 bis 20 °C liegen, optimal sind 18 °C. Bleibt die Gärung aufgrund zu niedriger Temperaturen stecken oder beginnt gar nicht erst, so genügt es oft, die Maische in wärmeren Räumen zur Gärung anzustellen.

Bei der Erhöhung der Anstelltemperatur ist jedoch Vorsicht geboten. Temperaturen von 25 °C bringen die Gärung zwar richtig in Schwung, führen aber leicht dazu, daß sich die Maische aufgrund der während der stürmischen Gärung erfolgenden Temperatursteigerung auf etwa 30 °C erwärmen kann. Die Temperaturerhöhung ist um so stärker, je größer die Gärbehälter sind, da bei größeren Gebinden die Wärme nicht mehr gut aus dem Innern der Maische abgeleitet werden kann.

Bei zu hohen Temperaturen werden große Mengen der gebildeten Aromastoffe zusammen mit dem Kohlendioxid aus der Maische „herausgeblasen". Empfindliche Aromaverluste sind die Folge.

Auch aus diesem Grund sollte die Gärtemperatur während des gesamten Gärverlaufes ständig kontrolliert werden. Eine zu warme, zu stürmische Gärung kann schon ohne Temperaturkontrolle leicht daran erkannt werden, daß das typische Obstaroma im ganzen Raum intensiv zu riechen ist. Aroma, das im Raum wahrgenommen wird, ist für die Maische verloren. Es ist kein Kompliment für den Brenner, wenn es in seinen Gärräumen besonders gut nach Obst riecht.

Eine Temperaturkontrolle hilft, solche nachteiligen Aromaverluste zu verhindern.

2.9.3. Säurebedingte Gärstörungen

Zu Gärstockungen kann es bei essigstichigen Maischen kommen. Während bei Essigsäurekonzentrationen von etwa 2 g/l die Gärung langsamer wird, kommt sie bei etwa 8 g/l völlig zum Stillstand, bevor die Maische durchgegoren ist. Die Hefen sterben ab. In diesen Fällen kann die Gärung nicht so einfach wieder in Gang gebracht werden. Die gebildete Essigsäure muß mit Kalk (Calciumcarbonat) oder gelöschtem Kalk (Calciumhydroxid) neutralisiert werden. Da die natürlich vorkommenden Fruchtsäuren stärkere Säuren sind als die Essigsäure, werden sie zuerst neutralisiert. Man muß also so viel Kalk zugeben, daß die Gesamtmenge der Säure neutralisiert wird.

Die Gesamtsäuremenge der Maische sollte in einem Labor bestimmt werden, damit man die erforderliche Kalkmenge ungefähr ausrechnen kann. Die Zugabe zu großer Kalkmengen kann zu Aromaverschlechterungen führen.

Bei Verwendung von Kalk (Calciumcarbonat) gilt, daß je Gramm pro Liter Gesamtsäure ca. 75 Gramm Kalk erforderlich sind. Es ist unbedingt darauf zu achten, daß ein kellerwirtschaftlich üblicher Entsäuerungskalk verwendet wird (Reinheit). Grundsätzlich kann auch Calciumhydroxid eingesetzt werden, was jedoch nicht üblich ist.

Einfacher ist der Zusatz von Calciumcarbonat. Kennt man den Säuregehalt der Maische nicht, so kann man portionsweise Kalk, der in etwas Wasser aufgeschwemmt worden ist, unter intensivem Rühren zugeben. Durch die Kohlendioxidbildung wird starkes Schäumen verursacht. Es wird so lange Kalklösung zugesetzt, bis kein Aufschäumen mehr stattfindet und man annehmen kann, daß alle Säuren neutralisiert sind. Überschüssiger Kalk, der zugegeben wurde, setzt sich am Boden ab. Große Überschüsse sollten jedoch vermieden werden.

In jedem Fall ist nach der Neutralisation ein erneuter Zusatz von Reinzuchthefe erforderlich, da die bereits vorhandenen Hefen durch die Essigsäure geschädigt wurden und die Maische bei diesem hohen pH-Wert mikrobiologisch sehr anfällig ist. Von einer Lagerung einer nach Neutralisation vergorenen Maische ist aus diesem Grund dringend abzuraten.

2.9.4. Fehlgärungen

Neben den oben beschriebenen

Gärproblemen kann es auch zu Fehlgärungen kommen, die sowohl zu Ausbeute- als auch Aromaverlusten und/oder zur Ausbildung von Fehlaromen führen.

Solche Fehlgärungen beruhen stets auf der Tätigkeit unerwünschter Mikroorganismen und lassen sich durch das Waschen der Rohstoffe, sauberes Arbeiten beim Einmaischen und Vergärung unter Luftausschluß weitgehend vermeiden.

Es ist leider heute noch in vielen Betrieben üblich, die Maische täglich umzurühren. Diese Verfahrensweise erhöht die Infektionsgefahr der Maische, da durch das Umrühren sowohl Sauerstoff als auch Mikroorganismen in die Maische gelangen. Diese Sauerstoffzufuhr begünstigt die Vermehrung der bereits in der Maische befindlichen und der beim Aufrühren neu eingebrachten Mikroorganismen und sollte daher weitgehend vermieden werden.

Sinnvoll ist ein ein- bis zweimaliges Umrühren zu Beginn der Gärung, wenn sich auf der Maische ein Tresterhut gebildet hat. Das Zerstören dieses Tresterhutes begünstigt die Vergärung, so daß hier der nachteiligen Sauerstoffzufuhr der Vorteil verbesserter Gärbedingungen gegenübersteht. Bildet sich kein Tresterhut, so schadet das Umrühren mehr, als es nützt, zumal die durch Oxidationsvorgänge an der Oberfläche bräunlich verfärbte Maische untergerührt wird und frische Maische an der Oberfläche gebräunt wird. Diese Oxidationsvorgänge senken die Maischequalität.

2.9.5. Fehler beim Einmaischen und Vergären im Überblick

ESSIGSTICH

Ursache:

» Infektion der Maische mit Essigbakterien nach abgeschlossener Gärung (Kohlendioxidschutz nur während der Gärung, nicht bei der Lagerung)

» Ethanol wird in Essigsäure umgewandelt, die ins Destillat übergeht

» Infektion der Maische mit Milchsäurebakterien (anaerob) schon während der Gärung: Zucker wird zu Essigsäure, Milchsäure, CO_2 abgebaut

Auswirkungen:

» Alkoholverlust

» saurer Geruch und Geschmack

» bei Lagerung: Bildung von Ethylacetat

Vermeidung:

» Ansäuern der Maische

» Lagerung der Maische unter Luftabschluß

Beseitigung:

» Destillation sofort nach vollständiger Neutralisation aller Säuren bis pH 7 mit Calciumcarbonat

ESSIGESTERFEHLER („Uhuton")

Ursache:

» Essigsäure reagiert mit Ethanol langsam (Zeitreaktion) zu Essigsäureethylester und Wasser

» Infektion der Maische mit „wilden" Hefen

Auswirkungen:

» Alkoholverlust bei Lagerung

» Fehlaroma bis zur Ungenießbarkeit

Vermeidung:

» Vergärung mit Reinzuchthefen

» Verhinderung der Bildung von Essigsäure

Beseitigung:

» teilweise durch vermehrte Vorlaufabtrennung

» Belüftung (Aromaverluste!)

SCHIMMELTON

Ursache:

» Befall der Maische mit Schimmelpilzen (Unsauberkeit)

Auswirkungen:

» dumpfer, muffiger Geruch und Geschmack

Vermeidung:

» Sauberkeit, kein verschimmeltes Obst

Beseitigung:

» Behandlung mit Aktivkohle (Aromaverlust)

ACROLEINSTICH

Ursache:

» Bakterieninfektion der Maische: Bakterien bilden aus Glycerin ein Zwischenprodukt (sensorisch nicht wahrnehmbar), das bei der Destillation unter Wasserabspaltung zu Acrolein reagiert

» Acrolein (Kochpunkt 52 °C) geht ins Destillat über

» Acrolein ist wie Methanol Bestandteil aller Destillatfraktionen, d. h. es ist keine Abtrennung im Vorlauf möglich

Auswirkungen:

» stechender Geruch, scharfer, kratzender Geschmack

Vermeidung:

» sauberes Obst

» Ansäuern der Maische

» Vermeidung lokaler Überhitzung beim Abbrennen

Beseitigung:

» lang andauernde Belüftung (Aromaverlust!)

BITTERMANDELTON (STEINGESCHMACK)

Ursache:

» zu starke Beschädigung der Steine beim Einmaischen (mehr als 5 %) und/oder lange Lagerung von Steinobstmaischen

» Aufspaltung des in den Steinen enthaltenen Amygdalins durch das fruchteigene Enzym Emulsin zu

Blausäure, Benzaldehyd und Glucose

» Benzaldehyd verursacht den Bittermandelton

Auswirkungen:

» intensiver Geruch und Geschmack nach Mandeln (Marzipan)

Vermeidung:

» weitgehende Steinschonung beim Einmaischen

» kurze Maischelagerung bei Steinobst

» Destillation unter Zusatz von Kupfersalzen (Cyanurex)

» Kupfer-Katalysator

» Verschnitt

Beseitigung:

» Zusatz von schwefliger Säure entfernt Benzaldehyd teilweise

ETHYLCARBAMAT

Ursache:

» teilweise noch unklar, möglicherweise Bildung beim Hefestoffwechsel

» sicher: Cyanid (Blausäure) ist die Vorstufe

» Ethylcarbamatbildung erfolgt bei Gehalten ab 10 mg/l HCN

» Bildung geringer Mengen bei Gärung und Destillation

» Bildung großer Mengen bei Lagerung, besonders unter Lichteinfluß

Auswirkungen:

» sensorisch keine

» gesundheitlich bedenklich, weil im Tierversuch kanzerogen

» empfohlener Grenzwert: 0,4 mg/l

Vermeidung:

» Vermeidung der Entstehung von Blausäure (siehe Bittermandelton)

» Destillation unter Zusatz von Kupfersalzen (Cyanurex-Verfahren)

» Destillation mit Kupfer-Katalysator

» langsame Destillation

» Nachlaufabtrennung ab ca. 65 %vol

Beseitigung:

» Besserung durch Umbrennen mit großzügiger Nachlaufabtrennung (Ethylcarbamat hat Nachlaufcharakter)

» Besserung durch Verschnitt

STIELGESCHMACK

Ursache:

» Verarbeitung von Obst mit Stielen und Blättern, dadurch hohe Hexanolgehalte im Destillat

» häufig bei Kirsch, Vogel- und Wacholderbeeren

Auswirkungen:

» grasiger, stieliger Geschmack

Vermeidung:

» Einmaischen ohne Stiele und Blätter

GÄRUNG

Beseitigung:

» Besserung durch Aktivkohlebehandlung (Aromaverluste!)

FREMDGESCHMACK

Ursache:

» Lagerung der Maische in ungeeigneten Räumen (Garage, Heizölraum)

» ungenügende Reinigung von Behältern

» ungenügende Reinigung der Brenngeräte nach aromaintensiven Bränden (z. B. Kräuter)

Auswirkungen:

» Überlagerung des Fruchtaromas durch Fremdaromen

Vermeidung:

» richtige Lagerung

» Sauberkeit

Beseitigung:

» kaum möglich

SCHWEFELWASSERSTOFF-FEHLER

Ursache:

» Reduktion schwefelhaltiger Verbindungen durch Gärhefen

» Schwefelwasserstoff geht ins Destillat über und reagiert mit Alkohol zu Mercaptanen

» bei Weinhefebränden Autolyse (Zersetzung) der Hefezellen bei der Hefelagerung

Auswirkungen:

» Geruch nach faulen Eiern

Vermeidung:

» durch Reaktion mit Kupfer (blanke Innenfläche des Brennkessels, Cyanurex, Katalysator)

» Weinhefe rasch abbrennen

Beseitigung:

» Belüften (hilft nicht bei Mercaptanen, nur bei Schwefelwasserstoff), Aromaverluste!

SCHWEFELDIOXIDFEHLER

Ursache:

» Schwefelung der Rohstoffe (Wein, Weintrester, Obst)

» Schwefeldioxidgas gelangt ins Destillat

Auswirkungen:

» stechender Geruch bis zur Ungenießbarkeit

Vermeidung:

» Verzicht auf schweflige Säure

Beseitigung:

» Neutralisation und Umbrennen (Qualitätseinbußen!)

2.10. Gärdauer

Die Gärdauer hängt stark von den Rohstoffen und der Anstelltemperatur ab.

Leichtvergärbare Obstsorten wie Äpfel oder Birnen können bei optimalen Temperaturen im günstigsten Fall in zwei bis drei Wochen vergoren sein. Die Gärdauer kann sich aber durchaus auf mehr als sechs Wochen ausdehnen, besonders bei schwervergärbaren Rohstoffen, z. B. gerbstoffhaltigen Schlehen und Quitten oder sorbinsäurehaltigen Vogelbeeren. Verzögert wird die Gärung auch bei sehr festen Maischen und/oder zu niedrigen Anstelltemperaturen.

2.11. Endvergärungsgrad

Ob sich eine Maische noch in Gärung befindet oder ob die Gärung aufgehört hat, läßt sich leicht feststellen. Die Gärtätigkeit der Hefen in der Maische ist an der Kohlendioxidbildung zu erkennen. Je nach Gärphase drücken sich Gasbläschen in unterschiedlichen Zeitabständen durch die Sperrflüssigkeit des Gäraufsatzes. Gegen Ende der Gärung werden die Zeitabstände zwischen den Gasbläschen größer. Bilden sich keine Bläschen mehr, hat die Gärung aufgehört.

Daß die Gärtätigkeit aufgehört hat, heißt aber nicht immer, daß die Maische durchgegoren ist (Kapitel 2.9.).

Zur Feststellung, ob aller Zucker umgesetzt wurde, muß der Endvergärungsgrad gemessen werden. Diese Überprüfung ist für den Brenner deshalb wichtig, weil das Brennen einer vor der vollständigen Vergärung steckengebliebenen Maische zu deutlichen Ausbeuteverlusten führen kann.

Da die Gärdauer aufgrund vieler Faktoren unterschiedlich sein kann, ist auch sie kein Indiz für eine vollständige Vergärung.

2.11.1. Durchführung der Prüfung auf vollständige Vergärung

Zur Feststellung des Vergärungsgrades wird die betreffende Maische durch ein Tuch filtriert. Bei nichtenzymierten Maischen werden die festen Bestandteile, in denen noch vergärbare Zucker enthalten sein können, nach dem Abrinnen der Flüssigkeit gründlich ausgedrückt. Bei enzymierten Maischen ist dies aufgrund der weitgehend zerfallenen Obstteilchen nicht erforderlich.

Das erhaltene Filtrat wird für die Extraktbestimmung mit einem Saccharometer verwendet. Die Flüssigkeit wird in einen Standzylinder gefüllt und das Saccharometer eingetaucht. Der auf der Skala abgelesene Wert wird mit Tabellen über „scheinbare" Extraktgehalte vergorener Maischen verglichen (Tab. 5). Diese Tabellen sind aufgrund von Erfahrungswerten über die Anteile an unvergärbaren Stoffen der verschiedenen Obstsorten erstellt. Die Werte sind keine tatsächlichen Extraktgehalte, sondern liegen darunter, da der in der Maische vorhandene Alkohol die Aräometeranzeige beeinflußt. Dieser Fehler ist aber in der Praxis zur Ermittlung des End-

Tab. 5

Extragehalte unvergorener und scheinbare Extraktgehalten vergorener Maischen*

Obst	Unvergorene Maische		Vergorene Maische	
	Saccharo-meter (nach Plato) %mas	Mostgewichts-waage (NT-20∞ C) Mostgewicht	Saccharo-meter (nach Plato) %mas	Mostgewichts-waage (NT-20 C) Mostgewicht
Äpfel	12 - 17	48 - 68	1 - 3	4 - 12
Tafeläpfel	11 - 16	44 - 64	0,2 - 1,9	ca. 1 - 7,5
James Grieve	12 - 14	48 - 56	0,6 - 1,4	ca. 2,5 - 5,5
Gravensteiner	10 - 14	40 - 56	0,2 - 1,8	ca. 1 - 7
Goldparmäne	11 - 15	44 - 60	0,2 - 1,3	ca. 1 - 5
Cox	12 - 18	48 - 72	0,1 - 1,5	ca. 0,5 - 6
Jonathan	11 - 15	44 - 60	0,5 - 1,9	ca. 2 - 7,5
Boskoop	12 - 17	48 - 68	0,4 - 1,9	ca. 1,5 - 7,5
Red Delicious	14 - 15	56 - 60	0,3 - 0,8	ca. 1 - 3
Golden Delicous	11 - 17	44 - 68	0,1 - 1,8	ca. 0,5 - 0,7
Jonagold	12 - 16		0,3 - 1,1	1 - 4,5
Mc Intosh	11 - 12		0,5 - 0,6	ca. 2 - 2,5
Birnen	12 - 17	48 - 68	1,5 - 4	6 - 16
Mostbirnen	14 - 17	56 - 68	2,2	8,8
Tafelbirnen	10 - 16	40 - 64	0,7 - 3,6	3 - 14,5
Williams Christbirne	9 - 14	40 - 56	1,7 - 4	7 - 16
Quitten**	14	55	4	16
Kirschen	13 - 22	52 - 88	3 - 5	12 - 20
Sauerkirschen	10 - 17	40 - 68	2 - 4	8 - 16
Zwetschken	10 - 20	40 - 80	4 - 5	16 - 20
Pflaumen	10 - 15	40 - 60	2 - 3	8 - 16
Mirabellen	16 - 18	64 - 72	2 - 4	8 - 16
Himbeeren Heidelbeeren Brombeeren	8 - 10	32 - 40	1 - 2	4 - 8
Holunder-beeren	8 - 11	32 - 40	3 - 5	12 - 20

* aus: Technologie der Obstbrennerei
** aus: W. Bartels, Kleinbrennerei 1995

vergärungsgrades vernachlässigbar.

Liegt der abgelesene Extraktgehalt über dem in der Tabelle angegebenen Wert, so besteht der Verdacht, daß noch nicht alle Zucker restlos vergoren sind.

In diesem Fall werden etwa 500 Milliliter des Maischefiltrats mit rund 5 Gramm Hefe, die in etwas Filtrat angerührt wurde, in einem geeigneten Gefäß versetzt: entweder in einer Flasche, die mit einem Wattebausch verschlossen bei 20 bis 22 °C aufgestellt wird, oder in einem Glaskolben mit einem Gäraufsatz. Das Gefäß wird in den nächsten drei bis vier Tagen einige Male umgeschüttelt. Nach dieser Zeit wird die Lösung filtriert und der Extraktgehalt erneut gemessen.

Liegt der nun gemessene Extraktgehalt unter dem zuerst bestimmten, so hat in der Lösung erneut eine Gärung stattgefunden, was darauf hinweist, daß die Maische noch Zucker enthält. Sie sollte mit geeigneten Methoden zur weiteren Vergärung gebracht werden (Kapitel 2.9.). Oft genügt es, die Maische bei wärmeren Temperaturen anzustellen.

Bestätigt der nach diesem Test erneut gemessene Wert den vorherigen, so kann in der Regel von einer vollständigen Vergärung ausgegangen werden.

Eine Ausnahme bilden essigstichige Maischen. Die gebildete Essigsäure ist bereits am Geruch erkennbar und behindert die Hefen auch in der zur Prüfung des Vergärungsgrades aufgestellten Probe in ihrer Gärtätigkeit. Da in diesem Fall trotz noch vorhandener Zuckermengen keine weitere Vergärung stattfindet, wird eine vollständige Vergärung vorgetäuscht.

Bei essigstichigen Maischen ist es deshalb erforderlich, die vorhandene Essigsäure vor einer Prüfung auf Endvergärung mit Calciumcarbonat (Kalk) zu neutralisieren.

Dabei setzt man dem Filtrat in kleinen Mengen so lange Kalk zu, bis keine Kohlendioxidentwicklung mehr stattfindet, d. h. bis die Lösung bei der Zugabe nicht mehr schäumt. Anschließend muß erneut filtriert werden (Faltenfilter). Der nun erhaltenen Lösung wird wie oben beschrieben Hefe zugesetzt.

Es muß jedoch darauf hingewiesen werden, daß diese Verfahrensweise nur eine indirekte und ungenaue Aussage über den Endvergärungsgrad ergibt. Eine verläßliche Aussage ist nur über eine chemische Zuckerbestimmung (in einem Labor) möglich.

2.12. Lagerung vergorener Maischen

Die Meinung, daß die Qualität einer Maische nach beendeter Gärung durch Lagerung steigt, ist weit verbreitet, aber falsch. Begründet wird sie damit, daß sich im Verlauf der Lagerung aromaprägende Ester bilden können. Diese Annahme stimmt nur teilweise, da unter anderem auch Essigsäureethylester gebildet wird, der in großen Mengen eher zu einer Verschlechterung als zu einer Verbesserung des Aromas beiträgt.

Tatsache ist, daß Maischen bei

einer längeren Lagerung nach der Gärung vermehrt der Gefahr von Infektionen ausgesetzt sind, da ein Luftzutritt zur Maische nie ganz ausgeschlossen werden kann. Dadurch kann es zur Ausbildung verschiedener Fehler wie Essigsäurestich, Esterton oder Acroleinstich kommen, obwohl der Brenner bisher alle Vorsichtsmaßnahmen sorgfältig beachtet hat.

Weiterhin werden durch das Absterben der Hefezellen, die sich selbst unter Eiweißabbau verdauen (Autolyse), geruchlich negative Stoffe wie Schwefelwasserstoff (Geruch nach faulen Eiern) gebildet.

Darüber hinaus besteht die Gefahr, daß fruchteigene und/oder zugesetzte Enzyme mit zunehmender Dauer der Maischelagerung kontinuierlich Methanol durch Pektinspaltung (Kapitel 2.4.1.) freisetzen, was bei langer Lagerung zu erhöhten Methanolgehalten führt.

Bei **Steinobstmaischen** wird durch die Lagerung der typische Steinton verstärkt.

Dies gilt auch für Maischen, die unter weitgehender Schonung der Steine verarbeitet wurden, da die enzymatische Spaltung des Amygdalins - wenn auch wesentlich langsamer - auch in unbeschädigten Steinen stattfindet.

Bei zu langer Lagerzeit führt dieser Abbau des kerneigenen Amygdalins zu hohen Blausäure- und Benzaldehydkonzentrationen, die sensorisch als Fehler abgelehnt werden.

Über die Lagerzeit von Steinobstmaischen sind die unterschiedlichsten Angaben zu finden. Die Zeiten schwanken zwischen einem und fünf Monaten.

Der Trend der Verbraucher geht bei Steinobstbränden in jüngster Zeit weg von einem starken Steinton, der das fruchttypische Aroma weitgehend überlagert, hin zu einem feinen, fruchtigen Geschmack. Diese Konsumänderung ist nicht zuletzt auf die Ethylcarbamatproblematik zurückzuführen. Aus diesem Grund sollte von den früher üblichen langen Lagerzeiten Abstand genommen werden.

Werden Maischen in Holzfässern oder anderen undichten Behältern gelagert, so muß zusätzlich mit Alkoholverlusten durch Verdunstung gerechnet werden.

Diese Beispiele zeigen, daß die Lagerung vergorener Maischen kritisch bewertet werden muß. Vor allem sollte sie hinsichtlich der einzelnen Obstsorten differenziert gesehen werden.

Obstsorten mit empfindlichem Aroma, wie **Williams Christbirnen**, **Äpfel** oder **Himbeeren**, sollten möglichst im Stadium der abklingenden Gärung gebrannt werden, sofern ein frisches und fruchtiges Aromaprofil angestrebt wird. Zu diesem Zeitpunkt erhält man die größtmögliche Aromaausbeute.

Beim Williams Christbrand steht dieses Aromaprofil im Gegensatz zum klassischen Typ mit einer breiten, „buttrigen" Aromanote.

Je weiter dieser Zeitpunkt überschritten wird, um so mehr ist mit empfindlichen Aromaverlusten und Qualitätseinbußen zu rechnen.

Andere Obstarten vertragen in der Regel Lagerzeiten von mehreren Wochen ohne größere Qualitätsverluste.

In der Praxis ist es aber aus Zeitgründen oft nicht möglich, Maischen unmittelbar nach beendeter Gärung abzubrennen.

Wenn sich eine Maischelagerung nicht vermeiden läßt, so ist dabei unbedingt zu beachten, daß:

1. nur volle Maischebehälter gelagert werden, um Luftkontakt weitgehend auszuschließen.

Am besten werden die Behälter bereits im Stadium der abklingenden Gärung aufgefüllt. Dies gewährleistet, daß sich nach dem unvermeidbaren Luftkontakt beim Auffüllen wieder eine schützende Kohlendioxidschicht bilden kann. Dabei dürfen die Behälter nicht luftdicht verschlossen werden, da ja noch Gärtätigkeit und damit Gasentwicklung stattfindet. Als Verschluß empfiehlt sich ein Gäraufsatz. Ist die Gärung endgültig beendet, sollte der Behälter luftdicht verschlossen werden.

2. die Maische zum Schutz vor Infektionen und Aromaverlusten unbedingt kühl gelagert wird (weniger als 10 °C).

3. die Lagerung in luftdichten Behältern erfolgt (Infektionsschutz, Schutz vor Alkohol- und Aromaverlusten durch Verdunstung).

4. bei bisher nicht angesäuerten Maischen der pH-Wert auf 2,8 bis 3 eingestellt wird (Infektionsschutz).

Auch dieser Säurezusatz sollte aus den bereits unter 1. genannten Gründen in die abklingende Gärung erfolgen. Der pH-Wert kann jetzt weiter abgesenkt werden, da die Gärtätigkeit weitgehend abgeschlossen ist. Die Enzymaktivität wird verringert, wodurch die Gefahr einer verstärkten Methanolbildung sinkt.

Trotz dieser Vorsichtsmaßnahmen ist eine Lagerung vergorener Maischen über mehrere Monate auf jeden Fall problematisch, auch wenn einige Brenner beispielsweise bei Zwetschken oder Kirschen eine besondere Aromaausprägung bei drei- bis fünfmonatiger Lagerzeit propagieren.

Eine relativ problemlose Maischelagerung soll durch Konservierung mit technischer **Glucose-Oxidase** möglich sein. Glucose-Oxidase ist ein Enzym, das in die abklingende Gärung in einer Menge von 2 g/hl zugegeben wird. Wie der Name schon sagt, oxidiert es den in der Maische vorhandenen Zucker Glucose, wobei Sauerstoff verbraucht wird. Als Nebenprodukt entsteht bei dieser Reaktion Wasserstoffperoxid, das desinfizierend wirkt. Diese Wirkung hemmt zusammen mit der Sauerstoffverminderung die Vermehrung und die Tätigkeit von unerwünschten Mikroorganismen. Dadurch werden Fehler der Maische vermieden.

Bruchmann und Kolb bewiesen, daß durch diese Unterdrückung der Bakterientätigkeit während der Maischelagerung deutlich höhere Alkoholausbeuten erzielt werden konnten. Bakterien verbrauchen Zucker, was die Alkoholausbeute schmälert, oder verarbeiten den gebildeten Alkohol z. B. zu Essigsäure. Die Unterdrückung der Bakterientätigkeit durch die Glucose-Oxidase führt somit zu einer höheren Alkoholausbeute.

Bei konsequenter Beachtung der bereits beschriebenen Lagerbedingungen und der Vermeidung übermäßiger Lagerzeiten erübrigt sich die Behandlung mit Glucose-Oxidase. Eine möglichst kurze Zeit zwischen Gärende und Destillation ist anzustreben.

Weinhefe sollte nach dem Abstich möglichst umgehend gebrannt werden. Eine Lagerung birgt zum einen die fast nicht zu verhindernde Gefahr eines mikrobiellen Befalls, der zu Geruchs- und Geschmacksfehlern im Destillat führt, zum anderen setzt die Autolyse der Hefen ein. Dabei zersetzen sich abgestorbene Hefezellen, wobei übelriechende, leicht flüchtige Verbindungen (Schwefelwasserstoff, Mercaptane) entstehen. Diese Zersetzungsprodukte bilden den „Schwefelwasserstoff-Fehler", der an einem intensiven Geruch nach faulen Eiern erkennbar ist. Er verändert Brände bis zur Un-

genießbarkeit und ist nachträglich kaum zu beseitigen.

Muß aus Zeitgründen dennoch eine Lagerung erfolgen, so ist auch hier darauf zu achten, daß sie in möglichst kleinen, spundvollen, luftdichten Behältern bei niedrigen Temperaturen stattfindet.

Der Inhalt eines Behälters muß in Folge rasch abgebrannt werden, ohne daß zwischendurch wieder neu anfallende Weinhefe aufgefüllt wird (Infektionsgefahr).

Literaturverzeichnis

1) Adam, L. und W. Postel: Ethylcarbamat in Kirschwässern, Kleinbrennerei 44, 30 ff, 1992

2) Adam, L. und W. Postel: Ein neuer Typ von Kirschwasser?, Kleinbrennerei 44, 227 ff, 1992

3) Adam, L., J. Meinl, N. Christoph und G. Versini: Beitrag zur Beurteilung von Williamsbirnenbränden und Zwetschkenwässern, Kleinbrennerei 47, 188 ff, 1995

4) Bartels, W.: Die häufigsten Fehler beim Herstellen von Obstbränden, Kleinbrennerei 43, 265 ff, 1991

5) Bartels, W.: Über das Einschlagen und Vergären von Obststoffen in der Ab-

findungsbrennerei, Kleinbrennerei 44, 154 ff, 1992

6) Bartels, W.: Enzyme in der Abfindungsbrennerei, Kleinbrennerei 46, 216 f, 1994

7) Bartels, W.: Mängel und Fehler in Obstbränden: Ursachen, Erkennung und - soweit möglich - ihre Behandlung, Kleinbrennerei 45, 231 ff, 1993

8) Bartels, W.: „Lohnt sich das Abbrennen von Quitten, und wie hoch ist der Ausbeutesatz?", Kleinbrennerei 47, 63, 1995

9) Belitz, H.-D. und W. Grosch: Lehrbuch der Lebensmittelchemie. Springer-Verlag Berlin, Heidelberg, New York, 1982

10) Dittrich, H. H.: Mikrobiologie der Lebensmittel, Getränke. Behr's Verlag Hamburg, 1993

11) Jährig, A. und W. Schade: Mikrobiologie der Gärungs- und Getränkeindustrie, Cena-Verlag Meckenheim, 1993

12) Jung, O. und H. Graf: Wasch- und Zerkleinerungseinrichtungen für Brennereirohstoffe, Kleinbrennerei 46, 146 ff, 1994

13) Jung, O.: Behälter für die Obstbrennerei, Kleinbrennerei 45, 107 ff, 1993

14) Jung, O. und H. Graf: Hygiene in der Brennerei, Kleinbrennerei 45, 244 ff, 1993

15) Krell, U.: Acrolein in der Obstbrennerei?, Kleinbrennerei 47, 219 ff, 1995

16) Pieper, H. J., E. Bruchmann und E. Kolb: Technologie der Obstbrennerei. Verlag Eugen Ulmer Stuttgart, 1993

17) Pieper, H. J., R. Seibold und E. Luz: Reduzierung von Ethylcarbamat bei der Herstellung von Kirschbränden, Kleinbrennerei 44, 125 ff, 158 ff, 1992

18) Pieper, H. J. und W. Trah: Brennereitechnologische Untersuchungen mit einem neuen Pektinenzympräparat bei der Verarbeitung von Kern- und Steinobst, Kleinbrennerei 36, 73 ff, 1984

19) Pischl, J.: Schnapsbrennen. Leopold Stocker Verlag Graz, 1995

20) Schmidt, J. und U. Hornung: Die Quitte - ein Tip für Kleinbrenner, Kleinbrennerei 47, 212 ff, 1995

21) Scholten, G. und M. Kacprowski: Inhaltsstoffe von Quittenbränden, Kleinbrennerei 48, 33 ff, 1996

22) Scholten, G. und M. Kacprowski: Häufige Qualitätsmängel in Obstbränden leicht vermeidbar, Kleinbrennerei 47, 130 ff, 1995

23) Scholten, G.: Vom Obst zum Obstbrand, Destillata-Guide, 196 ff, 1994

24) Scholten, G.: Geruchs- und Geschmacksfehler in Obstbränden, Destillata-Guide, 338 ff, 1995

25) Scholten, G., Th. Müller, M. Kacprowski und K.-P. Fäth: Aromaforcierung in Edelbränden, Kleinbrennerei 46, 218 ff, 1994

26) Scholten, G., M. Kacprowski und H. Kacprowski: Aromaforcierung in Edelbränden, Kleinbrennerei 47, 254 ff, 1995

27) Scholten, G.: Wissenschaftliche Untersuchungen der Wirkung von SIHA-Brennereienzym SK Plus auf verschiedene Obstmaischen, Kleinbrennerei 12, 273 ff, 1992

28) Scholten, G., Th. Müller, H. Kacprowski und K.-P. Fäth: Vergleichende Untersuchung verschiedener Behandlungsmöglichkeiten für Apfelmaische, Kleinbrennerei 45, 178 ff, 1993

29) Scholten, G., Th. Müller, H. Kacprowski und K.-P. Fäth: Einfluß der Brennmaischebehandlung auf Gärverlauf, Destillatqualität und Ausbeute, Schweiz. Zeitschrift für Obst- und Weinbau 129, 590 ff, 1993

30) Scholten, G.: Einsatz von Reinzuchthefen in der Brennerei, Handbuch für die Brennerei- und Alkoholwirtschaft 39, 353 ff, 1992

31) Tanner, H. und H. Brunner: Obstbrennerei heute. Verlag Heller Schwäbisch Hall, 1995

32) Vogl, K.: Herstellung qualitativ hochwertiger Steinobstbrände, Kleinbrennerei 48, 56 ff, 1996

Exkurs

Einmaischen von Kartoffeln, Kastanien und Getreide für arttypische Brände

von Dr. **Peter Dürr**

Kartoffeln, Kastanien und Getreide sind interessante, stärkehaltige Rohmaterialien zum Herstellen von arttypischen wie sortentypischen Bränden. Brenntechnisch gibt es dabei keine Besonderheiten, hingegen erfordert das Einmaischen mit dem Verzuckern der Stärke einiges an Ausrüstung und Aufwand.

Das Herstellen von reinem Trinksprit, wozu Kartoffeln und Getreide in großen Mengen verwendet werden, gehört hier nicht zum Thema. Dieses ist bereits gut abgedeckt (KREIPE 1981). Um zu Bränden mit arttypischem Aroma zu kommen, muß die Stärke mit bakteriellen Enzymen an Stelle des sonst üblichen Gerstenmalzes verzuckert werden. Bei guter Planung, genügender Ausrüstung und genauer Arbeitsweise kann der ganze Vorgang vom Einmaischen bis zum Brennen in einer Woche ablaufen.

Rohmaterial

Kartoffelsorten unterscheiden sich deutlich im Stärkegehalt und im Kochverhalten. Entsprechende Angaben finden sich zum Beispiel im nationalen Sortenkatalog, jährlich herausgegeben von der Eidg. Forschungsanstalt für Agrarökologie und Landbau, Reckenholz, CH-8046 Zürich. Der Stärkegehalt ist maßgebend für die zu erwartende Alkoholausbeute und kann über das spezifische Gewicht der Knollen abgeschätzt werden. Die Kartoffeln müssen gut gewaschen werden, um möglichst wenig Erde mit einzumaischen. Allfällige Keimlinge sind aus sensorischen Gründen unbedingt zu entfernen. Rohe oder gekochte Kartoffeln haben einen pH-Wert im Bereich von 6.

Kastaniensorten unterscheiden sich wenig im Stärkegehalt, aber mehr im Zuckergehalt. In den letzten Jahren wurde den verschiedenen noch auffindbaren Sorten von Edelkastanien in der Südschweiz wieder vermehrt Beachtung geschenkt (CONEDERA

1996). Bei Verkostungen zeigte sich, daß die Pürees von verschiedenen Sorten geruchlich und geschmacklich sehr unterschiedlich sind. Zum Einmaischen eignen sich frische oder warmwasserbehandelte Kastanien. Frisch aufgelesene Kastanien sind unbedingt zu waschen, um Erde, Gras und andere Bakterienträger zu entfernen, und dann sofort zu verarbeiten. Kastanien, die beim Kochen obenauf schwimmen, haben bereits eine Made des Kastanienwicklers erfreut, die für den Brenner nichts übriggelassen hat.

Von den **Getreidesorten** ergeben Hafer, Roggen, Weizen und Dinkel aromatypische Brände. Stärkegehalt und damit Alkoholausbeute sind bei Getreide sehr hoch, was die Aromatik entsprechend verdünnt. Deshalb riechen Getreidebrände nie so intensiv wie Obst- oder Kartoffelbrände.

Die für den Brand wesentlichen Aromastoffe bilden sich bei Kartoffeln und Kastanien während des Kochens. Da es sich zum Teil um enzymatische Prozesse handelt, spielt die Aufwärmzeit eine wichtige Rolle. Im kalten Wasser aufgesetzte und erhitzte Kartoffeln oder Kastanien entwickeln mehr Aromastoffe als im Dampf rasch erhitzte. Die sortenbedingten Unterschiede im Aroma der Brände sind markant. Bei Getreide kommt das Aroma vom ganzen Korn und von thermischen Prozessen. Hafer hat einen hohen Fettgehalt um 5%, was für sein typisches und relativ intensives Aroma im Brand von Bedeutung ist.

Zerkleinern und Verkleistern

Bei Kartoffeln hängt der Stärkegehalt von der Sorte und den Anbaubedingungen ab. Die Stärke liegt dicht gepackt in Form von geschichteten Körnern in den Wurzelzellen. Zunächst muß die Stärke durch Aufreißen der Zellwände aufgeschlossen werden, danach wird sie durch Erhitzen verkleistert. Dabei lösen sich die dichtgepackten Stärkeketten. Nur so kann die Stärke enzymatisch verzuckert werden. Ungenügender Aufschluß des Kartoffelgewebes und ungenügendes Verkleistern führt zu Ausbeuteverlust und Ankleben der Maische in der Brennblase.

Sind die technischen Voraussetzungen dazu gegeben, hat der kalte, mechanische Aufschluß einige Vorteile. Die gewaschenen

Tabelle: **Wasser, Stärke- und Zuckergehalte**

Rohmaterial	Wasser %	Zucker %	Stärke %
Kartoffeln	75-80	< 1	11-19
Kastanien	54-62	3-7	26-28
Weizen	12-15	< 1	58-62
Roggen	13-15	< 1	56-60
Hafer	11-13	< 1	50-54

Monopumpe mit Zufuhrschnecke und Trichter zum Quetschen gekochter Kartoffeln oder Kastanien

rohen Kartoffeln werden fein vermahlen (z. B. mit einer Hammermühle). Der Brei kann dann kontinuierlich in einem Röhrenerhitzer erhitzt und verkleistert werden. Die Temperaturen für das Verkleistern bei 95°C, das Verflüssigen bei 90°C oder 75°C, das Verzuckern bei 58°C und das Vergären bei 20 bis 25°C können mit einem Röhrenerhitzer und -kühler gut kontrolliert werden.

Technisch einfacher ist der thermische Aufschluß durch Kochen (30 bis 40 Minuten) oder Dämpfen gewaschener Kartoffeln und anschließendes Quetschen, z. B. in einer Monopumpe (Fig. 1). Dabei werden 10 bis 20% sehr heißes Wasser mit dem stärkeabbauenden Enzym α-Amylase zudosiert. Die Verzuckerungstemperaturen sind bei diesem Verfahren schwieriger zu kontrollieren. Wichtig ist das Vorwärmen

der Pumpe und das Wieder-Aufwärmen der Kartoffelmaische auf die notwendige Reaktionstemperatur.

Bei Kastanien bietet die zähe Schale zuviel Widerstand für einen mechanischen Aufschluß roher Früchte. Bewährt hat sich das Kochen der Kastanien (20 Minuten) mit anschließendem Zerquetschen in der Monopumpe. Dazu muß fortlaufend viel kochend heißes Wasser (ca. 50%) mit dem verflüssigenden Enzym α-Amylase zudosiert werden, sonst besteht Verstopfungsgefahr. In der Monopumpe werden die Schalen grob zerrissen und das Fruchtfleisch püriert. Die Schalenstücke können in der Maische bleiben. Sonst sind sie am besten nach der Verzuckerung abtrennnbar.

Vorgereinigtes Getreide wird in einer entsprechenden Mühle ge-

Tabelle : **Enzyme zum Einmaischen von Kartoffeln, Kastanien und Getreide**

α-Amylasen verflüssigen, Glukoamylasen verzuckern die verkleisterte Stärke

Enzym	Produktname Vertreiber	Reaktions- temperatur	Reaktions - pH	Bemerkungen	Dosage
α-Amylase	Spirizym BA Erbslöh	opt. 70-75°C max. 85°C	opt. 5,8-7,0 Bereich 5,5-8,5	Calcium 75 ppm stabilisiert Enzym	65 g/100 kg Stärke
α-Amylase	Spirizym BA-T Erbslöh	opt. 85-90°C max. 105°C	opt. 5,5-6,5 Bereich 5-8	thermostabil Calcium 75 ppm	35 g/100 kg Stärke
α-Amylase	Spirizym BA-T spezial Erbslöh	opt. 108°C bei pH 5,5 max. 110°C Bereich 50-110°	opt. 5-5,5 Bereich 4,5-8	thermostabil säuretolerant Calcium 75 ppm	85 g/100kg Stärke
α-Amylase	Schliessmann VF	opt. 70-75°C	> 5,9		6 ml/100 kg Kartoffeln
Glucoamylase	Spirizym AG Erbslöh	opt. 58°C max. 60°C	opt. 4,5 Bereich 4-5		85 g/100kg Stärke
Glucoamylase α-Amylase Proteinasen	Schliessmann VZ	opt. 55-58°C	opt. 4,5-5,5	Mischenzym	18 ml/100 kg Kartoffeln

schrotet und in der drei- bis fünffachen Menge Wasser unter ständigem Rühren zu einem Brei aufgekocht. So verkleistert die Stärke fast vollständig.

Enzymatischer Stärkeabbau

Der beim Herstellen von Bier übliche Stärkeabbau erfolgt mit den Enzymen des Gerstenmalzes. Dies geht auch bei anderen stärkehaltigen Rohmaterialien. Dazu muß etwa 15 % Gerstenmalz zugegeben werden. Dies bringt aber bei Kartoffeln, Kastanien und Getreide eine sensorisch deutlich wahrnehmbare Veränderung in Richtung Malzton. Als Alternative sind heute bakterielle Enzyme verfügbar (siehe Tabelle). Diese Enzyme arbeiten bei hohen Temperaturen. Der Abbau verläuft in zwei Schritten:

Zunächst wird die gekochte und gequetschte Maische mit α-Amylase verflüssigt. Dieses Enzym spaltet die aufgeschlossene (verkleisterte) Stärke in große Stücke. Im zweiten Schritt werden die Stärkestücke von der Seite her durch Glukoamylase in einzelne Zuckermoleküle gespalten.

Das genaue Einstellen und Kontrollieren der Temperaturen und des optimalen pH-Wertes beim zweiten Schritt ist für den Erfolg entscheidend. Angaben dazu wie auch zur Enzymdosierung sind in der Tabelle zusammengestellt.

Enzymlieferanten

Die in der Tabelle erwähnten Enzyme stammen von folgenden Firmen:

- Erbslöh, D-65366 Geisenheim

- Schliessmann, D-74505 Schwäbisch Hall

Wichtig für die Brenner sind Lieferanten, die Enzyme in für Edelbrände eher kleinen Mengen liefern und eine sachbezogene Dokumentation abgeben können.

Verflüssigen

α-Amylase spaltet die Stärkeketten in Teilstücke mittlerer Kettenlänge. Der Kartoffelbrei wird flüssiger. Bakterielle Amylasen zeichnen sich durch außerordentlich hohe Temperaturoptima (65 bis 95°C) und Thermostabilität aus. Je nach Gegebenheit kann eine α-Amylase genommen werden, die bei 95°C arbeitet, oder eine, die bei 75°C optimal wirkt (Tabelle).

Das Enzym kann beim mechanischen Aufschluß vor dem Erhitzen bzw. direkt beim Quetschen gekochter Kartoffeln zugegeben werden. Dank hoher Temperatur läuft das Verflüssigen rasch und bei mikrobiell sauberen Bedingungen ab. Die Reaktionszeiten bewegen sich zwischen 30 und 60 Minuten bei optimaler Reaktionstemperatur, bei tieferer Temperatur entsprechend länger.

Die Enzymhersteller empfehlen einen Zusatz von 75 ppm Kalzium, um die α-Amylasen bei hohen Temperaturen zu stabilisieren. Dies hat sich in unseren Versuchen als unnötig erwiesen, vermutlich weil Kartoffeln und Kastanien genug Calzium enthalten.

Verzuckern

Glukoamylasen spalten die durch die α-Amylase gebrochenen Stärkeketten bis zu einzelnen vergärbaren Glukosemolekülen auf. Die Glukoamylasen arbeiten bei tieferen Temperaturen als die α-Amylasen, aber immer noch im Bereich von 55 bis 75°C. Das pH-Optimum der Glukoamylasen liegt zwischen 4,5 und 5,5. Je nach Enzym ist deshalb ein Ansäuern mit Phosphorsäure-Milchsäure-Gemisch notwendig, etwa 360 ml/100 kg. Das Zudosieren ist dank der vorausgegangenen Verflüssigung gut möglich (Einrühren, Rundpumpen). Die Reaktionszeiten für das Verzuckern liegen zwischen einer bzw. zwei Stunden.

Vergären

Zum Gären muß die Maische gut abgekühlt werden, damit die Gärtemperatur 25°C nicht übersteigt. Sonst gehen zu viele Aromastoffe verloren. Das zügige Kühlen bis zur idealen Anstelltemperatur von 20°C ist nur mit aktiver Kühlung (Röhrenkühler, Kühlschlange) möglich. Für die keimarme Maische genügen 5 bis 10 g/hl Brennhefe. Nährsalze sind unnötig. Dank höherem pH-Wert und gutem Nährstoffangebot läuft die Gärung in wenigen Tagen zügig ab. Verzuckerte Kartoffelmaischen neigen stark zum Schäumen, deshalb sollte etwas Silikonantischaum beigegeben werden. Vor der Gärung und nach Gärende ist die Infektionsgefahr groß. Deshalb muß unbedingt mit einem Gärtrichter vergoren werden. Nach Gärende muß sofort gebrannt werden. Nach der Gärung entwickeln sich beim Abkühlen eingeschleppte Bakterien sofort und führen zu Essigstich und Fäulnis.

Destillieren

Die Maische kann beim Aufkochen stark schäumen, also sollte etwas Antischaum zugegeben werden. Es reicht auch, wenn Antischaum vor dem Gären zugesetzt wurde. Bei sauberem Einmaischen und optimaler Gärführung ist nur wenig Vorlauf abzutrennen (vor allem etwas Acetaldehyd). Beim Brennen von Kartoffelmaische kommen die wichtigen Aromakomponenten teils vorne im Mittellauf und teils hinten gegen den Nachlauf. Deshalb sollte nicht zu hochprozentig gebrannt werden, sondern etwa so wie Williams. Bei Kastanien- und Getreidemaischen kommen die typischen Aromakomponenten im Mittellauf. Daher kann etwas hochprozentiger gebrannt werden. Bei Kartoffeln sind Alkoholausbeuten von 5 bis 8 % zu erwarten, bei Kastanien sind es 10 bis 14 % und bei Getreide 24 % bis 38 % bei Weizen.

Lagern und Fertigstellen

Aus einwandfreien Maischen gebrannte Destillate müssen nur wenige Wochen hochprozentig gelagert werden und können dann wie üblich herabgesetzt, gekühlt und kalt filtriert werden. Brände aus Kartoffeln, Kastanien und Getreide werden beim Kühlen weniger trüb als Obstbrände.

Literatur

- Kreipe, H., Getreide- und Kartoffelbrennerei, Verlag Eugen Ulmer, Stuttgart 1981

- Conedera, M., Bündner Wald, 49(6), 28-46 (1996)

3.

Das Destillieren

von **Hubertus Vallendar**

Einleitung

Das Schnapsbrennen, wie man das Destillieren landläufig nennt, hat an Bedeutung stark zugenommen. Der freizeit- und konsuminteressierte Mensch will wissen, wie ein guter Brand entsteht. Die Geschichte des Schnapsbrennens wird immer wieder neu erfunden und in unzähligen Varianten erzählt - ein interessantes, ein mit viel Mystik belegtes Thema. Im Grunde aber ist das Destillieren eine sehr sachliche, technische Geschichte.

In Europa gibt es verschiedene, länderspezifische Entwicklungen auf der Schnapserzeugerseite. Österreich und Deutschland besitzen noch ein sogenanntes Branntweinmonopol. Dieses ermöglicht es etwa 45000 Kleinbrennereien in beiden Ländern, unter Erfüllung gewisser Auflagen Brände zu erzeugen. Die als Abfindungsbrenner bezeichneten Schnapsbrenner sind Landschaftsschützer, Obstverwerter und im Einzelfall auch Produzenten von hervorragenden Obstbränden, wie die Destillataprämierung jährlich feststellt. Die Brennerei dient dem Schnapsbrenner dazu, sorgfältig vergorene Maischen verschiedener Fruchtarten zu destillieren. Aber Schnaps ist nicht Schnaps! Doch woher kommen die Unterschiede beim Brennen? Nachfolgende Kapitel sollen helfen, das Brennen zu verstehen, Möglichkeiten der Brenntechnik aufzuzeigen und Fehler zu vermeiden. Auch die Steuerungs- und Regeltechnik hilft heute, die Brenntechnik zu verbessern.

3.1. Grundlagen der Destillation

Die Destillation ist der Vorgang, bei dem die Dämpfe eines zum Sieden erhitzten Stoffes durch einen Kühler geleitet und dort kondensiert werden. Das physikalische Prinzip beruht auf der Änderung des Aggregatzustandes. Es gibt den festen, flüssigen und gasförmigen Aggregatzustand. Bei den vorliegenden Wasser-Alkohol-Gemischen verändert man durch Wärmezufuhr = Temperaturerhöhung den Aggregatzustand vom flüssigen in den gasförmigen. Eine Brennmaische besteht aus den verschiedenartigsten Stoffen. Nicht alle dieser Inhaltsstoffe sind flüchtig. Die Nichtflüchtigen verbleiben beim Brennen in der Blase, die flüchtigen Bestandteile verdampfen und gehen mit über in den Kühler. Der Siedepunkt der flüchtigen Bestandteile - der Moment, an dem ein Stoff in den gasförmigen Zustand übergeht - ist von Stoff zu Stoff verschieden. Jeder Siedepunkt wird mit der entsprechenden Temperatur festgelegt.

3.1.1. Siedetemperaturen verschiedener Inhaltsstoffe (in °C)

Acetaldehyd . . . . 21 °C
Blausäure . . . . 26 °C
Äther . . . . 34,5 °C
Acrolein . . . . 52,5 °C
Methylalkohol . . . . 64,5 °C
Äthylalkohol . . . . 78,35 °C
Isopropylalkohol . . . . 82 °C
Propylalkohol . . . . 97 °C
Wasser . . . . 100 °C
Acetal . . . . 103 °C
Isobutylalkohol . . . . . . 108,4 °C
Essigsäure . . . . 118 °C
Buttersäureäthylester . . . 121 °C
Amylalkohol . . . . 132 °C
Furfurol . . . . 162 °C
Phosphor . . . . 290 °C
Schwefel . . . . 448 °C
Kohlensäure . . . . -78 °C

Die Trennung gewisser Stoffe kann nie allein über den Siedepunkt erfolgen, da sich einzelne Stoffe an andere mit höherem Siedepunkt binden, wodurch sich der eigentliche Siedepunkt des reinen Inhaltsstoffes verschiebt.

Beispiele für flüchtige Bestandteile:

Aldehyde, Aceton, Ester, Ethanol, Fuselöle, Essigsäure etc.

Beispiele für nichtflüchtige Bestandteile (Schlempe):

Schalen, Fruchtfleisch, Kerne, Farbstoffe, organische Säuren, Stiele, Glycerin etc.

Alkohol ist mit Wasser in jedem beliebigen Verhältnis mischbar. Da der Siedepunkt von Wasser bei 100 °C und der von Alkohol (Ethanol) bei 78,35 °C liegt, ergibt sich für die Gemische automatisch ein Siedebereich von 78,35 bis 100 °C. In diesem Bereich gibt es gewisse Abhängigkeiten für das Siedeverhalten von Alkohol-Wasser-Gemischen.

3.1.2. Siedeverhalten von Alkohol-Wasser-Gemischen

Alkohol ist in jedem Fall die leichtersiedende und Wasser die schwerersiedende Flüssigkeit. Den einzelnen Mischungsverhältnissen von Alkohol und Wasser läßt sich ein Siedebereich zuordnen. Je weniger Alkohol im Gemisch vorhanden ist, desto höher ist der Siedepunkt und umgekehrt. Die Flüssigkeit, die aus dem Verdampfen eines Alkohol-Wasser-Gemisches nach Kondensation entsteht, ist auf jeden Fall alkoholreicher als das Ausgangsprodukt. Der Alkohol hat sich angereichert. Bei einer Roh- und Feinbrandanlage entsteht beim einmaligen Brennen eine Flüssigkeit, die im Schnitt ca. 30 bis 35 %vol aufweist. Der Alkoholgehalt hat sich auf die sieben- bis zehnfache Menge angereichert.

Die Anreicherung des Alkohols kann man bis zur physikalischen Grenze von ca. 97 %vol Alkohol fortführen. Danach ist keine Destillation mehr möglich, weil die aufsteigenden Dämpfe die gleiche Alkoholkonzentration wie die siedende Flüssigkeit aufweisen.

Die Herstellung von Edelbränden bewegt sich nicht in diesen hohen Alkoholgraden. Die Abhängigkeit der Branntweinqualität von Alkohol-Wasser-Mischungen und deren Siedepunkten ist aber eine der wichtigsten zu beherrschenden Größen beim Destillieren. (siehe Kapitel Brenntechnik)

3.1.3. Fraktionierte Destillation

Unter fraktioniertem Destillieren versteht man, daß während des Brennvorgangs verschiedene Teile (Fraktionen) getrennt werden. Die einzelnen Fraktionen enthalten verschiedenste Inhaltsstoffe in verschiedenen Konzentrationen. Bei der normalen Destillation von Gärungsmaische entstehen drei Hauptfraktionen: der Vorlauf, der Mittellauf und der Nachlauf. Die Abtrennung kann rein volumetrisch über einen Vor-, Mittel- und Nachlaufabscheider, mit einem Vorlaufabtrenntest oder - wie es für die Herstellung eines Spitzenbrandes gefordert wird - sensorisch mit der Nase ausgeführt werden.

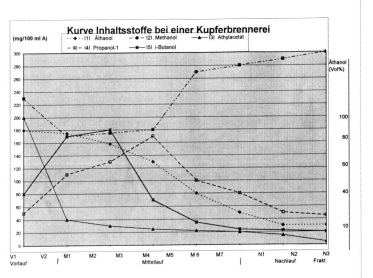

Beispiel der Verteilung verschiedener Inhaltsstoffe bei einem Brennvorgang mit Äpfeln auf einer Kupferanlage

Typische Inhaltsstoffe des **Vorlaufs**:

» Acetaldehyd
  Essigsäureester
  Methanol (in etwas höheren
  Konzentrationen)

Typische Inhaltsstoffe des **Mittellaufs**:

» Ethanol
  Ester
  Säuren
  Aromakomponenten der
  Frucht
  ätherische Öle

Typische Inhaltsstoffe des **Nachlaufs**:

» Methanol (hohe
  Konzentration)
  Äthylester
  höhere Ester
  Furfurol
  höhere Alkohole
  Ethylcarbamat

3.2. Anlagentypen

Betrachtet man die Brennerei-apparaturen der letzten hundert Jahre, so stellt man immer wieder fest, daß sich vom Prinzip her nicht viel geändert hat. Doch gerade in den neunziger Jahren wurde vieles neu entwickelt und

Abb. 10

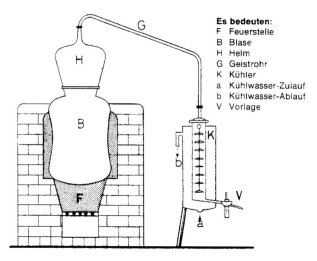

Es bedeuten:
F Feuerstelle
B Blase
H Helm
G Geistrohr
K Kühler
a Kühlwasser-Zulauf
b Kühlwasser-Ablauf
V Vorlage

Eingemauerte direktbefeuerte Brennerei

„neu" erfunden. Der Mensch sucht immer wieder nach Vereinfachungen und Arbeitserleichterungen. In den nachfolgenden Darstellungen sind die grundsätzlichen, unterschiedlichen Anlagentypen aufgezeigt.

3.2.1. Eingemauerte direktbefeuerte Brennerei

Es gibt sie noch! Diese Art der Brennerei, die heute meist nur mehr in Museen zu finden ist, bestand zum größten Teil aus Kupfer. Die Blase war fast rechteckig mit einer leichten Taille. Um die Brennblase war ein sogenannter „Fuchs" gemauert, der an seinem Ende in den Kamin mündete. Dieser Fuchs hatte die Aufgabe, die Flamme um die Blase zu leiten. Nur ein gutgemauerter Fuchs

hatte genügend Zug, um die Brennblase funktionieren zu lassen.

Am oberen Ende der Blase wurde ein Helm, auch Hut genannt, aufgesetzt und mit Lehm oder Kuhfladen abgedichtet. Das Geistrohr, ebenfalls aus Kupfer, verband den Hut mit dem Kühler. Der Kühler war meist ein gerolltes Kupferrohr, das in einen wasserdurchflossenen Behälter gestellt wurde.

Die Brennerei wurde direkt mit Holz oder Kohle beheizt. Durch das direkte Feuer brannte die Maische oftmals an, und der Brand hatte einen „Kochton". Man versuchte, dies durch Rühren mit einem Schöpfer oder einem Reisigbesen zu verhindern, doch mußte man dafür den Hut zunächst weglassen.

Abb. 11

Eingemauerte Wasserbadbrennerei

3.2.2. Eingemauerte Wasserbadbrennerei

Um das übermäßige Anbrennen in der Blase zu vermeiden, baute man an die Brennereien ein Wasserbad. Die Blase war dadurch mit Wasser umgeben, das die punktuelle Hitze puffert und eine gleichmäßigere Erwärmung der Maische bringt. Diese Art von Geräten wurde lange Zeit gefertigt und immer wieder weiterentwickelt, z. B. durch eine Dampfleitung, die direkt vom Wasserbad in die Maische führte. Ein Druckmanometer, das den zulässigen Höchstdruck von 0,5 bar anzeigt, wurde auf der Wasserstandsanzeige aufgeschraubt.

Abb. 12

**Freistehende Wasserbadbrennerei als Hutgerät
mit nebenstehender Kolonne
Anlage Holstein, Markdorf**

3.2.3. Freistehende Wasserbadbrennerei mit Hut

Die Entwicklung blieb selbstverständlich nicht stehen, und so wurde im Zuge der besseren Verarbeitungsmöglichkeit von Stahl die freistehende Wasserbadbrennerei gebaut. Der Vorteil dieser Anlage bestand zunächst einmal im geringen Platzbedarf und der besseren Feuerung. Der „Fuchs" hatte ausgedient. Die Feuerung besteht nun aus Siederohren, die wirksame Oberfläche wurde wesentlich größer und der Brennstoffverbrauch dadurch geringer. Am klassischen Brennverfahren des Roh- und Feinbrennens hielt man fest. Das Besondere dieser freistehenden Wasserbadbrennerei ist die Möglichkeit, Hitze zu speichern. Es gibt keine Überhitzungszonen durch direktes Feuer, sondern das Wasser puffert sozusagen die Energiespitzen und gibt die Hitze gleichmäßig an das Brenngut weiter.

Abb. 13

**Freistehende Wasserbadbrennerei
mit Kolonne, Anlage J. Carl, Göppingen**

3.2.4. Freistehende Wasserbadbrennerei als Fixgerät

Neben dem klassischen Roh und Feinbrennverfahren gibt es das Kolonnenbrennen. Die Anlage als freistehende Wasserbadbrennerei ist im unteren Teil identisch. Der Unterschied besteht im Aufsatz, den man Kolonne nennt. Der Hut entfällt bei den meisten Anlagen, da die Kolonne direkt auf das Unterteil aufgesetzt wird. In Ausnahmefällen befindet sich die Kolonne auch neben dem eigentlichen Brenngerät, wobei der Brenner entscheiden kann, ob er das klassische Roh- und Feinbrennverfahren einsetzt oder die Kolonne.

Welches der Systeme ist besser? Die Antwort ist relativ einfach: Beide sind dafür geeignet, Spitzenbrände herzustellen. Es liegt am Brenner, wie er das Gerät bedient. Im Gegensatz zum Roh und Feinbrennen erhält man beim „Fixbrennen", wie das Kolonnenbrennen auch genannt wird, beim ersten Brennvorgang „fix und fertigen" Branntwein. Die Dämpfe der erhitzten Maische steigen in die Kolonne und wer-

Abb. 14

Freistehende Dampfbrennerei mit Kolonne

den auf dem ersten Glockenboden kondensiert. Durch die
Strömungsgeschwindigkeit von
unten und die höhere Temperatur
wird der Lutter auf dem ersten
Boden wieder verdampft, dies geschieht auf dem zweiten und dritten Boden ebenfalls. Die Abfindungsbrennerei darf nur drei Verstärkerböden haben (Brannt-
weinmonopolgesetz). Wie der
Name „Verstärkerboden" sagt,
wird der Branntwein auf jedem
der Böden verstärkt, was jedes-
mal einen Reinigungseffekt nach
sich zieht, aber auch einen Aro-

maverlust und höhere Temperaturen. Diese Abhängigkeiten werden in einem späteren Kapitel
näher betrachtet.

3.2.5. Freistehende Dampf-
brennerei mit Kolonne

Die Dampfbrennerei unterscheidet sich von den schon genannten Apparaturen in der Beheizungsart. Die Anlage wird mit
Dampf beheizt, der in einem zen-
tralen Dampferzeuger außerhalb
der Brennerei erzeugt wird. Die

Abb. 15

Kontinuierlicher Kolonnenapparat

Dampfbrennerei eignet sich für größere Anlagen, weil sie wesentlich schneller und kostengünstiger arbeiten kann. Aus brandschutztechnischen Gründen wird bei größeren Anlagen diese Beheizungsart vorgeschrieben, weil in der Brennerei keine Feuerstätte erlaubt ist. Der Brennvorgang unterscheidet sich nicht grundlegend von dem der freistehenden Wasserbadbrennerei, allerdings fehlt die Pufferwirkung des Wassers, was bei unsachgemäßer Anwendung zu großen Schwankungen innerhalb des Brennprozesses führen kann, die ebenso große Schwankungen bei der Branntweinqualität nach sich ziehen. Die Abfindungsbrenner verwenden überwiegend Wasserbadbrennereien.

3.2.6. Kontinuierliche Kolonnenapparate

Die kontinuierlichen Brennereien spielen für die Edelbrandherstellung keine Rolle, sind aber aus der Spirituosenbranche nicht mehr wegzudenken. Der gesamte Alkoholbedarf des Monopols wird mit solchen Kolonnenapparaten hergestellt. Es sind meist Anlagen, die über mehrere Stockwerke reichen und - mit 60 bis 90 Glockenböden ausgestattet - neutralen Alkohol erzeugen. Dieser Alkohol ist Grundlage für Geist- oder Verschnittspirituosen. Auch Getreide- und Kartoffelbrenner arbeiten ausschließlich mit kontinuierlichen Kolonnenapparaten. Mengenmäßig wird das meiste an Alkohol auf solchen Anlagentypen hergestellt.

Abb. 16

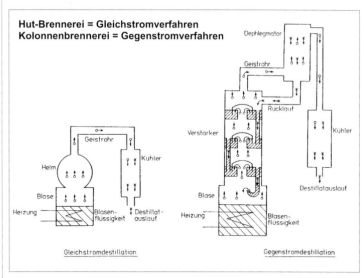

Gleich- und Gegenstromdestillation

3.3. Verschiedene Brennverfahren

3.3.1. Gleichstrom-verfahren

Das Kondensat einer verdampften Alkohol-Wasser-Mischung ist immer alkoholreicher als das Ausgangsprodukt. Beim Roh- und Feinbrennverfahren wird zunächst aus der Maische ein Lutter von ca. 30 bis 35 %vol gewonnen. Dieser wird nochmals gebrannt, und der Alkoholgehalt steigt im Schnitt auf ca. 65 %vol an. Diese Tatsache nennt man Verstärkung oder Rektifikation. Es gibt positive und negative Verstärkungen. Bei einer positiven Verstärkung wird Synergie zwischen Aromaausbeute und Alkoholstärke erreicht. Im Gegensatz dazu kommt es bei der negativen

Verstärkung zu neutralen Destillaten. Grundsätzlich kann man sagen, daß jeder Destillationsvorgang zu einer gewissen Verstärkung führt. Bei der Roh- und Feinbrennerei verdampft das Alkohol-Wasser-Gemisch und geht in den Hut. Von dort steigt es über das Geistrohr in den Kühler und schließlich in die Vorlage. Der Alkoholdampf, der Lutter und das Kondensat bewegen sich immer nur in eine Richtung, daher spricht man vom Gleichstromverfahren.

3.3.2. Gegenstromverfahren

Das Gegenstromverfahren findet seine praktische Anwendung in der Verstärkerkolonne. In einer Kolonne mit drei Glockenböden kondensiert das Alkohol-Wasser-Gemisch auf den jeweiligen Böden und bildet den Lutter. Das Rücklaufrohr hat eine ganz bestimmte Höhe H (siehe auch Kap. 3.4.4.), bei der der überschüssige Lutter auf den darunterliegenden Boden läuft: Man spricht vom Rücklauf. Das heißt konkret, daß die Alkoholdämpfe nach oben in die Kolonne steigen, der Rücklauf aber nach unten läuft. Der Vorgang geht kontinuierlich vor sich, indem immer ein gewisser Teil nach oben, aber auch ein gewisser Anteil nach unten läuft - daher spricht man vom Gegenstromverfahren.

3.3.3. Kontinuierliches und diskontinuierliches Brennen

Das diskontinuierliche Brennen - auch periodisches Brennen genannt - wird in Blasenapparaten durchgeführt. Jeder Brennvorgang wird einzeln gefüllt, abgebrannt und entleert. Danach beginnt ein neuer Brennvorgang mit demselben Ablauf. In der Obstbrennerei hat man in der Regel Blasenapparate mit aufgesetzter Kolonne oder Hut.

Anders ist es beim kontinuierlichen Verfahren. In die etwa 20 Meter hohe Kolonne wird die Maische je nach Material in den oberen Teil des unteren Drittels eingefüllt. In diesem Abschnitt der Maischekolonne wird die Maische entgeistet, und der Alkohol verdampft in den zweiten Abschnitt der Kolonne - den Feinbrennteil. Hier stehen über 36 Böden zur Verfügung, um den Alkohol sehr rein zu brennen. Dieser Vorgang verläuft kontinuierlich.

3.4. Einzelteile der Brennerei

3.4.1. Verwendete Metallmaterialien

Die Blasenapparate zur Erzeugung von Edelbränden höchster Güte bestehen heute aus Kupfer und Edelstahl.

Im Blasenunterteil wird ausschließlich Kupfer verwendet. Kupfer hat hervorragende Wärmeleitfähigkeit, Beständigkeit gegen Fruchtsäuren, katalytische Eigenschaften und bindet Schwefelwasserstoffe. In der Oberblase kann zwar auch massiver V2A-Edelstahl eingesetzt werden, in der Praxis entscheidet man sich aber vorwiegend für Kupfer.

Die Kolonne sollte auf jeden Fall aus Kupfer sein, da der Lutter eine relativ lange Verweildauer und intensiven Kontakt mit dem Material hat. Das Geistrohr und der Kühler werden grundsätzlich aus V2A-Edelstahl gefertigt. Manche Hersteller verarbeiten heute auch schon den höherwertigen, resistenteren V4A-Edelstahl, weil es in der Vergangenheit durch Schwefel öfters zu Lochfraß kam.

Kupfer hat aber nicht nur Vorteile: Die Bildung von Kupferacetat und die geringe Beständigkeit - etwa gegen Schwefel - lassen eine Kombination zwischen Edelstahl und Kupfer sinnvoll erscheinen.

Edelstahl als hochwertiges Metall läßt sich leicht reinigen, hat eine lange Lebensdauer und ist lebensmittelrechtlich unbedenklich. Für manche Früchte erscheint ein hoher Anteil an Edelstahl für ratsam. Eine praktikable Alternative bietet der Katalysator, der eine Kupferoberfläche zum Zuschalten bietet.

3.4.2. Brennereiunterteil

Die Brennblase mit Ober- und Unterblase hat in den letzten 100 Jahren eine gewisse Entwicklung durchgemacht. Waren es früher eher eckige Unterblasen und runde Oberblasen, sind daraus in den sechziger und siebziger Jahren runde Unterblasen und teilweise eckige Oberblasen geworden. Durch die eckigen Unterblasen hatte man früher das Problem von Überhitzungszonen.

Die Idealform einer Blase für die Brennerei ist nach wie vor die Kugelform. Diese Blasen lassen sich leicht beheizen, brennen wenig an und bieten eine gute Zirkulation.

Neueste Blasen mit leicht flachgewölbter Form sind nur in Verbindung mit einem Rührwerk ratsam. Es hat den Vorteil, daß man sehr schonend erhitzen kann, weil die Hitze gleichmäßiger in die Maische übergeht.

Ein Brennereiunterteil besteht aber nicht nur aus Ober- und Unterblase, sondern noch aus vielen weiteren Teilen.

Die im Wasserbad eingesetzte Feuerbüchse aus Kesselstahl hat die Aufgabe, die Hitze an die Maische weiterzuleiten. Je größer die Fläche in dieser Feuerbüchse ist, desto mehr kann sie umsetzen. Der Außenmantel des Wasserbades wurde früher in Stahl gefertigt, was den Nachteil starker Korrosion hatte; heute ist ein Außen-

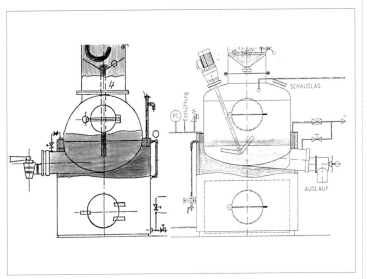

Kugelförmige Blase und flachgewölbte Blase mit Rührwerk

mantel aus V2A-Edelstahl Standard. Die Schraubkonstruktionen sind im Zuge der technischen Entwicklung den Schweißkonstruktionen gewichen. Das Überdruckventil der heute bis 1,0 bar zugelassenen Wasserbäder ist an der Außenhaut des Kessels angeschweißt, genau wie der Wasserstandsmesser, der Rauchrohrkasten und das Steuergerät für den Ölbrenner. Diese Wasserbadregelung geht entweder über Druck oder über die Temperatur. Der Auslauf ist mit einem kleinen Gefälle an die Unterblase angeschweißt, wird durch den Wassermantel geführt und außen verschweißt. Dieser Auslauf muß so mit der Blase verbunden sein, daß die Verbindungsstelle keinerlei Ecken und Kanten aufweist, in denen sich Ablagerungen bilden könnten. An der Auslauftür ist meist ein Auslaufhahn befestigt, entweder als Schieberventil, Kugelhahn oder wartungsfreier Edelstahlhorizontalschieber. Die Durchmesser der Auslauf- und Einfülltür sollten möglichst groß gewählt werden, um einfacher arbeiten zu können.

Abb. 18

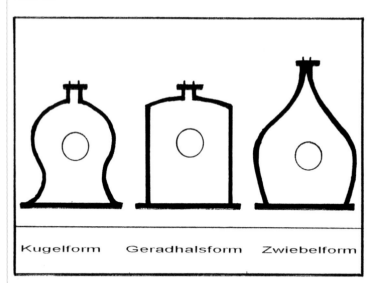

Kugelform   Geradhalsform   Zwiebelform

Verschiedene Brennereihutformen

3.4.3. Brennereihut oder Helm

Bei einfachen Anlagen, die im Gleichstromverfahren arbeiten, sitzt auf der Blase ein Hut - auch Helm genannt. Dieser Helm ist zumeist aus Kupfer und kann in den unterschiedlichsten Arten geformt sein. Er hat die Aufgabe, die in der Blase verdampften Alkoholdämpfe zu kondensieren. Das Kondensat läuft an der äußeren Kupferhaut nach unten in die Maische zurück. Der Helm bildet einen Widerstand, der zur Verstärkung führt. Früher regelte man den Grad der Verstärkung mit der Außentemperatur oder mit Wasser. Wenn es außen kalt war oder das Wasser über den Helm lief, wurde der Brand automatisch stärker und sauberer. Dabei kam

es entscheidend auf die Hand des Brenners an, wie er den „Widerstand" verändert hat. Im Grunde hat sich daran bis heute nichts geändert.

3.4.4. Brennereikolonne oder Verstärkeraufbau

Die Kolonne zählt zu den interessantesten Teilen einer Brennerei, weil sie allen Brennvariationen gerecht wird. Da der Alkoholgehalt vieler Maischen so gering ist, daß man mit dem Roh- und Feinbrandverfahren ernste Schwierigkeiten hätte, kleine Maischemengen abzubrennen, eröffnet die Kolonne neue Möglichkeiten.

Die heutigen Obstbrenner setzen in der Regel eine Kolonne mit

Abb. 19

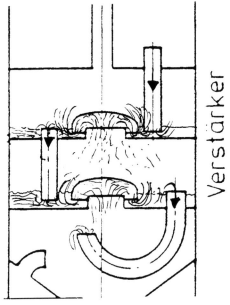

Das Prinzip des Glockenbodens

Abb. 19a

Wirkungsgrad des Glockenbodens

Der Wirkungsgrad des Glockenbodens beträgt im allgemeinen nur rund 60 bis 80 %.

A. Die Durchmischung von Dampf und Flüssigkeit auf dem Boden gelingt nicht immer.

B. Extrem hohe Dampfgeschwindigkeiten reißen Flüssigkeitsteilchen in den nächsthöheren Boden durch den aufsteigenden Dampf.

- Jede Änderung der Gleichgewichtslage stört empfindlich die Verstärkungsleistung auf dem Boden.

---

drei Verstärkerböden und einem Dephlegmator ein. Je nach Hersteller sind diese Böden, die man auch als Glockenböden bezeichnet, wegklappbar, entleerbar oder stufenlos zu regulieren. Das Prinzip eines Glockenbodens ist aus der Abbildung ersichtlich. Das Alkohol-Wasser-Gemisch steigt aus der Blase hoch und geht durch eine kleine Öffnung im konisch geformten Maischerückleiter in die Kolonne. Durch die trichterförmige Ausbildung des Maischerückleiters wird durch den Brennvorgang entstehender Schaum zerschlagen und zurück in die Blase geleitet. Die Alkoholdämpfe steigen durch die mittlere Öffnung des Glockenbodens und stoßen auf die Wölbung der

Abb. 20

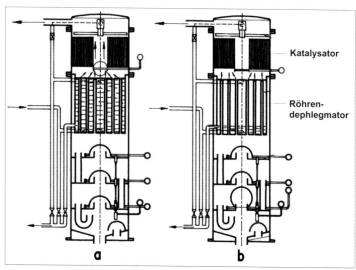

Darstellung Funktionsweise der Verstärkerkolonne, System Holstein, Markdorf (variable Kühlfläche des Röhrendephlegmators: kleine Kühlfläche für niederprozentige aromareiche Edelbrände, große Kühlfläche für hohe Alkoholkonzentrationen)

Glocke. An dieser Wölbung kondensiert der Dampf und wird zu Lutter, der auf den Boden rinnt. Dieser Vorgang dauert an, und auf dem Boden sammelt sich so viel Lutter, daß der Rand der Glocke im Lutter sitzt. Nun müssen alle Strömungen und der geringe, aber vorhandene Druck von der Blase durch dieses Lutterwasser hindurch, wobei ein Widerstand entsteht - ähnlich dem des Hutes beim Roh- und Feinbrennen. Die Branntweinstärke beträgt auf dem ersten Boden meist etwa 30 %vol. Auf jedem Boden erhöht sich dieser Alkoholwert und wird je nach Gebrauch durch den Dephlegmator weiter verstärkt.

Abb. 21

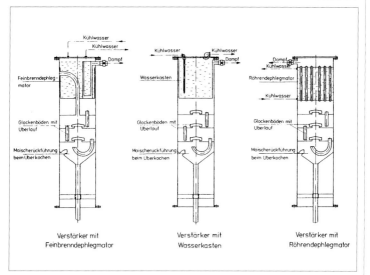

Verstärker mit
Feinbrenndephlegmator

Verstärker mit
Wasserkasten

Verstärker mit
Röhrendephlegmator

Verschiedene Dephlegmatoren, System J. Carl, Göppingen

3.4.5. Dephlegmator

Den Dephlegmator oder „Verstärker" kann man auch als „Bremse" bezeichnen. Es gibt verschiedene Systeme, die aber alle mit Wasser betrieben werden.

Beim Verstärker mit Wasserkasten besteht der Dephlegmator aus einer größeren Kupferbüchse, in die außen eine Art Gewinde gepreßt ist. Die Erhebungen liegen dicht an der Kolonnenaußenhaut an. Von innen ist der Dephlegmator mit Wasser gefüllt. So entstehen Zwischenräume, an denen der Alkohol-Wasser-Dampf kondensiert, und das Kondensat läuft über das eingepreßte Gewinde nach unten. Erst wenn der Alkohol leicht flüchtig ist oder der Druck von unten so groß wird, daß die Dämpfe übergehen, suchen sie sich den Weg ins Geistrohr. Der Röhrendephlegmator arbeitet nach dem gleichen Prinzip, hat aber eine höhere Leistung. Negativ wirkt sich aber oft aus, daß die Aromen durch die hohe Leistung beim Brennvorgang leiden. Der sogenannte Feinbrenndephlegmator ist für die Herstellung von Edelbränden besonders geeignet. Er macht aus dem obersten Glockenboden einen Verdampfungsboden und verstärkt auf äußerst schonende Weise. In modernen Geräten ist der Dephlegmator abschaltbar oder sogar heizbar, damit der alkoholangereicherte Dampf nicht übermäßig „geschockt" wird.

Abb. 22

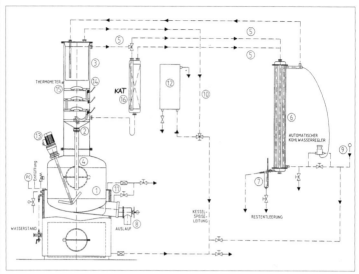

Wasserbadbrennerei mit Katalysator

3.4.6. Katalysator

Der Katalysator dient der Vermeidung von Ethylcarbamat, der Fehlerbeseitigung bei mikrobiologisch nicht einwandfreien Maischen und bei einigen Bränden zur Qualitätsverbesserung. Die katalytische Wirkung von Kupfer ist bekannt und wird zur Aromaverbesserung genutzt. Die Tatsache, daß Ethylcarbamat in Branntwein beanstandet wurde, führte zu ganz neuen Überlegungen mit dem Werkstoff Kupfer. Ethylcarbamat entsteht zum größten Teil durch Cyanidanteile in der Maische. Diese sind bei Steinobstsorten sehr hoch und führen durch eine Reaktion mit einer Startersubstanz zu Ethylcarbamatwerten, die über den zulässigen Richtwerten liegen.

Kupfer hat die Eigenschaft, diese Cyanide zu binden, so daß daraus kein Ethylcarbamat entstehen kann.

Aus dieser Tatsache heraus baute man an die Brennerei Katalysatoren an, die in der Kolonne (Abb. 20) oder freistehend (Abb. 22) angeboten werden. Entscheidend für die Funktion des Katalysators ist die Beschaffenheit der Kupferoberfläche. Sie muß sauber und hochaktiv sein; weiters dürfen bei Stillstand der Brennerei keine Flüssigkeitsreste im Katalysator stehen, da diese zu üblen Gerüchen führen.

Der Katalysator sollte spülbar und dämpfbar sein sowie regelmäßig mit Säure und Lauge gereinigt werden. Bei der gesamten Konstruktion der Brennereianla-

Abb. 23

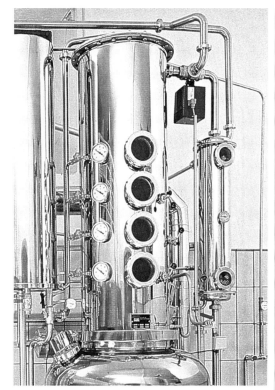

Bild eines nebengestellten Katalysators an der Kolonne

ge ist darauf zu achten, daß in Blase und Kolonne genügend Kupfer vorhanden ist.

3.4.7. Geistrohr

Die Verbindung von Hut und Kolonne bezeichnet man als Geistrohr. Es sollte aus V2A-Edelstahl gefertigt sein, da sich Kupferrohre nicht eignen. Durch Essigsäure kommt es in Verbindung mit der Umgebungsluft zu Umwandlungen des Kupfers, unter anderem zu Kupferacetat, einer giftigen Substanz. Die Destillate, die

aus solchen Anlagen gewonnen werden, färben sich meist grünlich.

Früher nannte man das Geistrohr auch Steigrohr, weil es zum Kühler hin stark anstieg. Es hatte bei den Hutgeräten eine verstärkende Wirkung, weil der Widerstand durch die steile Stellung des Geistrohres größer war. Bei den heutigen Kolonnenapparaten stellt man ein Gefälle nur sehr schwach ein, um das Leerlaufen des Geistrohres zu gewährleisten.

Abb. 24

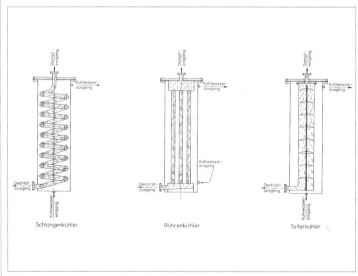

Schlangenkühler   Röhrenkühler   Tellerkühler

Übersicht der Kühler in der Obstbrennerei

3.4.8. Kühlerarten

In der Obstbrennerei finden verschiedenartigste Kühler Anwendung, die prinzipiell alle nach dem Gegenstromverfahren funktionieren, weil kaltes Wasser unten in den Kühler einläuft und heiße Alkoholdämpfe räumlich getrennt von oben nach unten kommen. Im Verlaufe des Kühlers kondensieren diese Dämpfe und rinnen als Destillat unten am Kühler ab. Moderne Kühler sind aus V4A-Edelstahl gefertigt. Die höhere Werkstoffqualität ist erforderlich, weil im Kühler alle Inhaltsstoffe - auch Schwefel - sehr hohe Konzentrationen erreichen. Die gebräuchlichsten Kühlerarten sind der Schlangenkühler, der Tellerkühler und der Röhrenkühler. Die modernen Röhrenkühler enthalten in jeder einzelnen Röhre nochmals kleine Tellereinsätze. Die Leistung eines Kühlers ist genauestens auf die Leistungsfähigkeit des Brenngerätes abzustimmen. Das Abwasser des Kühlers wird meist über eine Verbindungsleitung in den Dephlegmator geleitet, um es restlos auszunutzen. Vielfach wird der Dephlegmator aber auch mit Mischwasser (warm oder kalt) gefahren. Die Temperaturen am Kühlerausgang sollten meßbar sein. Das Thermometer sollte über dem Fühler der Wasserautomatik sitzen, am Ausgang des Kühlers. Mit der Wasserautomatik kann der Kühlwasserbedarf automatisch eingestellt werden, sie ist heute als Zusatz zur Handsteuerung bei Röhrenkühlern Standard.

Abb. 25

Vollautomatischer Vor-, Mittel- und Nachlaufabscheider

3.4.9. Vor-, Mittel- und Nachlaufabscheider

Bei der in der Obstbrennerei durchgeführten fraktionierten Destillation müssen Vorlauf, Mittellauf und Nachlauf getrennt werden. Die Trennung dieser Fraktionen ist in der Regel nur sensorisch möglich. Dennoch kam es in jüngster Zeit zur Entwicklung eines Vorlaufabtrenntests und zu vollautomatischen Vor-, Mittel- und Nachlaufabscheidern. Das Prinzip des Vorlaufabtrenntests beruht auf der Feststellung des Acetaldehydgehalts. Diese Messung ist rein quantitativ und kann eine sensorische Abtrennung nur teilweise ersetzen. Mit diesem Test kann man seine Fähigkeiten in Bezug auf die Sensibilität gegenüber Acetaldehyd schulen.

Die vollautomatischen Abscheider werden in erster Linie zur Zeitersparnis eingesetzt. Nach dem Befüllen der Brennblase kann der Brenner etwa eine Stunde etwas anderes arbeiten. Für die Herstellung eines Spitzenbrandes sollte der Brenner jedoch ständig anwesend sein und sich die Zeit für eine korrekte Vor-, Mittel- und Nachlaufabscheidung nehmen.

3.5. Technik des Brennens

3.5.1. Voraussetzungen und Unterschiede der Brenntechnik

Die Anwendung von speziellen Brenntechniken hat nur dann Sinn, wenn gewisse Voraussetzungen erfüllt sind. Das Obst sollte sauber, nicht zu reif sein und schonend zerkleinert werden. Die Zugabe von Trockenreinzuchthefe, Enzymen und gegebenenfalls Säure sollte zu einer reintönigen, zügigen, aber nicht zu schnellen Gärung führen.

Das Brenngerät muß eine gewisse Ausstattung haben. Grundsätzlich sind Roh- und Feinbrandanlagen von Kolonnenanlagen zu unterscheiden. Jede der Anlagen sollte mit Temperaturanzeigen und einer Temperatursteuerung im Wasserbad versehen sein. Nur wenn man Temperaturwerte feststellt, kann man sie zur Regelung heranziehen. Die Einflußgrößen wie Wasserdruck, Druckreglereinstellung, Heizleistung und Blasenzustand sollten vor Brennbeginn überprüft werden.

In jüngster Zeit baut man sogenannte Brennsteuerungen ein, die alle Temperaturen im Brenngerät überwachen, anzeigen und steuern. Dadurch wird es möglich, Brennzustände zu reproduzieren, d.h. Qualität auf hohem Niveau zu halten (mehr davon im Kapitel „Automatisierung in der Brenntechnik")

3.5.2. Reinigungseinrichtungen und ihre Funktion

Eine Brennerei muß immer in einwandfreiem Zustand sein, um optimale Qualitäten erzeugen zu können. Früher wurden die Anlagen zur Reinigung zerlegt. Heute ist dieser Aufwand wirtschaftlich nicht mehr gerechtfertigt, daher hat man nach Lösungen gesucht, die mit dem Gesetz in Einklang stehen und Sauberkeit gewährleisten. Die in Blase, Hut, Katalysator und Kolonne installierten Hochdruckspritzköpfe reinigen das Brenngerät sehr gut und vor allem nach jedem Brand. Diese Spritzköpfe müssen allerdings mit Heißwasser betrieben werden, weil das Vakuum in der Brennanlage sonst zu groß wird. Zu diesem Zweck wird eine Druckerhöhungspumpe angebaut, die mit dem Heißwasser der Kühlung versorgt wird (siehe Abb.). Nach jedem „Fruchtwechsel" sollte eine Generalreinigung durchgeführt werden. Dabei wird im Wasserbad zunächst 0,5 bar Druck erzeugt, mit Wasser aufgefüllt und Brennblasenreiniger im Verhältnis von 2% zugegeben. Diese Lösung wird gekocht. Es entstehen Schaumblasen, die in den Hut oder die Kolonne steigen. Dieser Reinigungsschaum löst die festsitzenden Partikeln an den Metallteilen. Nach etwa einer Stunde langsamen Kochens läßt man die Lösung ab und spritzt das Gerät mit klarem Wasser aus. Danach wird die Einfüllöffnung geschlossen, und man gibt direkten Dampf auf das leere Gerät. Die Anlage wird nun etwa 15 Minuten gedämpft und ist für den nächsten Einsatz bereit.

Abb. 26a

Rührwerk

Abb. 26

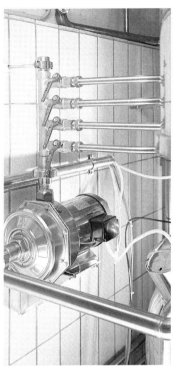

Spritzköpfe in der Kolonne, Druckerhöhungspumpe

3.5.3. Hilfsmittel für eine optimale Brenntechnik

Für eine optimale Brenntechnik benötigt man entsprechendes Brenngerät, aber auch Hilfsmittel außerhalb der Brennerei. Zunächst sollten alle Maischen vor Brennbeginn nochmals aufgerührt werden, damit sie gleichmäßige Viskosität aufweisen und homogen sind. In kleinen Gebinden kann dies mit einer Schaufel durchgeführt werden, in größeren Gebinden sollte man ein Rührwerk einsetzen. Ohne diese gleichmäßige Maische ist kein gleichmäßiges Brennergebnis zu erwarten. Die Maische kann mit einer Monopumpe in den Brennkessel eingebracht werden. Bei Steinobstsorten ist allerdings Vorsicht geboten, da durch die Pumpe Steine zerstört und Cyanide freigesetzt werden können. Der Branntwein schmeckt dann nur nach Steinen und nicht mehr nach der Frucht.

Der Brennkessel sollte verschiedene Temperaturmesser enthalten: Wichtig sind die Temperatur des Wasserbadwassers, des er-

Abb. 27

Abb. 27a

Der Rücklauf

- Der Rücklauf ist ein wichtiger Faktor in der Brennereitechnik.

- Von großer praktischer Bedeutung ist das Rücklaufverhältnis (RV).

- $(RV) = \dfrac{\text{Rücklaufmenge}}{\text{Destillatmenge}}$

- Der Rücklauf kann durch das Zuschalten des Dephlegmators, die Brenngeschwindigkeit und die Wassertemperatur geregelt werden.

Destillationsverhalten von Nebenbestandteilen der alkoholischen Gärung

- Es gibt Nebenbestandteile, die für Vorlauf- und Nachlaufcharakter verantwortlich sind.

- Durch verschiedene Rektifikationsleistungen konzentrieren sich die Nebenbestandteile.

- Methanol hat das ungünstigste Siedeverhalten überhaupt.

- Durch gezielte Brennereitechnik können die zum größten Teil negativen Nebenbestandteile teilweise abgeschieden werden.

sten Alkoholwasserdampfes in der Oberblase, der Dämpfe in den Böden, die Wassertemperatur beim Eingang und Ausgang des Dephlegmators und die des Katalysators, falls vorhanden. In der Blase sollte ein Rührwerk gleichmäßigen Wärmeübergang gewährleisten. Um Schaumbildung zu verhindern, setzt man in der Blase ein geruchs- und geschmacksneutrales Silikon zu. Dieser Eingriff ist besonders bei stark schäumenden Maischen wie Kirschen, Himbeeren, Weinhefen und Williams notwendig. Während des Destillierens sollten Alkoholspindeln mit Temperatur, Standzylinder und Verschnittwasser bereitstehen. Nachdem das Brenngerät, die Branntweingefäße und alle Hilfsmittel optimal

gereinigt worden sind, kann der Brennprozeß beginnen.

3.5.4. Geschwindigkeit des Destillierens

Von ganz entscheidender Bedeutung ist die Geschwindigkeit beim Destillieren. Ist man zu schnell, so zerstört man Aromen, ist man zu langsam, zerkocht man Aromen. Doch was ist die richtige Geschwindigkeit?

Für jede Maische oder Fruchtart ist die Brenndauer verschieden, oder besser gesagt: Die Brenndauer richtet sich nach der Frucht. Zu unterscheiden sind auch die technischen Möglichkeiten. Bei modernen Geräten mit großer Feuerbüchse, Temperaturregelung und Rührwerk hat man kürzere Brennzeiten als bei älteren Modellen, ohne Qualitätsverluste hinnehmen zu müssen.

Prinzipiell muß der Brenner einige Grundregeln beachten. Das Anheizen muß schonend erfolgen, damit die typischen Vorlaufkomponenten möglichst geschlossen frei werden. Voraussetzung ist, eine homogene Maische langsam zu erhitzen. Darin liegt der Grundstein für optimale Brenntechnik, dieser Vorgang kann aber auch die Ursache für kapitale Fehler sein. Neben dem schonenden Anheizen muß die Temperatur des Dephlegmators oder beim Roh- und Feinbrandgerät die Temperatur des Hutes/Kühlers immer beobachtet werden. Ist sie zu niedrig, muß höhere Temperatur in der Blase herrschen. Das bedeutet aber höhere Geschwindigkeit, höheren Rücklauf und - damit verbunden - eine Verschleppung von Vorlaufkomponenten in den Mittellauf. Das Destillieren kann man daher auch als „Spiel mit den Temperaturen" bezeichnen.

3.5.5. Temperaturen im Brenngerät

Am Brenngerät sollten diverse Temperaturanzeiger vorhanden sein. Bei der Kolonnenbrennerei ist diese Ausstattung noch wichtiger als bei der Roh- und Feinbrandanlage. Beim Rohbrand muß darauf geachtet werden, daß bei der Erhitzung der Maische nichts anbrennt. Auch hier ist ein Rührwerk auf jeden Fall von Vorteil. Für den Rohbrand sollte man sich Zeit nehmen, um schon in diesem Abschnitt die

einzelnen Fraktionen - Vorlauf, Mittellauf und Nachlauf - herauszuarbeiten. Es geht hier lediglich darum, in der Mittellaufpassage einen bis eineinhalb Liter Destillat für das spätere Fertigprodukt zu entnehmen. Der Rest kommt in den Sammelbehälter für den Feinbrand. Da beim Feinbrand die Gefahr des Anbrennens nicht besteht und der Hitzebedarf geringer ist als beim Rohbrand, ist Fingerspitzengefühl hinsichtlich der Temperaturen gefragt.

In der Kolonnenbrennerei verhält es sich in der Brennblase zwar genauso, aber es fehlt die „zweite Chance", und deshalb müssen die Temperaturen in der Kolonne ganz genau beobachtet werden. Heizt man zu schnell an, dann gehen alle Temperaturanzeiger sehr schnell in Richtung 90 bis 100 °C, was entschieden zu hoch ist. Die Temperatur unterhalb des Dephlegmators erreicht am Beginn des Brandes zunächst einmal 85 °C und geht etwas später - wenn die unteren Böden alle in Funktion sind - auf ca. 78 bis 80 °C zurück. Bei dieser Temperatur sollte der Mittellauf laufen. Entscheidend für die Branntweinqualität ist der Temperaturunterschied vom unteren zum oberen Temperaturmesser, das sogenannte Delta der Temperatur. Genauso wichtig ist das gesamte Temperaturniveau, das bei nebeneinanderstehenden Anlagen ca. 3 bis 4 °C niedriger liegt als bei übereinanderstehenden Kolonnen. Bei sehr viskosen Maischen ist das Temperaturniveau insgesamt etwas höher. Die Temperatur der anderen Böden entwickelt sich von oben nach unten ansteigend. Vor dem ersten Boden, also am oberen Rand der Blase, entwickelt sich die Temperatur sehr rasch auf ca. 95 °C. Wichtig im unteren Bereich der Blase ist die Temperatur des Wasserbades. Sie sollte nicht wesentlich höher liegen als die der Maische selbst. Mit Rührwerk und Kupferblase ist diese Aufgabe zu bewältigen, wenn die Energiezufuhr der Beheizungsquelle entsprechend abgestuft ist. Das Spiel der Temperaturen ist Brenntechnik pur.

3.5.6. Aromaschonendes Brennen

Aromen sind von Natur aus temperaturempfindlich. Wie kann die Temperatur gesteuert werden, damit diese Aromen nicht zerstört werden? Hohe Widerstände innerhalb des Brenngerätes führen zu stärkeren und neutraleren Destillaten. Neutrale Destillate haben aber kein Aroma, also muß der Widerstand Einfluß auf die Aromastruktur eines Brandes ausüben. Bei genauerer Betrachtung stellt man fest, daß bei hohen Widerständen auch hohe Temperaturen notwendig sind, um das Destillat in den Kühler zu bekommen. Dies gilt sowohl für die Roh- und Feinbrandanlage als auch für die Kolonnenanlage. Früher regelte man Widerstände mit dem „Wasserschlauch". Über den Hut ließ man kaltes Wasser rinnen, um einen gewissen Widerstand aufzubauen. Bei modernen Geräten sieht das etwas anders aus. Wasser kostet sehr viel Geld und ist deshalb für die Widerstandsregelung nur zum Teil von Bedeutung. Die Abhängigkeit der Temperaturen von den Widerständen ergibt automatisch eine Abhängigkeit der Aromen von den Widerständen, weil Aromen temperaturempfindlich sind. In einer normalen Kolonne kann der Brenner entscheiden, einen Glockenboden auszuschalten. Bei einigen Modellen kann der Boden auch komplett weggeklappt werden, um den Widerstand zu verringern. Der Nachteil ist die fehlende Reinigungswirkung der Böden. Will man aber sowohl Reinigung als auch weniger Widerstand erzielen, muß der Widerstand stufenlos geregelt werden. Diese Regelung wird von einigen Herstellern als Aromaschaltung bezeichnet.

3.5.7. Widerstände im Brenngerät

Das Prinzip der Aromaschaltung ist die Veränderung der Lutterstände auf den Böden: Durch höheren Lutterstand erreicht man höhere Widerstände und durch niedrigere Lutterstände auch niedrigere Widerstände. Die Folge ist eine Veränderung der Temperatur und dadurch auch eine Veränderung des Aromenspektrums im Brand. Alle gezeigten Veränderungen der Widerstände beruhen auf mechanischen Eingriffen in das Brenngerät (siehe Abb. 28).

Widerstände kann man aber auch mit thermischen Mitteln verändern. Diese Möglichkeit bietet der Dephlegmator mit seinem Wasserinhalt, der einen Widerstand darstellt. Je kühler das Wasser, desto höher der Widerstand. Mit gezielten Wassertem-

Abb. 28

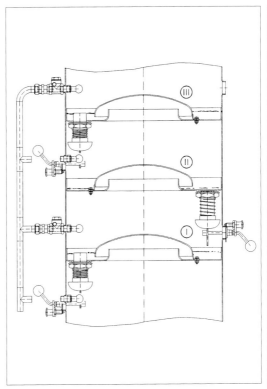

Innenteil einer Kolonne mit Aromaschaltung (Widerstandsregelung)

peraturen im Dephlegmator kann man gezielte Widerstände aufbauen.

Das Zusammenspiel von thermischen und mechanischen Widerständen führt zu einer optimalen Brenntechnik. Das Prinzip ist zwar bei allen Anlagen gleich, aber bei einer Kolonne ist diese Erkenntnis meßbarer und nachvollziehbarer geworden. Beim Roh- und Feinbrandapparat hat der Brenner die sogenannte „zweite Chance".

3.6. Automatisierung in der Brenntechnik

Das Ergebnis des Brennens beruht, wie in den vorangegangenen Kapiteln erläutert, auf dem Zusammenwirken verschiedener Parameter. Um eine perfekte Regelung zu erzielen, bietet sich für gewisse Parameter eine Automatisierung an. Bevor der Brenner jedoch an eine elektronische Regelung mit späterer PC-Überwa-

Schema

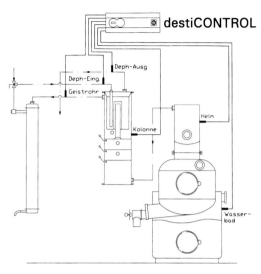

destiCONTROL

Fühlereinbau und Schema

chung denkt, sollte er die Grundlagen der Destillation beherrschen und bereits eine gehörige Portion Erfahrung gesammelt haben. Sinn machen elektronische Regelungen in erster Linie bei Kolonnenanlagen.

3.6.1. Was kann man messen und regeln ?

Was kann und soll man sinnvollerweise regeln? Wo liegt die Zielsetzung der automatischen Regelung in der Brennerei?

Ziel ist immer, standardisierte Vorgänge der Qualitätsverbesserung reproduzierbar zu machen. Jede Regelung kann aber immer nur so gut sein wie die Informationen, die der Brenner in dieser Regelung hinterlegt. Dazu muß bestimmt werden, welche Werte man messen möchte und in welche Beziehung diese Werte gebracht werden sollen.

Die wichtigsten Werte sind:

» Wasserbadtemperatur

» Maischetemperatur

» Helmtemperatur

» Temperatur auf jedem einzelnen Boden der Kolonne

» Geistrohrtemperatur

» Geistrohrdurchlaufmenge

» Wassertemperatur am Dephlegmatoreingang und -ausgang

Sicherheitstechnisch sind zu überwachen:

» die Temperatur des Kühlers

» die Eingangstemperatur des Dephlegmators

» die Wasserbadtemperatur

Foto: Wimtec

Abbildung einer automatischen Brennereisteuerung

3.6.2. Aufbau einer automatischen Regelung

Siehe Fühlereinbau und Schema

3.6.3. Temperaturdifferenzen in der Brennerei

Einer der wichtigsten Parameter ist sicherlich die Wasserbadtemperatur. Sie regelt die Energiezufuhr in die Maische. Zu hohe Temperaturen verursachen Aromaverluste, zu niedrige Temperaturen bringen einen „Kochgeschmack" mit sich.

Die Wasserbadtemperatur läßt sich gut mit dem „Gaspedal" eines Autos vergleichen. Behutsames Umgehen mit dem Gaspedal ist für den Brenner notwendig, um keine zu hohen Destillati-

Diagramm

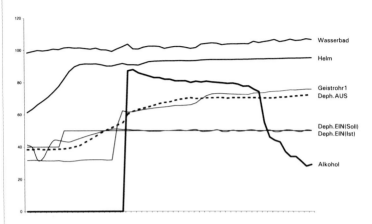

Diagramm eines Brandes Äpfel in einer Kolonnenanlage mit nebenstehender Kolonne.

onsgeschwindigkeiten zu erreichen. Was beim Auto das „Bremspedal", ist bei der Kolonnenbrennerei der Dephlegmator, genauer gesagt die Eingangstemperatur des Dephlegmators. Hier treffen die Alkoholdämpfe des dritten Glockenbodens auf das Wasser, das in den Dephlegmator geleitet wird.

Mißt man die Eingangstemperatur und – konsequenterweise auch – die Ausgangstemperatur des Dephlegmators, erhält man eine Temperaturdifferenz, die man als „Delta Temp" bezeichnet.

Um mit „Gas" und „Bremse" in der Brennerei zu arbeiten, benötigt man eine Regelung. Diese Regelung kann vom Menschen oder, und das viel genauer, von einer automatischen Brennereisteuerung übernommen werden. Diese hält die vom Brenner vorgegebenen Temperaturwerte exakt ein und kann diese, einmal gespei-

cherten, Werte jederzeit wieder abrufen. Somit wird es möglich, einen Brand wie den anderen zu fahren und optimale Voraussetzungen zu schaffen.

Neben der Temperaturdifferenz von Eingang und Ausgang des Dephlegmators ist auch die Differenz zwischen der Huttemperatur und der Temperatur auf dem obersten Boden von Bedeutung.

3.6.4. Brennkurven und deren Schnittstellen

Überträgt man die Temperaturwerte

» Ein- und Ausgang des Dephlegmators

» Hut und oberster Boden

» Wasserbad

» Geistrohr und - wenn vorhanden -

» Wasser im Dephlegmator (Mittelwert)

in ein Diagramm, so ergeben sich - bei z. B. festgelegten Werten von Wasserbadtemperatur und Eingang des Dephlegmators - interessante Schnittpunkte.

Bei einer späteren sensorischen Bewertung der Edelbrände (Fraktionen des Brandes) liegen die Bewertungen der Schnittstellen von Vorlauf zu Mittellauf und von Mittellauf zu Nachlauf in der Nähe der Schnittkurven (siehe Diagramm).

Neueste Versuche mit solchen Regelungen lassen erst das Potential erahnen, das an Qualitätsarbeit für den Edelbrand zu leisten ist. Mehrere Forschungsprojekte laufen bereits, und die Ergebnisse bleiben abzuwarten.

3.7. Destillations-fehler

Optimale Voraussetzungen nützen wenig, wenn der Brenner sie nicht nutzt oder nicht nutzen kann. Die Ausbildung eines Brenners ist notwendig, sie ist eine Investition in die Zukunft, um möglichst fehlerfrei zu arbeiten.

3.7.1. Vorlaufabtrennung

In der Vergangenheit wurde die Vorlaufabtrennung als einziges Kriterium für die Branntweinqualität verantwortlich gemacht. Trotz aller beschriebenen Hilfsmittel gilt immer noch: Ungenauigkeit bei der exakten Trennung machen alle Vorarbeit zunichte. Doch wie trennt man optimal ab? Die Möglichkeit des Vorlaufabtrenntests ist bereits dargestellt worden, ist aber für die Praxis keine besonders empfehlenswerte Lösung. Man sollte hier auf die Sinne des Menschen vertrauen: „Die Nase macht den wahren Meister." Dazu ist intensive Schulung notwendig, denn nur was die Nase kennt, kann sie auch wiedererkennen.

Bei gewissen Obstsorten sind schon 100 ccm Vorlauf mehr oder weniger entscheidend für Spitzenqualität.

3.7.2. Nachlaufabtrennung

Analog zur Vorlaufabtrennung ist die Abtrennung des Nachlaufes zur rechten Zeit ein wesentliches Qualitätskriterium. Gerade der Übergang vom Mittellauf zum Nachlauf ist fließend. Die Inhaltsstoffe von Spirituosen weisen eine Vielzahl von ätherischen Ölen auf, an die Aromen gebunden sind. Bei der Nachlaufabtrennung wird deshalb oft „Fusel" mit Aroma verwechselt, weil sich gewisse Aromen an diese Öle anlagern. Meist wird die Abtrennung über die Alkoholstärke geregelt. Als Faustregel gilt: Wenn es bei einer Fixbrennerei unter die 55 %vol kommt, stellt man auf Nachlauf um. Damit kann aber kein exakter Wert für die Abtrennung angegeben werden. Besser ist eine Abtrennung mit ca. 60 %vol, wobei jedoch bei der Kolonnenanlage nicht stark rektifiziert werden sollte. Für die Herstellung absoluter Spitzenprodukte kann die Abtrennung von Vor- und Nachlauf nur sensorisch vorgenommen werden.

3.7.3. Zu starke Rektifizierung

Im übertragenen Sinn kann die moderne Brennereianlage mit

einem Auto verglichen werden. Die Beheizung ist das Gas und der Dephlegmator die Bremse. Kein Autofahrer würde gleichzeitig bremsen und Gas geben. Bei der Brennerei geht es oft nicht anders, weil man gewisse Widerstände benötigt. Es ist allerdings falsch, den Dephlegmator zu stark einzustellen und den Brennvorgang mit erhöhter Energiezufuhr zu fahren. In diesem Fall erhält man unter Umständen blitzsaubere Destillate, die aber ohne Aromen, also absolut neutral sind.

3.7.4. Anbrennen der Maische

Durch zu hohe Energiezufuhr ins Wasserbad kann es zum Anbrennen kommen. Der Einsatz eines Rührwerkes in der Blase vermindert diese Erscheinung. Die Destillate nehmen einen Kochton an, der die Fruchtaromen umbildet und klares Erkennen erschwert. Eine weitere Ursache für das Anbrennen sind unreife Früchte. Beim Apfel zum Beispiel liegt im Stadium der Unreife unverzuckerte Stärke vor, die durch Hitze zu klebriger Stärke wird und am Kessel anklebt. Dieser Fehlton läßt sich ohne starke Qualitätseinbußen nicht mehr beseitigen.

3.7.5. Destillationsbedingte Trübungen

In erster Linie handelt es sich dabei um schwermetallhaltige Trübungen, verursacht von den Materialien der Brennerei oder der Einmaischgefäße. Sie äußern sich in grünlich-gelber beziehungsweise rötlich-brauner Trübungsfarbe. Als Gärgefäße sollte man ausschließlich Edelstahl oder Kunststoff verwenden, Eisen ist ungeeignet.

Eine weitere Art der Trübung, die durch unsachgemäße Vor- und Nachlaufabtrennung entsteht, ist die Trübung durch Öle, Terpene und Fuselöle. Diese Trübung hat eine milchig-bläuliche Farbe. Es kann vorkommen, daß solche Trübungen bei Erwärmung verschwinden, aber wiederkommen, sobald die Temperatur sinkt. Man kann diesen Fehler durch Kühlen und anschließendes Filtrieren beseitigen.

3.8. Abschließende Bemerkungen zum Brennen

Brennen ist zweierlei: ein einfacher physikalischer Vorgang und ein kreativer Prozeß, bei dem der Brenner lernt, seine Sinne voll einzusetzen. Technik, Sauberkeit und Geduld sind Grundvoraussetzungen für Qualitätsprodukte. Aber jeder Spitzenbrand ist auch ein Stück Charakter seines Erzeugers und hilft mit, der Schnapskultur einen festen Platz in der Welt der kulinarischen Genüsse zu behaupten.

Literaturverzeichnis

1. Pieper, H.J., E. Bruchmann und E. Kolb: Technologie der Obstbrennerei. Verlag Eugen Ulmer, Stuttgart, 1993

2. Scholten, G., M. Kacprowski und H. Kacprowski: Aromaforcierung in Edelbränden, Kleinbrennerei 47, 254 ff, 1995

3. Tanner, H. und H. Brunner: Obstbrennerei heute. Verlag Heller, Schwäbisch Hall, 1995

4. Fotos: Fa. Arnold Holstein, Markdorf; Fa. Jacob Carl, Göppingen; Multi Com; Wolfram Ortner; Fa. Vallendar, Kail

reifacher Genuß

uf den Internationalen Fachmessen für
ahrungsmittel und Gastronomiebedarf,
'ein und Spirituosen

ähere Informationen unter:
43-1) 72720-273

Messe Wien

4.
Fertigstellen der Destillate

von Dr. Gerd Scholten

4.1. Inhaltsstoffe von Obstbränden

Das Aroma der verschiedenen Obstarten wird durch eine Vielzahl von Inhaltsstoffen geprägt (Kapitel 2.2.1.). Während beim Genuß des frischen Obstes alle Inhaltsstoffe sensorisch zusammenwirken, fehlen bei der Obstweinbereitung bereits wesentliche Komponenten, wie Zucker. Der sensorische Gesamteindruck hat sich verändert, Zucker wurden durch Alkohol ersetzt, andere Inhaltsstoffe zum Teil durch die Gärung verändert oder neu gebildet. Trotzdem bleibt das eigentliche Fruchtaroma erkennbar.

Bei der Herstellung von Obstbränden ist die Veränderung der ursprünglichen Zusammensetzung der Inhaltsstoffe noch gravierender. Im Verlauf der Gärung wandelt sich das Profil analog zur Weinbereitung. Anschließend erfolgt hier ein zusätzlicher, für das Aroma entscheidender Schritt, die Destillation, durch die flüchtige von nichtflüchtigen Inhaltsstoffen getrennt werden.

flüchtige Inhaltsstoffe:
Alkohole Aldehyde Ester ⟶ Destillat Säuren Aromastoffe, z. B. Terpene

nichtflüchtige Inhaltsstoffe:
unvergärbare Zucker Aminosäuren Gerbstoffe ⟶ Schlempe Mineralstoffe

Das Aroma eines Obstbrandes lebt im Vergleich zum ursprünglichen Obst von einer deutlich geringeren Anzahl an Inhaltsstoffen. Durch die alkoholische Gärung wurden diese Inhaltsstoffe teilweise verändert, andere wurden neu gebildet. Nur die flüchtigen Verbindungen, die bei der Destillation zusammen mit dem Alkohol abgetrieben werden, können das Aroma des fertigen Brandes beeinflussen.

Da die meisten dieser Aromastoffe sehr empfindliche Verbindungen sind, ist es besonders schwierig, diese zu erhalten und ohne störende Begleitstoffe (eventuell aus Fehlgärungen) ins Destillat zu überführen.

Als Aroma bezeichnet man das Zusammenwirken vieler komplizierter und empfindlicher organischer Verbindungen mit unterschiedlichen Schwellenwerten, d. h. unterschiedlichen sensorischen Wahrnehmungsgrenzen (Kapitel 2.2.1.2.). Nach ihrer Entstehung unterscheidet man diese Aromastoffe in vier Gruppen:

1. Die originären Bukettstoffe der unverletzten pflanzlichen Zellen (originäres Bukett, Primäraroma).

2. Die sekundären Bukettstoffe, die durch chemische, enzymatische und thermische Reaktionen bei den Verarbeitungsprozessen (Mahlen, Pressen, Einmaischen) entstehen.

3. Das Gärbukett, das sind Aromastoffe, die während der alkoholischen Gärung gebildet werden.

4. Das Lagerungs- oder Alterungsbukett, also Aromastoffe, die durch chemische Reaktionen im Verlauf der Lagerung gebildet werden.

Zur Erzielung eines qualitativ hochwertigen Edelbrandes sind alle vier genannten Aromastoffgruppen von Bedeutung. Es ist nicht möglich, aus einer verdorbenen Maische unter Verwendung modernster Destillationstechniken einen Qualitätsbrand

Abb. 29

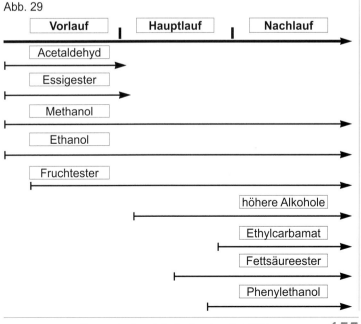

zu erzeugen, umgekehrt ist es jedoch kein Problem, aus einer hochwertigen Maische durch Destillationsfehler einen minderwertigen Obstbrand zu erhalten.

Die Konzentrationen der flüchtigen Inhaltsstoffe im Destillat und deren relative Verhältnisse zueinander sind demnach abhängig von:

- Reifegrad und Beschaffenheit der Rohstoffe
- Vergärungsbedingungen
- Maischelagerung
- Destillation

Das Verhalten der flüchtigen Inhaltsstoffe während der Destillation ist in Abb. 29 dargestellt. Die Abbildung zeigt, daß der Brenner über die Vor- und Nachlaufabtrennung Einfluß auf die Zusammensetzung dieser Inhaltsstoffe ausüben kann. Während sich störende Substanzen wie Acetaldehyd und Essigsäureethylester aufgrund ihres ausgesprochenen Vorlaufcharakters durch ausreichende Vorlaufabtrennung weitgehend abtrennen lassen, ist dies beim Methanol, das während der gesamten Destillation kontinuierlich übergetrieben wird, nicht möglich. Acetaldehyd entsteht als Gärungsnebenprodukt und führt in höheren Konzentrationen zu einem stechenden Geruch und kratzenden Geschmack des Destillats. Zur Entstehung und Auswirkung von Essigsäureethylester siehe Kapitel 2.1.2. und 2.9.5.

Methanol ist kein Gärungsnebenprodukt. Es entsteht nach dem Einmaischen bei der Spaltung der Pektinstoffe der Zellwände durch fruchteigene Enzymsysteme. Aufgrund der Tatsache, daß Methanol beim Einmaischen in für die jeweilige Obstsorte charakteristischen Konzentrationsbereichen entsteht, die abhängig sind vom Pektingehalt der Fruchtart, und sich im Vorlauf nicht abtrennen läßt, wurde es lange als Indiz für Verfälschungen wie Aufzuckerung der Maische oder Streckung mit Ethanol angesehen. Bis 1989 wurden deshalb Mindestmethanolgehalte für die einzelnen Obstarten vorgeschrieben.

Aufgrund des gestiegenen Gesundheitsbewußtseins der Verbraucher versucht man heute im Gegensatz dazu, die Methanolgehalte der Brände geringzuhalten. Vom Gesetzgeber ist ein Grenzwert von 1000 mg/100 ml Alkohol vorgeschrieben. Ausnahmen sind ebenso festgelegt und betreffen Brände aus Birnen, Äpfeln, Zwetschken und Mirabellen, die Gehalte von 1350 mg Methanol/100 ml Alkohol aufweisen dürfen.

Eine Änderung dieser Ausnahmeregelung erfolgt durch die Verordnung (EU) Nr. 2626/95 vom November 1995 zum 1. Januar 2000, indem der Methanolgrenzwert auf 1200 g/hl A. (Ausnahme: Williams-Christ-Brände) gesenkt wird.

Nach einer Sitzung des Anwendungsausschusses für Spirituosen bei der Europäischen Kommission im Dezember 1997 wurde beschlossen, besondere Methanolhöchstgehalte für bestimmte Beerenbrände festzulegen:

- Himbeeren, Brombeeren: 1200 g/hl A.

- Johannisbeeren (rote, schwarze), Vogelbeeren (Ebereschen), Holunder: 1350 g/hl A.

Für alle anderen Obstbrände, auch die aus Beeren gewonnenen, sowie Weintrester gilt gemäß der Verordnung (EWG) 1576/98 ein Methanolhöchstgehalt von 1000 g/hl A. (Obsttrester 1500 g/hl A.) (Quelle: Kleinbrennerei 50, Februar 1998)

Zahlreiche Forschungsinstitutionen befassen sich schon lange mit der Problematik der Methanolreduzierung in Obstbränden, die durch die Absenkung der Grenzwerte zum 1. Januar 1998 und die erneute Senkung zum 1. Januar 2000 wieder ein aktuelles Thema ist.

Da Methanol beim Brennen nicht im Vor- oder Nachlauf abzutrennen, sondern in allen Fraktionen in annähernd gleichen Konzentrationen enthalten ist, ist eine Reduzierung des Methanolgehaltes bei der Destillation für den Abfindungsbrenner mit den ihm zur Verfügung stehenden Brenngeräten nicht möglich.

Für Abfindungsbrenner gab es demnach trotz zahlreicher Ansätze bisher keine Möglichkeit, den Methanolgehalt ihrer Destillate zu senken.

Aktuelle umfangreiche Untersuchungen unseres Institutes zu einem neuen patentierten Behandlungsverfahren für Rohdestillate (CASCO-Verfahren), das auf der selektiven Abtrennung leichtflüchtiger Komponenten aus dem Destillat beruht, zeigen, daß mit diesem neuen Verfahren endlich eine zuverlässige und einfach anzuwendende Möglichkeit der Methanolreduzierung in Destillaten entwickelt wurde. Bei Destillaten mit erhöhtem Methanolgehalt kann dieser durch das neue Verfahren bei entsprechender Behandlung deutlich gesenkt werden. Das Verfahren wird unter 4.2. näher beschrieben.

Ethanol ist das Hauptprodukt der alkoholischen Gärung und dient als „Träger" für viele empfindliche Aromastoffe während der Destillation.

Höhere Alkohole, auch Fuselalkohole oder Fuselöle genannt, entstehen als Gärungsnebenprodukte. Die Hauptkomponenten sind hierbei die Isoamylalkohole (Gärungsamylalkohol), die neben anderen Alkoholen und ätherischen Ölen 2/3 bis 3/4 des gesamten Fuselöls ausmachen. In geringen Konzentrationen sind sie aromaprägend; erhöhte Konzentrationen (Fehlgärungen, mangelnde Nachlaufabtrennung) führen zu fehlerhaften Bränden. Erhöhte Gehalte an Propanol-1 und Butanol-2 sind Indikatoren für eine mikrobiell verdorbene Maische (Fehlgärungen) und führen zu negativen geschmacklichen Beeinträchtigungen.

Die **Fruchtester** bilden bei zahlreichen Obstsorten sensorisch den Hauptanteil der aromaprägenden Inhaltsstoffe, obwohl sie oft nur in relativ geringen Mengen vorkommen. Dies hängt damit zusammen, daß sie sehr geruchs- und geschmacksintensiv sind, d. h. aufgrund ihrer geringen Geschmacksschwellenwerte bereits in kleinen Konzentrationen intensiv wahrgenommen werden können.

Typische Beispiele solcher Fruchtester sind die Decadiensäureester, die das Williams-Christ-Aroma entscheidend prägen, und Pelargonsäureethylester, die beim Zwetschken- und Mirabellenaroma eine Rolle spielen.

Fettsäureester, typische Bestandteile von Hefebränden, deuten bei einem verstärkten Vorkommen in Obstbränden auf einen hohen Hefeanteil in der Maische. Die Brände schmecken dann „hefig". In geringen Konzentrationen wirken sich diese Ester positiv auf das Aroma von Obstbränden aus.

Benzaldehyd ist ein charakteristischer Inhaltsstoff von Steinobstbränden, dessen Gehalt aufgrund seines Nachlaufcharakters durch die Destillationsführung beeinflußt werden kann. Wichtiger ist jedoch der Einfluß der Maischebehandlung auf die Benzaldchyd-Konzentration (Kapitel 2.2.2.), zumal die Entstehung von Benzaldehyd direkt mit der Bildung von Blausäure - und damit auch der von Ethylcarbamat - zusammenhängt.

Phenylethanol und **Ethylcarbamat** sind Beispiele für typische Nachlaufkomponenten. Phenylethanol ist in geringen Mengen aromaprägend, in größeren Konzentrationen beeinflußt es den Brand negativ.

Zur Vermeidung hoher Ethylcarbamatkonzentrationen ist neben einer großzügigen Nachlaufabtrennung der zusätzliche Einsatz von Katalysator oder Kupfersalzen (Cyanurex) sinnvoll. Es muß jedoch darauf hingewiesen werden, daß die Bildung von Ethylcarbamat hauptsächlich erst im Verlauf der Destillatlagerung erfolgt.

In Tabelle 6 sind die dominierenden Aromastoffe der einzelnen Obstbrände aufgeführt.

In welchen Mengen unerwünschte Vorlauf- und Nachlaufkomponenten, aber auch erwünschte Aromastoffe wie die Fruchtester in das Produkt gelangen, entscheidet der Brenner weitgehend über die Menge der Vor- und Nachlaufabtrennung. Es erfordert hier das Fingerspitzengefühl und die Erfahrung des einzelnen Brenners, einen Kompromiß zwischen der Abtrennung unerwünschter Verbindungen (z. B. durch großzügige Nachlaufabtrennung) und dem Einbringen einer möglichst großen Menge an fruchttypischen und aromaprägenden Inhaltsstoffen zu finden, die größtenteils im Hauptlauf, in teils beachtlichen Konzentrationen aber auch noch dann übergehen, wenn bereits Nachlauf abgetrennt werden sollte. Eine strikte Nachlaufabtrennung bei festen Alkoholkonzentrationen für alle Obstarten und alle Maischequalitäten ist wenig sinnvoll. Vielmehr sollte eine Destillation immer in Abhängigkeit von der Maischequalität (Fehlerfreiheit) und der jeweiligen Obstsorte erfolgen. Ein Beispiel sind Traubenbrände, deren Aroma entscheidend durch Terpene geprägt wird.

Da Terpene ausgesprochenen Nachlaufcharakter haben, führt eine frühzeitige Nachlaufabscheidung zu aromaschwachen Bränden, während ein Umschalten bei geringeren Alkoholkonzentrationen die Terpenkonzentration im Mittellauf erhöht. Entscheidende Voraussetzung ist jedoch eine qualitativ hochwertige Maische, da sonst der positive Effekt der Aromaverstärkung durch negative Effekte überlagert wird.

Das empfindliche Aroma von Obstbränden hängt aber nicht nur von den bereits beschriebenen

Tabelle 6

Charakteristische Inhaltsstoffe von Obstbränden

Obstbrand	dominierende Aromastoffe	Aroma wird bestimmt durch
Apfel	Ethyl-2-methylbutyrat, Aldehyde	wenige Verbindungen
Birne	verschiedene Ester	wenige Verbindungen
Williams Christbirne	Decadiensäureester	einige charakteristische Verbindungen
Quitte	Ester, Lactone, Terpene	wenige Verbindungen
Mirabelle	Ester, Pelargonsäureester, Benzaldehyd	wenige Verbindungen
Löhrpflaume	Ester, Pelargonsäureester, Benzaldehyd	wenige Verbindungen
Pflaume	Ester, Pelargonsäureester, Benzaldehyd	wenige Verbindungen
Zwetschke	Ester, Pelargonsäureester, Benzaldehyd	wenige Verbindungen
Kirsch „Alter Typ"	Ester, viel Benzaldehyd, Essigsäure	zahlreiche Verbindungen
Kirsch „Neuer Typ"	Ester, wenig Benzaldehyd	wenige Verbindungen
Pfirsich	Lactone, Ester, Benzaldehyd	zahlreiche Verbindungen
Aprikose	Terpene, Lactone, Ester, Benzaldehyd	zahlreiche Verbindungen
Schlehe	Ester, Benzaldehyd	wenige Verbindungen
Heidelbeere	Ester	wenige Verbindungen
Preiselbeere	Ester	wenige Verbindungen
Holunderbeere	Aldehyde	wenige Verbindungen
Himbeere	Ketone, Ester, Ionon	wenige Verbindungen
Brombeere	Ester	wenige Verbindungen
Johannisbeere	Ester	eine Verbindungsgruppe
Weinhefe	Fettsäureester	wenige Verbindungen

Einflüssen ab, es verändert sich aufgrund seiner komplexen Zusammensetzung auch nach der Destillation - im eigentlich „fertigen" Erzeugnis - ständig.

4.2. Qualitätsverbesserung durch Destillatbehandlung

Obwohl qualitätsbewußte Erzeuger die auf das steigende Qualitätsbewußtsein der Verbraucher zurückzuführenden hohen Anforderungen an die Destillate in der Regel erfüllen können, kommt es trotz Beachtung aller Regeln zur Verarbeitung der Früchte und der Destillation immer wieder zu leichten Destillatfehlern, verschleierten Fruchtaromen und überhöhten Methanol- und Cyanidgehalten (HCN).

Der Brenner hat wenig Möglichkeiten, die Qualität seines fertigen Erzeugnisses zu beeinflussen. Während der Kontakt mit Sauerstoff die Reifung einiger Destillate beschleunigen soll, ist er für andere, z.B. Williams, nachteilig, da die sauerstoffempfindlichen Decadiensäureester oxidiert werden. Zahlreiche Versuche, die Destillatqualität durch Zusatz verschiedener Schwermetalle zu verbessern, führten bisher nicht zum gewünschten Erfolg. Alle diese Verfahren zur gewünschten Qualitätsverbesserung sind, genauso wie derzeit auf dem Markt angepriesene Verfahren, wissenschaftlich nicht mit ausreichender Gründlichkeit untersucht.

Ein neues, patentiertes Verfahren zur Destillatbehandlung (CASCO-Verfahren) verspricht eine weitere Qualitätssteigerung hochwertiger Produkte sowie die Beseitigung kleiner Fehler und die Absenkung erhöhter Methanol- und Cyanidgehalte. In unserem Institut wurden in jüngster Zeit umfangreiche Untersuchungen zu diesem Behandlungsverfahren durchgeführt.

Das Verfahren beruht auf der selektiven Abtrennung leichtflüchtiger Komponenten aus dem Destillat. Bei der patentierten Anlage handelt es sich um einen Behälter mit Rührwerk, in den das Destillat eingefüllt wird, mit einem speziell geformten Deckel. Deckel und Behälter sind sowohl getrennt als auch gemeinsam thermostatgesteuert kühlbar. Die gewünschte Temperatur wird eingestellt und von einem Temperaturfühler während der Behandlung im Destillat gemessen. Leichtflüchtige Substanzen entweichen während der Behandlung aus dem Destillat, kondensieren am gekühlten Deckel und können so abgeführt werden. Zur Förderung der Verdampfung leichtflüchtiger Substanzen kann das Destillat im Behälter der Anlage zusätzlich leicht erwärmt werden.

Die Intensität der Behandlung bestimmt der Brenner durch Einstellung der Anlage selbst. Sie sollte auf die Destillatqualität abgestimmt sein. Während bei fehlerfreien Destillaten eine weitere Qualitätsverbesserung bereits durch Kühlen des herabgesetzten Destillates als notwendige Vorbereitung zur Filtration erreicht werden kann, ist bei leicht fehlerhaften Destillaten oder zur Verminderung erhöhter Methanol- oder Cyanidgehalte eine Behandlung des Rohdestillates mit Erwärmung auf ca. 30°C für ca. eine Stunde vor der Kühlung empfehlenswert.

Der Umfang der möglichen Qualitätsverbesserung durch das neue Verfahren ist hauptsächlich von der Behandlungsintensität und von der Konzentration der jeweils zu entfernenden Inhaltsstoffe im Destillat abhängig. Bei höheren vorliegenden Gehalten können durch die Behandlung größere Mengen entfernt werden. Dies bedeutet z.B. für Methanol, daß bei Destillaten mit hohen Methanolgehalten große Mengen entfernt werden können, während bei methanolarmen Destillaten, wie z.B. Kirsch, bei gleicher Behandlungsintensität nur eine geringe Abreicherung stattfindet.

Während das CASCO-Verfahren sensorisch und gesundheitlich problematische Inhaltsstoffe in unterschiedlichem Ausmaß im Destillat abreichert, werden wertbestimmende Komponenten, wie beispielsweise die empfindlichen Decadiensäureester der Williams-Christ-Birne, die das Aroma entscheidend prägen, oder die aromarelevanten höheren Fettsäureester durch die Behandlung nicht vermindert.

Während die Verminderung von Methanol und Ethylacetat (Essigesterfehler, Uhuton) in Abhängigkeit von Behandlungszeit und -temperatur in großem Umfang erfolgt, gelingt die Reduzierung der aus toxikologischer Sicht umstrittenen Verbindung HCN nur bedingt. Unsere Untersuchungen zeigen, daß HCN durch das CASCO-Verfahren aus dem Destillat abgezogen werden kann. In welchem Umfang die Reduzierung dieses als Vorstufe von Ethylcarbamat in hohen Konzentrationen doch sehr problematischen Inhaltsstoffes möglich ist, soll durch weitere Untersuchungen, u.a. an frischen Destillaten, untersucht werden. Bei der Anlage besteht die Möglichkeit, frische Destillate zum Schutz vor Sauerstoff mit CO_2 zu begasen und so die Bildung von Ethylcarbamat, an der Sauerstoff beteiligt ist, möglicherweise zu verringern. Gelänge eine umfangreiche Reduzierung erhöhter HCN-Gehalte, so würde die Bildung von Ethylcarbamat im Destillat eingeschränkt werden können.

Verminderung in Abhängigkeit von der im Destillat vorliegenden Menge **deutlich** möglich bei:	Acetaldehyd, Methylacetat Ethylacetat, Methanol
Verminderung in Abhängigkeit von der im Destillat vorliegenden Menge in **begrenztem Umfang** möglich bei:	Butanol-2 Propanol-1 HCN
keine Verminderung, unabhängig von der Konzentration bei:	Decadiensäureester, höhere Fettsäureester Benzaldehyd, höhere Alkohole

Die Behandlungseffektivität ist bei der Behandlung herabgesetzter Destillate (42%vol) nicht zuletzt aufgrund der Alkoholverluste geringer als bei vergleichbarer Behandlung von Rohdestillaten. Lediglich die Verminderung erhöhter Ethylacetatgehalte gelingt in gleichem Umfang bzw. in einigen Fällen sogar besser als bei gleicher Behandlung der entsprechenden Rohdestillate. Zur Verminderung erhöhter HCN- oder Methanolgehalte ist die Behandlung herabgesetzter Destillate nicht geeignet. Hier sollte das hochprozentige Destillat behandelt werden.

In Abhängigkeit von der Behandlungsintensität wird der Alkoholgehalt des Destillates bei Behandlung hochprozentiger Destillate geringfügig, bei Behandlung herabgesetzter Destillate deutlich vermindert. Die Alkoholverluste lagen bei intensiver Behandlung bei 30°C bei ca. 1,4 %vol bei 62 %vol, 65 %vol bzw. 69 %vol Alkoholstärke des Destillates und bei 0,3 %vol bei 83 %vol Alkoholstärke. Bei Destillaten mit 42 %vol betrugen die Alkoholverluste bis zu 2,9 %vol. Dies zeigt, daß die durch die Behandlung hervorgerufenen Alkoholverluste umso geringer sind, je höher der Alkoholgehalt des eingesetzten Destillates liegt.

Bei der Beurteilung der Alkoholverluste, die für die Praxis sicherlich nachteilig sind, sollten die durch die Behandlung erzielten positiven Veränderungen mitberücksichtigt werden. Im Einzelfall sollte der Brenner entscheiden, ob er geringe Alkoholverluste in Kauf nimmt, um sein Destillat sensorisch zu verbessern, Fehler abzuschwächen oder erhöhte Methanolgehalte zu senken. Ein Kompromiß zwischen Alkoholverlust und Qualitätsverbesserung ist sicherlich in der Behandlungsintensität unter Berücksichtigung der Destillatqualität zu finden. Je hochwertiger die Qualität des zu behandelnden Destillates ist, desto tiefer kann die Behandlungstemperatur bei kürzerer Behandlungszeit sein. Entsprechend gering sind dann die Alkoholverluste.

4.3. Lagerung der Brände

Die frischen Mittel- oder Hauptläufe eines Brandes lassen sich aus zwei Gründen in ihrer erzeugten Form schlecht verkosten. Ein Grund ist der hohe Alkoholgehalt, der in der Regel zwischen 60 und 85 Volumenprozent liegt und durch seinen scharfen Geruch und Geschmack die Aromakomponenten weitgehend überlagert. Der zweite Grund ist die „Unreife". Frische Brände enthalten auch bei sachgemäßer Vorlaufabscheidung größere Mengen an Aldehyden, hauptsächlich Acetaldehyd, die durch ihren scharfen und stechenden Geruch und Geschmack zu einem unharmonischen, unreifen Gesamteindruck führen. Weiterhin fehlen noch die aromaprägenden Ester, die sich zum großen Teil erst während der Destillatlagerung bilden.

Das Verkosten frischer Brände führt demnach selten zu einem zufriedenstellenden Urteil.

Aus diesem Grund werden Destillate nach dem Brennen über längere Zeit, die mindestens zwei bis drei Monate betragen sollte, zur Reifung gelagert, bevor sie auf Trinkstärke herabgesetzt werden.

Während dieser Lagerung vollzieht sich eine Vielzahl chemischer Prozesse im Destillat:

Aldehyde, insbesondere der stechende Acetaldehyd, der den größten Anteil der Aldehyde ausmacht, reagieren mit dem vorhandenen Ethanol zu aromatischen Acetalen, wodurch sich der unreife, grasige, stechende Eindruck verringert, da die Acetaldehydkonzentration sinkt. Die gebildeten Acetale tragen durch ihren angenehmen, blumigen, fruchtigen Geruch und Geschmack zur Aromabildung bei.

Außerdem bilden verschiedene Fruchtsäuren mit Ethanol, in geringerem Ausmaß auch mit höheren Alkoholen, die fruchttypischen Ester, die das sortentypische Aroma entscheidend mitprägen.

Dies sind Beispiele für die bei der Reifung hauptsächlich ablaufenden Reaktionen, die das Aroma des Produktes entscheidend verändern. Natürlich laufen parallel noch zahlreiche andere Reaktionen ab, die aber von untergeordneter Bedeutung sind.

Solche Reaktionen müssen auch nicht immer positive Auswirkungen haben. Bedeutende Beispiele für eine negative Veränderung während der Reifung sind die Bildung von Essigsäureethylester aus Ethanol und Essigsäure in einem essigstichigen Destillat, die bis zur Ungenießbarkeit führen kann, und die Ethylcarbamatbildung, die in einem Destillat mit hohem Blausäureanteil (große Anteile zerstörter Steine in der Maische oder zu lange Maischelagerung) unter Lichteinwirkung stattfindet. Diese Veränderung ist zwar sensorisch nicht feststellbar, dafür aber gesundheitlich bedenklich.

Allen chemischen Reifungsvorgängen gemeinsam ist, daß es sich um Zeitreaktionen handelt: Reaktionen, die nur sehr langsam ablaufen. Man geht davon aus, daß ein Destillat zur weitgehenden Reifung zwei bis drei Monate Zeit braucht. Längere Lagerzeiten wirken sich positiv aus. Es stimmt jedoch nicht, daß jede Verlängerung der Reifungszeit zwangsläufig eine Verbesserung des Produktes bewirkt. So können sich im Lauf der Lagerung Fehler verstärken, empfindliche Aromastoffe abbauen oder deutliche Alkoholverluste stattfinden. Der Abbau von Aromastoffen spielt besonders bei Williamsbränden eine Rolle, weshalb diese zur Reifung nur kurz und insgesamt nicht länger als zwei bis drei Jahre gelagert werden sollten. Auch andere Obstbrände können in Abhängigkeit von den Lagerbedingungen (zu warm, zu hell) nach einigen Jahren deutliche Qualitätsverluste aufweisen.

Neben der Dauer der Destillatlagerung sind auch die äußeren Bedingungen entscheidend für die Reifung: hauptsächlich Temperatur, Lichteinfluß und Sauerstoffkontakt.

Die Zeitreaktionen der Reifung sind stark von der Temperatur abhängig. Je wärmer ein Destillat gelagert wird, desto schneller laufen die chemischen Vorgänge ab. Aus diesem Grund sollte die Lagerung nicht zu kühl erfolgen. Das Destillat reift zwar auch bei tiefen Temperaturen, allerdings wesentlich langsamer. Optimal ist eine Lagerung bei Raumtemperatur. Höhere Temperaturen beschleunigen zwar die Reifungsvorgänge, führen aber auch zu Alkoholverlusten und verstärken eventuell unerwünschte Reaktionen. Größere Temperaturschwankungen während der Lagerung sollen sich negativ auf das Destillat auswirken.

Der Lichteinfluß bei der Destillatlagerung sollte weitgehend vermieden werden. Auch durch Licht werden verschiedene Reaktionen beschleunigt, aber auch unerwünschte Reaktionen wie die Ethylcarbamatbildung aus Blausäure ausgelöst bzw. deutlich verstärkt. Empfindliche Aromakomponenten können durch den Lichteinfluß zerstört werden, weshalb eine Dunkellagerung der Destillate empfehlenswert ist.

Zahlreiche Reifungsvorgänge finden nur in Anwesenheit von Luftsauerstoff statt. Es genügen bereits die geringen Sauerstoffmengen über einem nahezu vollen Behälter. Es ist nicht sinnvoll, Destillate in halbvollen oder gar offenen Behältern zu lagern, da dies zu großen Alkoholverlusten führen würde, ohne die Reifung zu beschleunigen.

Auch die Lagerung in Holzfässern ist aus diesem Grund umstritten und nicht üblich. Einer etwas erhöhten Reifungsgeschwindigkeit durch den Sauerstoffzutritt durch die Holzporen steht ein erheblicher Alkoholverlust gegenüber, da der Alkohol durch diese Poren ungehindert verdunsten kann. Zusätzlich stellt sich bei der Verwendung von Holzfässern das Problem der Reinigung zur Vermeidung von Fehlaromen.

Die Lagerung in Holzfässern wird nur praktiziert, wenn ein Holzton im Produkt gewünscht wird. Dieser Holzton entsteht dadurch, daß der Alkohol des Destillats bestimmte Holzinhaltsstoffe herauslöst, die das Aroma des Brandes beeinflussen. Dieser Vorgang kann sich bei einigen Obstarten, z. B. bei Apfel oder Mirabelle, durchaus positiv auswirken, birgt jedoch die Gefahr, daß durch eine zu lange Lagerung im Holzfaß oder ein zu junges Faß zu viele Holzinhaltsstoffe ins Destillat gelangen, die das fruchttypische Aroma völlig überlagern können.

Gut geeignet für die Destillatlagerung sind Edelstahl- oder Glasbehälter, die in vielen Größen im Brennereibedarfshandel erhältlich sind. Weniger verbreitet, aber ebenso geeignet sind auch glasierte Steingutgefäße. Alle diese Lagergefäße verhindern die Verdunstung von Alkohol und die Aufnahme eines Fremdaromas durch das Destillat. Steingutgefäße und Edelstahlbehälter haben zusätzlich den Vorteil, daß Lichteinfluß bei der Lagerung automatisch vermieden wird.

Natürlich sind alle Reifungsvorgänge neben den genannten Faktoren in erster Linie von den Inhaltsstoffen abhängig, die ein frisches Destillat mitbringt. Aus diesem Grund kann die Reifung bei jedem Destillat anders ablaufen und ist nicht im voraus berechenbar.

Es ist auch nicht möglich, Reifungsvorgänge zu unterbinden. Ein Destillat verändert sich laufend, nur die Geschwindigkeit dieser Veränderung ist variabel.

Aus diesem Grund ist es auch weitgehend unbedeutend, ob ein Destillat vor oder nach dem Herabsetzen auf Trinkstärke zur Reifung gelagert wird.

Brände, die vor dem Herabsetzen gelagert wurden, verändern sich auch nach dem Einstellen auf Trinkstärke in der Flasche noch. Diese Veränderung hört nie auf. Mit zunehmender Lagerdauer besteht jedoch die Gefahr von negativen Veränderungen, da Aromastoffe abgebaut werden.

Destillate, die zuerst auf Trinkstärke eingestellt und dann gelagert werden, reifen ebenso, wenn auch langsamer, da geringere Mengen an Alkohol als Reaktionspartner zur Verfügung stehen.

Zahlreiche Versuche, die Destillatreifung mit künstlichen Reifungsmitteln wie Silberpräparaten oder Ultraschallbehandlung zu beeinflussen, blieben bisher ohne Erfolg.

4.4. Herabsetzen auf Trinkstärke

Der hohe Alkoholgehalt der erzeugten Mittelläufe führt dazu, daß die Schärfe des Alkohols die sensorische Wahrnehmung der fruchttypischen Aromastoffe be-hindert. Es ist deshalb erforderlich, Destillate vor dem Verkosten auf eine gebräuchliche Trinkstärke herabzusetzen. Früher war die Einstellung auf 45 %vol und mehr übliche Praxis. Je höher der Alkoholgehalt eines Brandes ist, desto mehr Aromastoffe sind mengenmäßig enthalten. Diese höheren Konzentrationen können aber sensorisch nicht in Erscheinung treten, da sie von der Schärfe des Alkohols überlagert werden. Es ist daher heute üblich, Alkoholkonzentrationen von 40 bis 45 %vol einzustellen, wobei für Brände mit empfindlichem, feinem Aroma, z. B. Traubenbrände, möglichst geringe Alkoholgehalte bevorzugt werden, damit das fruchttypische Aroma besser wahrgenommen werden kann.

Mit sinkendem Alkoholgehalt erhöht sich jedoch die Wahrscheinlichkeit einer Trübung, da viele Aromastoffe in hochprozentigem Alkohol sehr gut löslich sind, sich beim Verdünnen mit Wasser jedoch ausscheiden.

Der gesetzlich vorgeschriebene Mindestalkoholgehalt liegt für Obst- und Tresterbrände bei 37,5 %vol.

4.4.1. Alkoholbestimmung

Die Alkoholbestimmung ist eine essentielle Voraussetzung für die Brennerei. Der Brenner muß während des gesamten Brennvorgangs die Alkoholkonzentration des ablaufenden Destillats überwachen. Nach dem Brennen muß er den Alkoholgehalt des Mittellaufs exakt bestimmen kön-

Abb. 30

Foto:
Kacprowski

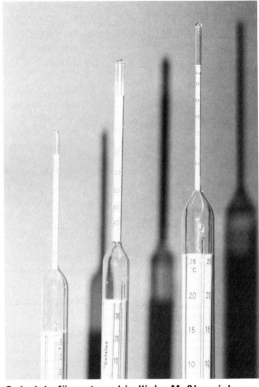

Spindeln für unterschiedliche Meßbereiche, mit Thermometer

links: **50 bis 60 %vol**
Mitte: **40 bis 70 %vol**
rechts: **40 bis 45 %vol**

nen, um später eine exakte Einstellung der Trinkstärke vornehmen zu können.

Es genügt nicht, den Alkoholgehalt ungefähr einzustellen, da eine gesetzlich vorgeschriebene maximale Abweichung des Alkoholgehalts von +/- 0,3 %vol von der Etikettangabe vorgeschrieben ist. Diese strenge Regelung ist fachlich wenig sinnvoll, aber trotzdem eine Vorschrift, die eingehalten werden muß, nicht zu-

letzt deshalb, weil der Alkoholgehalt häufig und ohne großen Aufwand kontrolliert werden kann.

Die Alkoholbestimmung erfolgt in der Brennerei üblicherweise mit Aräometern, die auch Alkoholometer oder Spindel genannt werden. Es handelt sich um Schwimmkörper, die je nach Dichte der zu messenden Flüssigkeit unterschiedlich tief eintauchen. Strenggenommen wird mit den Alkoholometern die Dichte der Alkohol-Wasser-Mischung ermittelt. Die im Brand enthaltenen Inhaltsstoffe werden dabei ignoriert. Diese Dichte ändert sich in Abhängigkeit von der Alkoholkonzentration und der Temperatur.

Um lästiges Umrechnen zu vermeiden, ist die aus der Flüssigkeit herausragende enge Glasröhre der Spindel mit einer Skala versehen, die das direkte Ablesen von Alkoholgehalten ermöglicht. Gute Alkoholometer besitzen zusätzlich ein Thermometer zur Messung der Flüssigkeitstemperatur.

Zur Alkoholbestimmung bei Maischen, Mosten und extrakthaltigen Spirituosen, z. B. Liköre, mittels Alkoholometer ist zu beachten, daß Extraktstoffe (z. B. Zucker) die Dichte erhöhen, wodurch zu geringe Alkoholgehalte angezeigt werden. In diesen Fällen ist es erforderlich, die Probe vor der Alkoholbestimmung zu destillieren, um die Extraktstoffe abzutrennen. Nach der Destillation muß das ursprüngliche Volumen mit destilliertem Wasser erneut eingestellt werden.

(Werden die Maische- und Mostproben vor der Alkoholbestimmung lediglich filtriert, so ist durch das Fehlen der Trubstoffe eine Ablesung des Alkoholometers zwar möglich, aber aufgrund der noch gelösten Extraktstoffe ungenau.)

In einer Brennerei sind für die verschiedenen Arbeitsschritte verschiedene Spindeln erforderlich. Diese unterscheiden sich zum einen in ihrem Meßbereich, zum anderen in ihrer Genauigkeit (Abb. 30).

Je kleiner der Meßbereich eines Alkoholometers ist, um so genauer ist die Ablesung des Alkoholgehaltes möglich.

Während früher Alkoholometer mit Skalenangaben sowohl in Massenprozent (%mas) als auch in Volumenprozent (%vol) üblich waren, hat sich heute die Anzeige in Volumenprozent durchgesetzt.

Tab. 7

Ein EU-Alkoholometer liegt dann vor, wenn alle folgenden Angaben erkennbar sind:

1	Alkoholometer für die Volumenkonzentration
2	Din 12 803
3	%vol
4	Ethanol
5	20 °C
6	Klasse 1, 2 oder 3 (verschiedene Genauigkeiten)
7	Hersteller bzw. Herstellerzeichen
8	Gerätenummer
9	ε (der griechische Buchstabe „Epsilon" ist das Zeichen für die EU-Bauartzulassung und weist das Alkoholometer als ein in der EU zugelassenes aus)

Abb. 31

Foto:
Kacprowski

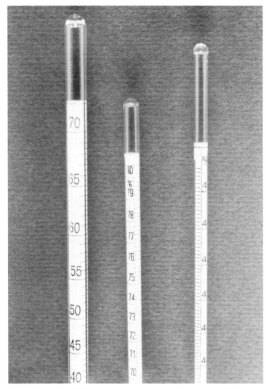

Skalen von Alkoholometern mit unterschiedlichen Meßbereichen

links: 40 bis 70 %vol Skalenteilung: 0,5 %vol
Mitte: 70 bis 80 %vol Skalenteilung: 0,2 %vol
rechts: 40 bis 45 %vol Skalenteilung: 0,1 %vol

entsprechend der EU-Norm

Für die Überwachung der Destillation genügen Spindeln mit einem großen Meßbereich von 0 bis 100 %vol oder 0 bis 85 %vol, da hier keine exakte Alkoholbestimmung erforderlich ist. Die Alkoholbestimmung des fertigen Mittellaufs sollte schon genauer erfolgen, da sie als Berechnungsgrundlage für die spätere Verdünnung dient.

Zum Einstellen der exakten Trinkstärke, die nicht mehr als +/- 0,3 %vol von den Etikettangaben abweichen darf, sind sogenannte Präzisionsalkoholometer erforderlich. Seit 1980 fordert die EU für den amtlichen Verkehr mit Spirituosen die Alkoholbestimmung mit amtlich geeichten Volumenprozent-Alkoholometern, deren Meßtemperatur mit 20 °C festgelegt ist. Sie sollten einen

Abb. 32

Foto:
Kacprowski

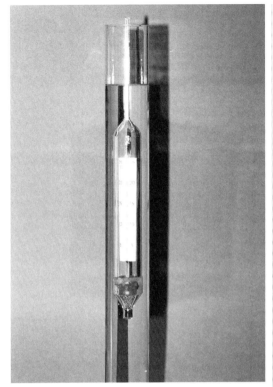

Alkoholometer im Spindelzylinder

möglichst geringen Alkoholbereich, am besten eine Spanne von 5 %vol, maximal aber 10 %vol anzeigen, ein Thermometer besitzen und amtlich geeicht sein. Solche EU-Alkoholometer sind an den in Tabelle 7 aufgeführten Angaben auf dem Alkoholometer erkennbar.

Für Abfindungsbrennereien sind solche EU-Alkoholometer nicht zwingend vorgeschrieben, aber unbedingt wünschenswert. Die exakte Einstellung der Trinkstärke ist nur mit Spindeln möglich, die eine Skaleneinteilung von 0,1 %vol besitzen, damit eine exakte Ablesung ermöglichen und amtlich geeicht sind (Abb. 31).

Ein genaues Thermometer ist zur Temperaturbestimmung erforderlich. Da die Temperatur des Destillats, bei der der Alkoholgehalt gemessen wird, in den meisten Fällen von 20 °C abweicht, wird ein falscher Alkoholgehalt angezeigt. Hier ist eine Temperaturkorrektur des abgelesenen Wertes mit Hilfe der Tafel 1 der Amtlichen Alkoholtafeln erforderlich. Die Amtlichen Alkoholtafeln sollten in jeder Brennerei zur Verfügung stehen, da sie eine unentbehrliche Grundlage zur exakten Alkoholbestimmung sind.

Auszüge aus den Amtlichen Alkoholtafeln sind in den Abbildungen 33 bis 38 aufgeführt.

Bei manchen handelsüblichen Alkoholometern sind seitlich Faktoren für die Temperaturkorrektur aufgedruckt. Von solchen Spindeln muß abgeraten werden, da diese Korrekturfaktoren nur Näherungswerte sein können. Für jeden Alkoholgehalt ist bei gleicher Temperatur ein anderer Korrekturfaktor erforderlich, da die temperaturabhängige Ausdehnung der Alkohol-Wasser-Mischung auch vom Alkoholgehalt abhängig ist. Dieser Abhängigkeit von Temperatur, Dichte und Alkoholgehalt wird nur in den Amtlichen Alkoholtafeln mit ausreichender Genauigkeit entsprochen.

4.4.1.1. Durchführung der Alkoholbestimmung

Die erste Voraussetzung zu einer genauen Alkoholbestimmung ist die Sauberkeit der Geräte. Die verwendete Spindel muß sauber und vor allem fettfrei sein, damit keine Flüssigkeitstropfen am oberen Spindelhals hängenbleiben, die zu Ungenauigkeiten bei der Messung führen. Bei einem fettigen Spindelhals wird die Eintauchtiefe der Spindel beeinflußt.

Vor Gebrauch sollte ein Alkoholometer gründlich mit Wasser und danach mit hochprozentigem Alkohol oder Aceton abgespült und anschließend getrocknet werden.

Die Spindel sollte in einem sauberen, durchsichtigen Standzylinder (ca. 250 ml), der ausreichend groß ist, so daß das Alkoholometer frei schwimmen kann, ohne die Gefäßwand zu berühren, vorsichtig eingetaucht werden (Abb. 32). Ein schwungvolles Eintauchen der Spindel hat starkes Auf- und Abpendeln zur Folge, wodurch der Spindelhals ebenfalls an den oberen Teilen benetzt würde. Der aus der Flüssigkeit herausragende Teil des Spindelhalses muß zur Gewährleistung einer einwandfreien Messung unbedingt trocken bleiben. Ist er naß, wirkt dies als zusätzliches Gewicht auf die Spindel und läßt sie fälschlicherweise tiefer eintauchen, was zum Ablesen falscher Alkoholgehalte führt.

Besser geeignet als Standzylinder sind Spindelzylinder mit kardanischer Aufhängung (Abb. 39). Damit hängt der Zylinder unabhängig von der Standfläche stets senkrecht, wodurch die Spindel frei beweglich schwimmen kann.

Nach dem Einbringen des Alkoholometers in das Destillat muß vor dem Ablesen des Alkoholgehaltes einige Minuten gewartet werden, um sicherzustellen, daß keine Luftbläschen mehr in der Flüssigkeit sind, die das Ergebnis verfälschen würden. Wichtiger ist jedoch, daß die exakte Messung der Destillattemperatur Zeit braucht. Je weiter die Destillattemperatur von der Raumtemperatur abweicht, desto länger muß man warten, bis das Thermometer der Spindel den exakten Wert anzeigt. Eine genaue Alkoholablesung am Spindelhals führt trotzdem zu einem falschen tatsächlichen Alkoholgehalt, wenn die Temperatur durch eine zu kurze Wartezeit falsch abgelesen wird. Eine Wartezeit von ca. fünf Minuten gewährleistet, daß eine richtige Destillattemperatur ermittelt werden kann, die zusammen mit der exakten Ablesung des Alkoholgehalts am Spindelhals zu genauen Ergebnissen führt.

Bei Alkoholometern gibt es grundsätzlich zwei Ablesemöglichkeiten (Abb. 40). In der Regel gilt, daß die Skalenanzeige bei klaren Flüssigkeiten stets unten, d. h. in Höhe des Flüssigkeitsspiegels ohne Berücksichtigung des am Spindelhals befindlichen Wulstes abgelesen wird.

Bei gefärbten oder trüben Flüssigkeiten ist eine exakte Ablesung nur an der höchsten Stelle des Flüssigkeitswulstes möglich.

Trägt ein Alkoholometer keine Angaben zur Ablesung, so wird bei klaren Flüssigkeiten immer unten abgelesen. Soll - wie es bei einigen Spindeln der Fall ist - in jedem Fall oben abgelesen werden, so muß dies auf dem Alkoholometer vermerkt sein.

**Beispiel einer
Alkoholbestimmung:**

Bei einem herabgesetzten Destillat wird auf dem Alkoholometer ein Wert von 41,3 %vol abgelesen. Das an der Spindel befindliche Thermometer zeigt eine Destillattemperatur von 18,2 °C.

Aus Tafel 1 (Abb. 33) der Amtlichen Alkoholtafeln ist abzulesen, daß einem Alkoholgehalt von 41,3 %vol bei 18,2 °C ein Wert von 42,0 %vol bei 20 °C entspricht. Das Destillat ist somit exakt auf 42 %vol eingestellt.

4.4.2. Wasserqualität

Das zum Herabsetzen der Destillate verwendete Wasser muß folgende Grundbedingungen erfüllen:

1. Es muß geruchs- und geschmacksneutral sein, damit das Destillat nicht beeinträchtigt wird.

2. Es sollte möglichst frei von Härtebildnern (Calcium und Magnesium) sein: Wasserhärte maximal 0,9 mmol/l Erdalkalimetallionen (= 5°d*).

3. Es sollte keinen erhöhten Metallgehalt (Eisen, Kupfer etc.) aufweisen, da dies zu Fehlgeschmack und Ausscheidungen führen kann.

* Die Wasserhärte wurde früher in °dH bzw. °d (Deutsche Härtegrade) angegeben. Zulässig ist heute nur noch die Bezeichnung mmol/l Erdalkalimetallionen. Umrechnung: 1°d = 0,18 mmol/l

Diese Anforderungen, mit Ausnahme der Wasserhärte, werden von Leitungswasser fast immer erfüllt. Brunnen- oder Quellwasser sollte vor der Verwendung auf seine Eignung untersucht werden.

Probleme mit der Verwendung von Leitungswasser treten immer dann auf, wenn die Wasserhärte 5 °d übersteigt. In diesen Fällen enthält das Wasser große Mengen an Calcium- und Magnesi-

Abb. 39

Quelle:
Pieper,
Technologie der
Obstbrennerei

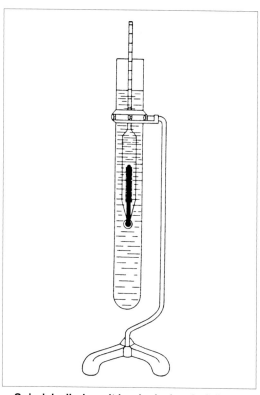

Aräometer in einem Spindelzylinder mit kardanischer Aufhängung

umsalzen, die im verdünnten Destillat zu Trübungen führen. Ein Maß für diese Salzkonzentrationen ist die Angabe in mmol/l Erdalkalimetallionen, früher Deutsche Härtegrade °d.

Für die Beurteilung der Wasserhärte von Trinkwasser gilt folgende Einteilung:

weiches Wasser
< 1,3 mmol/l   < 7 ° d

mittelhartes Wasser
1,3 - 2,5 mmol/l   7 - 14 ° d

hartes Wasser
2,5 - 3,8 mmol/l   14 - 21 ° d

Sehr hartes Wasser
> 3,8 mmol/l   > 21 ° d

Als Verdünnungswasser für die Brennerei ist demnach nur sehr weiches Wasser ohne besondere Aufbereitung geeignet.

Auskunft über die jeweilige Wasserhärte gibt das zuständige Wasserwerk. Mit geeigneten Schnelltests kann die Wasserhärte aber auch vom Brenner selbst leicht bestimmt werden.

Abb. 40

Foto:
Kacprowski

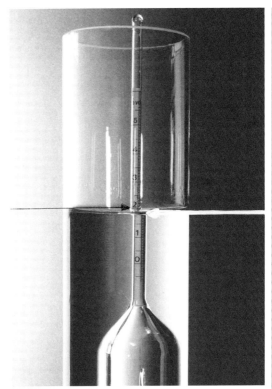

Ablesemöglichkeit beim Aräometer

4.4.2.1. Aufbereitung von zu hartem Wasser

Man kann das zu verwendende Wasser auf verschiedene Arten aufbereiten.

Enthärtung mittels Destillation

Eine Möglichkeit ist die Destillation, bei der man reines Wasser erhält, das keine Salze mehr enthält. Die Destillation kann in der Praxis im Brennkessel erfolgen.

Das destillierte Wasser ist nicht zur Vorratshaltung geeignet, da es schnell verkeimt und muffig wird.

Enthärtung mittels Kationenaustauscher

Bei diesem Verfahren werden aus dem Wasser lediglich die für die Verdünnung von Bränden problematischen Calcium- und Magnesiumionen entfernt. Kationenaustauscher (Abb. 41) sind auch unter der Bezeichnung Wasserenthärter im Zubehörhandel erhältlich. Es handelt sich dabei um Säulen, die mit wasserunlöslichen Kunstharzen gefüllt sind, die als Austauscherharze bezeichnet werden.

Der Kationenaustauscher wird an

Abb. 41

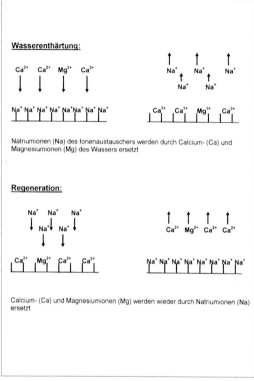

Wasserenthärtung:

Natriumionen (Na) des Ionenaustauschers werden durch Calcium- (Ca) und Magnesiumionen (Mg) des Wassers ersetzt

Regeneration:

Calcium- (Ca) und Magnesiumionen (Mg) werden wieder durch Natriumionen (Na) ersetzt

Prinzip des Ionenaustauschers

die Wasserleitung angeschlossen. Das Wasser durchläuft die Säule und tauscht die für die Wasserhärte verantwortlichen Calcium- und Magnesiumionen gegen Natriumionen aus. Das aus der Säule ablaufende Wasser hat eine deutlich geringere Härte, aber einen erhöhten Gehalt an Natriumionen. Diese Natriumionen bilden mit dem Destillat keine schwerlöslichen Salze, so daß sich keine Trübungen ausbilden können, und sind außerdem geschmacklich neutral.

Wie stark die Härte des durchlaufenden Wassers gesenkt wird, hängt von der Durchlaufmenge und -geschwindigkeit ab. Je schneller das Leitungswasser durch die Säule strömt, desto schlechter ist der Ionenaustausch und damit die Wirksamkeit des Wasserenthärters. Der Brenner sollte auf eine geregelte Durchlaufgeschwindigkeit achten. Entsprechende Richtwerte sind der Betriebsanleitung zu entnehmen.

Das Arbeiten mit Kationenaustauschern ist problemlos, wenn man einige Regeln beachtet. Eine dieser Regeln ist die Einhaltung der oben beschriebenen maximalen Durchflußmengen, da das abfließende Wasser sonst noch zu viele Härtebildner enthalten kann.

Weiterhin sollte die Austauscherkapazität beachtet werden. Da ein Austauscher Natriumionen abgibt und anstelle der Natriumionen Calcium- und Magnesiumionen anlagert, ist die Austauscherkapazität irgendwann erschöpft. Das Austauscherharz ist völlig mit Calcium-und Magnesiumionen belegt und somit zur weiteren Wasserenthärtung wirkungslos.

Der Brenner sollte daher in gewissen Zeitabständen die Härte des abfließenden Wassers messen, damit er feststellen kann, wann die Austauscherkapazität erschöpft ist. Für jedes Austauscherharz gibt es Herstellerangaben, wieviel Liter Wasser mit welcher Härte mit dem jeweiligen Harz enthärtet werden können. Diese Angaben sollten jedoch nur Richtwerte sein; besser ist eine regelmäßige Härtemessung.

Verbrauchte Ionenaustauscherharze können regeneriert werden. Dabei wird das Harz zunächst etwas aufgewirbelt, indem man den Wasserzulauf an den Auslaufstutzen der Austauschersäule anschließt und vorsichtig aufdreht. Anschließend gibt man eine Lösung von etwa 500 Gramm Kochsalz (Natriumchlorid) in ca. zwei Liter Wasser portionsweise auf die Austauschersäule, läßt diese jeweils für ungefähr zehn Minuten einwirken und dann ablaufen. Durch diesen Vorgang gelangen Natriumionen in hoher Konzentration an das Aus-

tauscherharz und werden dort statt der Calcium- und Magnesiumionen wieder angelagert (Abb. 41). Abschließend läßt man wie gewohnt Wasser über die Austauschersäule laufen, bis der Kochsalzgeschmack verschwunden ist. Dadurch werden die freigesetzten Calcium- und Magnesiumionen zusammen mit dem überschüssigen Kochsalz ausgespült, und der Ionenaustauscher ist wieder betriebsbereit.

Wird ein Ionenaustauscher längere Zeit nicht benutzt, besteht die Gefahr der Verkeimung. Dies ist problematisch, da das ablaufende Wasser einen fauligen Geruch und Geschmack annehmen kann. Zur Vorbeugung kann der Austauscher, wenn er längere Zeit nicht gebraucht wird, mit 0,5%iger Salzsäure gefüllt werden. Vor dem erneuten Gebrauch muß er gründlich mit Wasser gespült werden. Eine andere Möglichkeit ist das Herausnehmen des Austauscherharzes, das getrocknet aufbewahrt werden kann.

Ist ein Austauscher verkeimt, kann er mit Salzsäure gereinigt werden. Auch hier muß vor dem erneuten Gebrauch wieder mit Wasser gespült werden, um Säurereste zu entfernen.

Tafel 1

Volumenkonzentration bei 20 °C in Prozent

Temp. °C	41,0	41,1	41,2	41,3	41,4	41,5	41,6	41,7	41,8	41,9
					Anzeige des Alkoholometers in % vol					
10,0	44,9	45,0	45,1	45,2	45,3	45,4	45,5	45,6	45,7	45,8
10,2	44,9	45,0	45,1	45,2	45,2	45,3	45,4	45,5	45,6	45,7
10,4	44,8	44,9	45,0	45,1	45,2	45,3	45,4	45,5	45,6	45,7
10,6	44,7	44,8	44,9	45,0	45,1	45,2	45,3	45,4	45,5	45,6
10,8	44,6	44,7	44,8	44,9	45,0	45,1	45,2	45,3	45,4	45,5
11,0	44,5	44,6	44,7	44,8	44,9	45,0	45,1	45,2	45,3	45,4
11,2	44,5	44,6	44,7	44,8	44,9	45,0	45,1	45,2	45,2	45,3
11,4	44,4	44,5	44,6	44,7	44,8	44,9	45,0	45,1	45,2	45,3
11,6	44,3	44,4	44,5	44,6	44,7	44,8	44,9	45,0	45,1	45,2
11,8	44,2	44,3	44,4	44,5	44,6	44,7	44,8	44,9	45,0	45,1
12,0	44,2	44,3	44,4	44,4	44,5	44,6	44,7	44,8	44,9	45,0
12,2	44,1	44,2	44,3	44,4	44,5	44,6	44,7	44,8	44,9	45,0
12,4	44,0	44,1	44,2	44,3	44,4	44,5	44,6	44,7	44,8	44,9
12,6	43,9	44,0	44,1	44,2	44,3	44,4	44,5	44,6	44,7	44,8
12,8	43,8	43,9	44,0	44,1	44,2	44,3	44,4	44,5	44,6	44,7
13,0	43,8	43,9	44,0	44,1	44,2	44,3	44,4	44,4	44,5	44,6
13,2	43,7	43,8	43,9	44,0	44,1	44,2	44,3	44,4	44,5	44,6
13,4	43,6	43,7	43,8	43,9	44,0	44,1	44,2	44,3	44,4	44,5
13,6	43,5	43,6	43,7	43,8	43,9	44,0	44,1	44,2	44,3	44,4
13,8	43,5	43,5	43,6	43,7	43,8	43,9	44,0	44,1	44,2	44,3
14,0	43,4	43,5	43,6	43,7	43,8	43,9	44,0	44,1	44,2	44,3
14,2	43,3	43,4	43,5	43,6	43,7	43,8	43,9	44,0	44,1	44,2
14,4	43,2	43,3	43,4	43,5	43,6	43,7	43,8	43,9	44,0	44,1
14,6	43,1	43,2	43,3	43,4	43,5	43,6	43,7	43,8	43,9	44,0
14,8	43,1	43,2	43,3	43,4	43,5	43,5	43,6	43,7	43,8	43,9
15,0	43,0	43,1	43,2	43,3	43,4	43,5	43,6	43,7	43,8	43,9
15,2	42,9	43,0	43,1	43,2	43,3	43,4	43,5	43,6	43,7	43,8
15,4	42,8	42,9	43,0	43,1	43,2	43,3	43,4	43,5	43,6	43,7
15,6	42,7	42,8	42,9	43,0	43,1	43,2	43,3	43,4	43,5	43,6
15,8	42,7	42,8	42,9	42,9	43,1	43,2	43,3	43,4	43,5	43,6
16,0	42,6	42,7	42,8	42,9	43,0	43,1	43,2	43,3	43,4	43,5
16,2	42,5	42,6	42,7	42,8	42,9	43,0	43,1	43,2	43,3	43,4
16,4	42,4	42,5	42,6	42,7	42,8	42,9	43,0	43,1	43,2	43,3
16,6	42,3	42,4	42,5	42,6	42,7	42,8	42,9	43,0	43,1	43,2
16,8	42,3	42,4	42,5	42,6	42,7	42,8	42,9	43,0	43,1	43,2
17,0	42,2	42,3	42,4	42,5	42,6	42,7	42,8	42,9	43,0	43,1
17,2	42,1	42,2	42,3	42,4	42,5	42,6	42,7	42,8	42,9	43,0
17,4	42,0	42,1	42,2	42,3	42,4	42,5	42,6	42,7	42,8	42,9
17,6	42,0	42,1	42,2	42,2	42,3	42,4	42,5	42,6	42,7	42,8
17,8	41,9	42,0	42,1	42,2	42,3	42,4	42,5	42,6	42,7	42,8
18,0	41,8	41,9	42,0	42,1	42,2	42,3	42,4	42,5	42,6	42,7
18,2	41,7	41,8	41,9	42,0	42,1	42,2	42,3	42,4	42,5	42,6
18,4	41,6	41,7	41,8	41,9	42,0	42,1	42,2	42,3	42,4	42,5
18,6	41,6	41,7	41,8	41,9	42,0	42,1	42,2	42,3	42,4	42,5
18,8	41,5	41,6	41,7	41,8	41,9	42,0	42,1	42,2	42,3	42,4
19,0	41,4	41,5	41,6	41,7	41,8	41,9	42,0	42,1	42,2	42,3
19,2	41,3	41,4	41,5	41,6	41,7	41,8	41,9	42,0	42,1	42,2
19,4	41,2	41,3	41,4	41,5	41,6	41,7	41,8	41,9	42,0	42,1
19,6	41,2	41,3	41,4	41,5	41,6	41,7	41,8	41,9	42,0	42,1
19,8	41,1	41,2	41,3	41,4	41,5	41,6	41,7	41,8	41,9	42,0

Tafel 1

Volumenkonzentration bei 20 °C in Prozent

Temp. °C	Anzeige des Alkoholometers in % vol									
	69,0	69,1	69,2	69,3	69,4	69,5	69,6	69,7	69,8	69,9
10,0	72,2	72,3	72,4	72,5	72,6	72,7	72,8	72,9	73,0	73,1
10,2	72,1	72,2	72,3	72,4	72,5	72,6	72,7	72,8	72,9	73,0
10,4	72,1	72,2	72,3	72,4	72,5	72,6	72,7	72,8	72,9	73,0
10,6	72,0	72,1	72,2	72,3	72,4	72,5	72,6	72,7	72,8	72,9
10,8	72,0	72,1	72,2	72,2	72,3	72,4	72,5	72,6	72,7	72,8
11,0	71,9	72,0	72,1	72,2	72,3	72,4	72,5	72,6	72,7	72,8
11,2	71,8	71,9	72,0	72,1	72,2	72,3	72,4	72,5	72,6	72,7
11,4	71,8	71,9	72,0	72,1	72,2	72,3	72,4	72,5	72,6	72,6
11,6	71,7	71,8	71,9	72,0	72,1	72,2	72,3	72,4	72,5	72,6
11,8	71,6	71,7	71,8	71,9	72,0	72,1	72,2	72,3	72,4	72,5
12,0	71,6	71,7	71,8	71,9	72,0	72,1	72,2	72,3	72,4	72,5
12,2	71,5	71,6	71,7	71,8	71,9	72,0	72,1	72,2	72,3	72,4
12,4	71,5	71,5	71,6	71,7	71,8	71,9	72,0	72,1	72,2	72,3
12,6	71,4	71,5	71,6	71,7	71,8	71,9	72,0	72,1	72,2	72,3
12,8	71,3	71,4	71,5	71,6	71,7	71,8	71,9	72,0	72,1	72,2
13,0	71,3	71,4	71,5	71,6	71,7	71,8	71,8	71,9	72,0	72,1
13,2	71,2	71,3	71,4	71,5	71,6	71,7	71,8	71,9	72,0	72,1
13,4	71,1	71,2	71,3	71,4	71,5	71,6	71,7	71,8	71,9	72,0
13,6	71,1	71,2	71,3	71,4	71,5	71,6	71,7	71,8	71,9	72,0
13,8	71,0	71,1	71,2	71,3	71,4	71,5	71,6	71,7	71,8	71,9
14,0	70,9	71,0	71,1	71,2	71,3	71,4	71,5	71,6	71,7	71,8
14,2	70,9	71,0	71,1	71,2	71,3	71,4	71,5	71,6	71,7	71,8
14,4	70,8	70,9	71,0	71,1	71,2	71,3	71,4	71,5	71,6	71,7
14,6	70,7	70,8	70,9	71,0	71,1	71,2	71,3	71,4	71,5	71,6
14,8	70,7	70,8	70,9	71,0	71,1	71,2	71,3	71,4	71,5	71,6
15,0	70,6	70,7	70,8	70,9	71,0	71,1	71,2	71,3	71,4	71,5
15,2	70,6	70,7	70,8	70,9	71,0	71,1	71,1	71,2	71,3	71,4
15,4	70,5	70,6	70,7	70,8	70,9	71,0	71,1	71,2	71,3	71,4
15,6	70,4	70,5	70,6	70,7	70,8	70,9	71,0	71,1	71,2	71,3
15,8	70,4	70,5	70,6	70,7	70,8	70,9	71,0	71,1	71,2	71,3
16,0	70,3	70,4	70,5	70,6	70,7	70,8	70,9	71,0	71,1	71,2
16,2	70,2	70,3	70,4	70,5	70,6	70,7	70,8	70,9	71,0	71,1
16,4	70,2	70,3	70,4	70,5	70,6	70,7	70,8	70,9	71,0	71,1
16,6	70,1	70,2	70,3	70,4	70,5	70,6	70,7	70,8	70,9	71,0
16,8	70,0	70,1	70,2	70,3	70,4	70,5	70,6	70,7	70,8	70,9
17,0	70,0	70,1	70,2	70,3	70,4	70,5	70,6	70,7	70,8	70,9
17,2	69,9	70,0	70,1	70,2	70,3	70,4	70,5	70,6	70,7	70,8
17,4	69,8	69,9	70,0	70,1	70,2	70,3	70,4	70,5	70,6	70,7
17,6	69,8	69,9	70,0	70,1	70,2	70,3	70,4	70,5	70,6	70,7
17,8	69,7	69,8	69,9	70,0	70,1	70,2	70,3	70,4	70,5	70,6
18,0	69,7	69,8	69,9	70,0	70,1	70,2	70,2	70,3	70,4	70,5
18,2	69,6	69,7	69,8	69,9	70,0	70,1	70,2	70,3	70,4	70,5
18,4	69,5	69,6	69,7	69,8	69,9	70,0	70,1	70,2	70,3	70,4
18,6	69,5	69,6	69,7	69,8	69,9	70,0	70,1	70,2	70,3	70,4
18,8	69,4	69,5	69,6	69,7	69,8	69,9	70,0	70,1	70,2	70,3
19,0	69,3	69,4	69,5	69,6	69,7	69,8	69,9	70,0	70,1	70,2
19,2	69,3	69,4	69,5	69,6	69,7	69,8	69,9	70,0	70,1	70,2
19,4	69,2	69,3	69,4	69,5	69,6	69,7	69,8	69,9	70,0	70,1
19,6	69,1	69,2	69,3	69,4	69,5	69,6	69,7	69,8	69,9	70,0
19,8	69,1	69,2	69,3	69,4	69,5	69,6	69,7	69,8	69,9	70,0

Tafel 2

Alkoholvolumen bei 20 °C in Litern in 1000 kg Alkohol-Wasser-Mischung

% vol	,0	,1	,2	,3	,4	,5	,6	,7	,8	,9
0	0,0	1,0	2,0	3,0	4,0	5,0	6,0	7,0	8,0	9,0
1	10,0	11,0	12,1	13,1	14,1	15,1	16,1	17,1	18,1	19,1
2	20,1	21,1	22,1	23,1	24,2	25,2	26,2	27,2	28,2	29,2
3	30,2	31,2	32,2	33,3	34,3	35,3	36,3	37,3	38,3	39,3
4	40,3	41,4	42,4	43,4	44,4	45,4	46,4	47,5	48,5	49,5
5	50,5	51,5	52,5	53,6	54,6	55,6	56,6	57,8	58,6	59,7
6	60,7	61,7	62,7	63,7	64,8	65,8	66,8	67,8	68,9	69,9
7	70,9	71,9	72,9	74,0	75,0	76,0	77,0	78,1	79,1	80,1
8	81,1	82,2	83,2	84,2	85,2	86,3	87,3	88,3	89,3	90,4
9	91,4	92,4	93,4	94,5	95,5	96,5	97,5	98,6	99,6	100,6
10	101,7	102,7	103,7	104,7	105,8	106,8	107,8	108,9	109,9	110,9
11	112,0	113,0	114,0	115,1	116,1	117,1	118,2	119,2	120,2	121,3
12	122,3	123,3	124,4	125,4	126,4	127,5	128,5	129,5	130,6	131,6
13	132,6	133,7	134,7	135,7	136,8	137,8	138,8	139,9	140,9	142,0
14	143,0	144,0	145,1	146,1	147,2	148,2	149,2	150,3	151,3	152,3
15	153,4	154,4	155,5	156,5	157,5	158,6	159,6	160,7	161,7	162,8
16	163,8	164,8	165,9	166,9	168,0	169,0	170,1	171,1	172,1	173,2
17	174,2	175,3	176,3	177,4	178,4	179,5	180,5	181,5	182,6	183,6
18	184,7	185,7	186,8	187,8	188,9	189,9	191,0	192,0	193,1	194,1
19	195,2	196,2	197,3	198,3	199,4	200,4	201,5	202,5	203,6	204,6
20	205,7	206,7	207,8	208,8	209,9	210,9	212,0	213,0	214,1	215,1
21	216,2	217,2	218,3	219,3	220,4	221,4	222,5	223,6	224,6	225,7
22	226,7	227,8	228,8	229,9	230,9	232,0	233,1	234,1	235,2	236,2
23	237,3	238,4	239,4	240,5	241,5	242,6	243,7	244,7	245,8	246,8
24	247,9	249,0	250,0	251,1	252,1	253,2	254,3	255,3	256,4	257,5
25	258,5	259,6	260,6	261,7	262,8	263,8	264,9	266,0	267,0	268,1
26	269,2	270,2	271,3	272,4	273,4	274,5	275,6	276,7	277,7	278,8
27	279,9	280,9	282,0	283,1	284,1	285,2	286,3	287,4	288,4	289,5
28	290,6	291,7	292,7	293,8	294,9	296,0	297,0	298,1	299,2	300,3
29	301,3	302,4	303,5	304,6	305,6	306,7	307,8	308,9	310,0	311,0
30	312,1	313,2	314,3	315,4	316,5	317,5	318,6	319,7	320,8	321,9
31	323,0	324,0	325,1	326,2	327,3	328,4	329,5	330,6	331,6	332,7
32	333,8	334,9	336,0	337,1	338,2	339,3	340,4	341,4	342,5	343,6
33	344,7	345,8	346,9	348,0	349,1	350,2	351,3	352,4	353,5	354,6
34	355,7	356,8	357,9	359,0	360,1	361,2	362,3	363,4	364,5	365,6
35	366,7	367,8	368,9	370,0	371,1	372,2	373,3	374,4	375,5	376,6
36	377,7	378,8	379,9	381,0	382,1	383,3	384,4	385,5	386,6	387,7
37	388,8	389,9	391,0	392,1	393,3	394,4	395,5	396,6	397,7	398,8
38	399,9	401,1	402,2	403,3	404,4	405,5	406,7	407,8	408,9	410,0
39	411,1	412,3	413,4	414,5	415,6	416,8	417,9	419,0	420,1	421,3
40	422,4	423,5	424,6	425,8	426,9	428,0	429,2	430,3	431,4	432,6
41	433,7	434,8	436,0	437,1	438,2	439,4	440,5	441,6	442,8	443,9
42	445,1	446,2	447,3	448,5	449,6	450,8	451,9	453,0	454,2	455,3
43	456,5	457,6	458,8	459,9	461,1	462,2	463,4	464,5	465,7	466,8
44	468,0	469,1	470,3	471,4	472,6	473,7	474,9	476,0	477,2	478,3
45	479,5	480,7	481,8	483,0	484,1	485,3	486,5	487,6	488,8	489,9
46	491,1	492,3	493,4	494,6	495,8	496,9	498,1	499,3	500,4	501,6
47	502,8	503,9	505,1	506,3	507,5	508,6	509,8	511,0	512,1	513,3
48	514,5	515,7	516,9	518,0	519,2	520,4	521,6	522,8	523,9	525,1
49	526,3	527,5	528,7	529,9	531,0	532,2	533,4	534,6	535,8	537,0
50	538,2	539,4	540,5	541,7	542,9	544,1	545,3	546,5	547,7	548,9

Tafel 2

Alkoholvolumen bei 20 °C in Litern in 1000 kg Alkohol-Wasser-Mischung

% vol	,0	,1	,2	,3	,4	,5	,6	,7	,8	,9
51	550,1	551,3	552,5	553,7	554,9	556,1	557,3	558,5	559,7	560,9
52	562,1	563,3	564,5	565,7	566,9	568,1	569,3	570,5	571,8	573,0
53	574,2	575,4	576,6	577,8	579,0	580,2	581,5	582,7	583,9	585,1
54	586,3	587,5	588,8	590,0	591,2	592,4	593,6	594,9	596,1	597,3
55	598,5	599,8	601,0	602,2	603,4	604,7	605,9	607,1	608,4	609,6
56	610,8	612,1	613,3	614,5	615,8	617,0	618,2	619,5	620,7	622,0
57	623,2	624,4	625,7	626,9	628,2	629,4	630,7	631,9	633,1	634,4
58	635,6	636,9	638,1	639,4	640,6	641,9	643,1	644,4	645,6	646,9
59	648,2	649,4	650,7	651,9	653,2	654,4	655,7	657,0	658,2	659,5
60	660,8	662,0	663,3	664,5	665,8	667,1	668,4	669,6	670,9	672,2
61	673,4	674,7	676,0	677,3	678,5	679,8	681,1	682,4	683,6	684,9
62	686,2	687,5	688,8	690,0	691,3	692,6	693,9	695,2	696,5	697,7
63	699,0	700,3	701,6	702,9	704,2	705,6	706,8	708,1	709,4	710,7
64	712,0	713,3	714,6	715,9	717,2	718,5	719,8	721,1	722,4	723,7
65	725,0	726,3	727,6	728,9	730,2	731,5	732,8	734,1	735,4	736,8
66	738,1	739,4	740,7	742,0	743,3	744,7	746,0	747,3	748,6	749,9
67	751,3	752,6	753,9	755,2	756,6	757,9	759,2	760,6	761,9	763,2
68	764,6	765,9	767,2	768,6	769,9	771,2	772,6	773,9	775,2	776,6
69	777,9	779,3	780,6	782,0	783,3	784,7	786,0	787,4	788,7	790,1
70	791,4	792,8	794,1	795,5	796,8	798,2	799,5	800,9	802,3	803,6
71	805,0	806,4	807,7	809,1	810,5	811,8	813,2	814,6	815,9	817,3
72	818,7	820,0	821,4	822,8	824,2	825,6	826,9	828,3	829,7	831,1
73	832,5	833,8	835,2	836,6	838,0	839,4	840,8	842,2	843,6	845,0
74	846,4	847,8	849,1	850,5	851,9	853,3	854,7	856,1	857,6	859,0
75	860,4	861,8	863,2	864,6	866,0	867,4	868,8	870,2	871,7	873,1
76	874,5	875,9	877,3	878,7	880,2	881,6	883,0	884,4	885,9	887,3
77	888,7	890,2	891,6	893,0	894,5	895,9	897,3	898,8	900,2	901,6
78	903,1	904,5	906,0	907,4	908,9	910,3	911,8	913,2	914,7	916,1
79	917,6	919,0	920,5	921,9	923,4	924,9	926,3	927,8	929,3	930,7
80	932,2	933,7	935,1	936,6	938,1	939,5	941,0	942,5	944,0	945,5
81	946,9	948,4	949,9	951,4	952,9	954,4	955,8	957,3	958,8	960,3
82	961,8	963,3	964,8	966,3	967,8	969,3	970,8	972,3	973,8	975,3
83	976,8	978,4	979,9	981,4	982,9	984,4	985,9	987,5	989,0	990,5
84	992,0	993,6	995,1	996,6	998,1	999,7	1001,2	1002,8	1004,3	1005,8
85	1007,4	1008,9	1010,5	1012,0	1013,6	1015,1	1016,7	1018,2	1019,8	1021,3
86	1022,9	1024,4	1026,0	1027,6	1029,1	1030,7	1032,3	1033,8	1035,4	1037,0
87	1038,6	1040,1	1041,7	1043,3	1044,9	1046,5	1048,1	1049,7	1051,2	1052,8
88	1054,4	1056,0	1057,6	1059,2	1060,8	1062,5	1064,1	1065,7	1067,3	1068,9
89	1070,5	1072,1	1073,8	1075,4	1077,0	1078,6	1080,3	1081,9	1083,5	1085,2
90	1086,8	1088,5	1090,1	1091,8	1093,4	1095,1	1096,7	1098,4	1100,0	1101,7
91	1103,4	1105,0	1106,7	1108,4	1110,0	1111,7	1113,4	1115,1	1116,8	1118,5
92	1120,2	1121,8	1123,5	1125,2	1126,9	1128,7	1130,4	1132,1	1133,8	1135,5
93	1137,2	1139,0	1140,7	1142,4	1144,2	1145,9	1147,6	1149,4	1151,1	1152,9
94	1154,6	1156,4	1158,2	1159,9	1161,7	1163,5	1165,3	1167,0	1168,8	1170,6
95	1172,4	1174,2	1176,0	1177,8	1179,6	1181,4	1183,2	1185,1	1186,9	1188,7
96	1190,6	1192,4	1194,2	1196,1	1198,0	1199,8	1201,7	1203,5	1205,4	1207,3
97	1209,2	1211,1	1213,0	1214,9	1216,8	1218,7	1220,6	1222,5	1224,5	1226,4
98	1228,3	1230,3	1232,2	1234,2	1236,2	1238,2	1240,1	1242,1	1244,1	1246,1
99	1248,2	1250,2	1252,2	1254,2	1256,3	1258,4	1260,4	1262,5	1264,6	1266,7
100	1268,8									

Tafel 3

Alkoholvolumen bei 20 °C in Litern in 1000 Litern Alkohol-Wasser-Mischung

% vol	18,0	18,2	18,4	18,6	18,8	19,0	19,2	19,4	19,6	19,8
0,0	0,0	0,0	0,0	0,0	0,0	0,0	0,0	0,0	0,0	0,0
1,0	10,0	10,0	10,0	10,0	10,0	10,0	10,0	10,0	10,0	10,0
2,0	20,0	20,0	20,0	20,0	20,0	20,0	20,0	20,0	20,0	20,0
3,0	30,0	30,0	30,0	30,0	30,0	30,0	30,0	30,0	30,0	30,0
4,0	40,0	40,0	40,0	40,0	40,0	40,0	40,0	40,0	40,0	40,0
5,0	50,0	50,0	50,0	50,0	50,0	50,0	50,0	50,0	50,0	50,0
6,0	60,0	60,0	60,0	60,0	60,0	60,0	60,0	60,0	60,0	60,0
7,0	70,0	70,0	70,0	70,0	70,0	70,0	70,0	70,0	70,0	70,0
8,0	80,0	80,0	80,0	80,0	80,0	80,0	80,0	80,0	80,0	80,0
9,0	90,0	90,0	90,0	90,0	90,0	90,0	90,0	90,0	90,0	90,0
10,0	100,0	100,0	100,0	100,0	100,0	100,0	100,0	100,0	100,0	100,0
11,0	110,0	110,0	110,0	110,0	110,0	110,0	110,0	110,0	110,0	110,0
12,0	120,1	120,0	120,0	120,0	120,0	120,0	120,0	120,0	120,0	120,0
13,0	130,1	130,1	130,0	130,0	130,0	130,0	130,0	130,0	130,0	130,0
14,0	140,1	140,1	140,1	140,0	140,0	140,0	140,0	140,0	140,0	140,0
15,0	150,1	150,1	150,1	150,1	150,0	150,0	150,0	150,0	150,0	150,0
16,0	160,1	160,1	160,1	160,1	160,1	160,0	160,0	160,0	160,0	160,0
17,0	170,1	170,1	170,1	170,1	170,1	170,0	170,0	170,0	170,0	170,0
18,0	180,1	180,1	180,1	180,1	180,1	180,1	180,0	180,0	180,0	180,0
19,0	190,1	190,1	190,1	190,1	190,1	190,1	190,0	190,0	190,0	190,0
20,0	200,1	200,1	200,1	200,1	200,1	200,1	200,1	200,0	200,0	200,0
21,0	210,1	210,1	210,1	210,1	210,1	210,1	210,1	210,0	210,0	210,0
22,0	220,2	220,1	220,1	220,1	220,1	220,1	220,1	220,0	220,0	220,0
23,0	230,2	230,2	230,1	230,1	230,1	230,1	230,1	230,1	230,0	230,0
24,0	240,2	240,2	240,2	240,1	240,1	240,1	240,1	240,1	240,0	240,0
25,0	250,2	250,2	250,2	250,1	250,1	250,1	250,1	250,1	250,0	250,0
26,0	260,2	260,2	260,2	260,2	260,1	260,1	260,1	260,1	260,0	260,0
27,0	270,2	270,2	270,2	270,2	270,1	270,1	270,1	270,1	270,0	270,0
28,0	280,3	280,2	280,2	280,2	280,2	280,1	280,1	280,1	280,0	280,0
29,0	290,3	290,3	290,2	290,2	290,2	290,1	290,1	290,1	290,1	290,0
30,0	300,3	300,3	300,2	300,2	300,2	300,2	300,1	300,1	300,1	300,0
31,0	310,3	310,3	310,3	310,2	310,2	310,2	310,1	310,1	310,1	310,0
32,0	320,3	320,3	320,3	320,2	320,2	320,2	320,1	320,1	320,1	320,0
33,0	330,4	330,3	330,3	330,3	330,2	330,2	330,1	330,1	330,1	330,0
34,0	340,4	340,3	340,3	340,3	340,2	340,2	340,2	340,1	340,1	340,0
35,0	350,4	350,4	350,3	350,3	350,2	350,2	350,2	350,1	350,1	350,0
36,0	360,4	360,4	360,3	360,3	360,3	360,2	360,2	360,1	360,1	360,0
37,0	370,5	370,4	370,4	370,3	370,3	370,2	370,2	370,1	370,1	370,0
38,0	380,5	380,4	380,4	380,3	380,3	380,2	380,2	380,1	380,1	380,0
39,0	390,5	390,5	390,4	390,4	390,3	390,3	390,2	390,2	390,1	390,1
40,0	400,5	400,5	400,4	400,4	400,3	400,3	400,2	400,2	400,1	400,1
41,0	410,6	410,5	410,4	410,4	410,3	410,3	410,2	410,2	410,1	410,1
42,0	420,6	420,5	420,5	420,4	420,3	420,3	420,2	420,2	420,1	420,1
43,0	430,6	430,5	430,5	430,4	430,4	430,3	430,2	430,2	430,1	430,1
44,0	440,6	440,6	440,5	440,4	440,4	440,3	440,3	440,2	440,1	440,1
45,0	450,7	450,6	450,5	450,5	450,4	450,3	450,3	450,2	450,1	450,1
46,0	460,7	460,6	460,5	460,5	460,4	460,3	460,3	460,2	460,1	460,1
47,0	470,7	470,6	470,6	470,5	470,4	470,4	470,3	470,2	470,1	470,1
48,0	480,7	480,7	480,6	480,5	480,4	480,4	480,3	480,2	480,1	480,1
49,0	490,7	490,7	490,6	490,5	490,5	490,4	490,3	490,2	490,2	490,1
50,0	500,8	500,7	500,6	500,5	500,5	500,4	500,3	500,2	500,2	500,1

Tafel 3

Alkoholvolumen bei 20 °C in Litern in 1000 Litern Alkohol-Wasser-Mischung

% vol	Temperatur in °C									
	18,0	18,2	18,4	18,6	18,8	19,0	19,2	19,4	19,6	19,8
51,0	510,8	510,7	510,6	510,6	510,5	510,4	510,3	510,2	510,2	510,1
52,0	520,8	520,7	520,7	520,6	520,5	520,4	520,3	520,2	520,2	520,1
53,0	530,8	530,8	530,7	530,6	530,5	530,4	530,3	530,3	530,2	530,1
54,0	540,9	540,8	540,7	540,6	540,5	540,4	540,3	540,3	540,2	540,1
55,0	550,9	550,8	550,7	550,6	550,5	550,4	550,4	550,3	550,2	550,1
56,0	560,9	560,8	560,7	560,6	560,6	560,5	560,4	560,3	560,2	560,1
57,0	570,9	570,8	570,8	570,7	570,6	570,5	570,4	570,3	570,2	570,1
58,0	581,0	580,9	580,8	580,7	580,6	580,5	580,4	580,3	580,2	580,1
59,0	591,0	590,9	590,8	590,7	590,6	590,5	590,4	590,3	590,2	590,1
60,0	601,0	600,9	600,8	600,7	600,6	600,5	600,4	600,3	600,2	600,1
61,0	611,0	610,9	610,8	610,7	610,6	610,5	610,4	610,3	610,2	610,1
62,0	621,1	621,0	620,8	620,7	620,6	620,5	620,4	620,3	620,2	620,1
63,0	631,1	631,0	630,9	630,8	630,7	630,5	630,4	630,3	630,2	630,1
64,0	641,1	641,0	640,9	640,8	640,7	640,6	640,4	640,3	640,2	640,1
65,0	651,1	651,0	650,9	650,8	650,7	650,6	650,5	650,3	650,2	650,1
66,0	661,2	661,0	660,9	660,8	660,7	660,6	660,5	660,3	660,2	660,1
67,0	671,2	671,1	670,9	670,8	670,7	670,6	670,5	670,4	670,2	670,1
68,0	681,2	681,1	681,0	680,8	690,7	680,6	680,5	680,4	680,2	680,1
69,0	691,2	691,1	691,0	690,9	690,7	690,6	690,5	690,4	690,2	690,1
70,0	701,3	701,1	701,0	700,9	700,8	700,6	700,5	700,4	700,3	700,1
71,0	711,3	711,2	711,0	710,9	710,8	710,6	710,5	710,4	710,3	710,1
72,0	721,3	721,2	721,1	720,9	720,8	720,7	720,5	720,4	720,3	720,1
73,0	731,3	731,2	731,1	730,9	730,8	730,7	730,5	730,4	730,3	730,1
74,0	741,4	741,2	741,1	741,0	740,8	740,7	740,5	740,4	740,3	740,1
75,0	751,4	751,3	751,1	751,0	750,8	750,7	750,6	750,4	750,3	750,1
76,0	761,4	761,3	761,1	761,0	760,9	760,7	760,6	760,4	760,3	760,1
77,0	771,4	771,3	771,2	771,0	770,9	770,7	770,6	770,4	770,3	770,1
78,0	781,5	781,3	781,2	781,0	780,9	780,7	780,6	780,4	780,3	780,1
79,0	791,5	791,4	791,2	791,1	790,9	790,8	790,6	790,5	790,3	790,2
80,0	801,5	801,4	801,2	801,1	800,9	800,8	800,6	800,5	800,3	800,2
81,0	811,6	811,4	811,2	811,1	810,9	810,8	810,6	810,5	810,3	810,2
82,0	821,6	821,4	821,3	821,1	821,0	820,8	820,6	820,5	820,3	820,2
83,0	831,6	831,5	831,3	831,1	831,0	830,8	830,6	830,5	830,3	830,2
84,0	841,6	841,5	841,3	841,2	841,0	840,8	840,7	840,5	840,3	840,2
85,0	851,7	851,5	851,3	851,2	851,0	850,8	850,7	850,5	850,3	850,2
86,0	861,7	861,5	861,4	861,2	861,0	860,9	860,7	860,5	860,3	860,2
87,0	871,7	871,6	871,4	871,2	871,0	870,9	870,7	870,5	870,3	870,2
88,0	881,8	881,6	881,4	881,2	881,1	880,9	880,7	880,5	880,4	880,2
89,0	891,8	891,6	891,4	891,3	891,1	890,9	890,7	890,5	890,4	890,2
90,0	901,8	901,6	901,5	901,3	901,1	900,9	900,7	900,5	900,4	900,2
91,0	911,8	911,7	911,5	911,3	911,1	910,9	910,7	910,6	910,4	910,2
92,0	921,9	921,7	921,5	921,3	921,1	920,9	920,7	920,6	920,4	920,2
93,0	931,9	931,7	931,5	931,3	931,1	931,0	930,8	930,6	930,4	930,2
94,0	941,9	941,7	941,5	941,4	941,2	941,0	940,8	940,6	940,4	940,2
95,0	952,0	951,8	951,6	951,4	951,2	951,0	950,8	950,6	950,4	950,2
96,0	962,0	961,8	961,6	961,4	961,2	961,0	960,8	960,6	960,4	960,2
97,0	972,0	971,8	971,6	971,4	971,2	971,0	970,8	970,6	970,4	970,2
98,0	982,0	981,8	981,6	981,4	981,2	981,0	980,8	980,6	980,4	980,2
99,0	992,1	991,9	991,7	991,4	991,2	991,0	990,8	990,6	990,4	990,2
100,0	1002,1	1001,9	1001,7	1001,5	1001,3	1001,0	1000,8	1000,6	1000,4	1000,2

Tafel 4

Massengehalt in Prozent (% mas)

% vol	,0	,1	,2	,3	,4	,5	,6	,7	,8	,9
0	0,0	0,1	0,2	0,2	0,3	0,4	0,5	0,6	0,6	0,7
1	0,8	0,9	1,0	1,0	1,1	1,2	1,3	1,3	1,4	1,5
2	1,6	1,7	1,7	1,8	1,9	2,0	2,1	2,1	2,2	2,3
3	2,4	2,5	2,5	2,6	2,7	2,8	2,9	2,9	3,0	3,1
4	3,2	3,3	3,3	3,4	3,5	3,6	3,7	3,7	3,8	3,9
5	4,0	4,1	4,1	4,2	4,3	4,4	4,5	4,5	4,6	4,7
6	4,8	4,9	4,9	5,0	5,1	5,2	5,3	5,3	5,4	5,5
7	5,6	5,7	5,8	5,8	5,9	6,0	6,1	6,2	6,2	6,3
8	6,4	6,5	6,6	6,6	6,7	6,8	6,9	7,0	7,0	7,1
9	7,2	7,3	7,4	7,4	7,5	7,6	7,7	7,8	7,9	7,9
10	8,0	8,1	8,2	8,3	8,3	8,4	8,5	8,6	8,7	8,7
11	8,8	8,9	9,0	9,1	9,2	9,2	9,3	9,4	9,5	9,6
12	9,6	9,7	9,8	9,9	10,0	10,0	10,1	10,2	10,3	10,4
13	10,5	10,5	10,6	10,7	10,8	10,9	10,9	11,0	11,1	11,2
14	11,3	11,4	11,4	11,5	11,6	11,7	11,8	11,8	11,9	12,0
15	12,1	12,2	12,3	12,3	12,4	12,5	12,6	12,7	12,7	12,8
16	12,9	13,0	13,1	13,2	13,2	13,3	13,4	13,5	13,6	13,7
17	13,7	13,8	13,9	14,0	14,1	14,1	14,2	14,3	14,4	14,5
18	14,6	14,6	14,7	14,8	14,9	15,0	15,1	15,1	15,2	15,3
19	15,4	15,5	15,6	15,6	15,7	15,8	15,9	16,0	16,0	16,1
20	16,2	16,3	16,4	16,5	16,5	16,6	16,7	16,8	16,9	17,0
21	17,0	17,1	17,2	17,3	17,4	17,5	17,5	17,6	17,7	17,8
22	17,9	18,0	18,0	18,1	18,2	18,3	18,4	18,5	18,5	18,6
23	18,7	18,8	18,9	19,0	19,0	19,1	19,2	19,3	19,4	19,5
24	19,5	19,6	19,7	19,8	19,9	20,0	20,0	20,1	20,2	20,3
25	20,4	20,5	20,5	20,6	20,7	20,8	20,9	21,0	21,1	21,1
26	21,2	21,3	21,4	21,5	21,6	21,6	21,7	21,8	21,9	22,0
27	22,1	22,1	22,2	22,3	22,4	22,5	22,6	22,7	22,7	22,8
28	22,9	23,0	23,1	23,2	23,2	23,3	23,4	23,5	23,6	23,7
29	23,8	23,8	23,9	24,0	24,1	24,2	24,3	24,4	24,4	24,5
30	24,6	24,7	24,8	24,9	24,9	25,0	25,1	25,2	25,3	25,4
31	25,5	25,5	25,6	25,7	25,8	25,9	26,0	26,1	26,1	26,2
32	26,3	26,4	26,5	26,6	26,7	26,7	26,8	26,9	27,0	27,1
33	27,2	27,3	27,3	27,4	27,5	27,6	27,7	27,8	27,9	28,0
34	28,0	28,1	28,2	28,3	28,4	28,5	28,6	28,6	28,7	28,8
35	28,9	29,0	29,1	29,2	29,3	29,3	29,4	29,5	29,6	29,7
36	29,8	29,9	30,0	30,0	30,1	30,2	30,3	30,4	30,5	30,6
37	30,7	30,7	30,8	30,9	31,0	31,1	31,2	31,3	31,4	31,4
38	31,5	31,6	31,7	31,8	31,9	32,0	32,1	32,1	32,2	32,3
39	32,4	32,5	32,6	32,7	32,8	32,9	32,9	33,0	33,1	33,2
40	33,3	33,4	33,5	33,6	33,7	33,7	33,8	33,9	34,0	34,1
41	34,2	34,3	34,4	34,5	34,5	34,6	34,7	34,8	34,9	35,0
42	35,1	35,2	35,3	35,4	35,4	35,5	35,6	35,7	35,8	35,9
43	36,0	36,1	36,2	36,3	36,3	36,4	36,5	36,6	36,7	36,8
44	36,9	37,0	37,1	37,2	37,3	37,3	37,4	37,5	37,6	37,7
45	37,8	37,9	38,0	38,1	38,2	38,3	38,3	38,4	38,5	38,6
46	38,7	38,8	38,9	39,0	39,1	39,2	39,3	39,4	39,5	39,5
47	39,6	39,7	39,8	39,9	40,0	40,1	40,2	40,3	40,4	40,5
48	40,6	40,7	40,7	40,8	40,9	41,0	41,1	41,2	41,3	41,4
49	41,5	41,6	41,7	41,8	41,9	42,0	42,1	42,1	42,2	42,3
50	42,4	42,5	42,6	42,7	42,8	42,9	43,0	43,1	43,2	43,3

Tafel 4

Massengehalt in Prozent (% mas)

% vol	,0	,1	,2	,3	,4	,5	,6	,7	,8	,9
51	43,4	43,5	43,6	43,6	43,7	43,8	43,9	44,0	44,1	44,2
52	44,3	44,4	44,5	44,6	44,7	44,8	44,9	45,0	45,1	45,2
53	45,3	45,4	45,5	45,6	45,6	45,7	45,8	45,9	46,0	46,1
54	46,2	46,3	46,4	46,5	46,6	46,7	46,8	46,9	47,0	47,1
55	47,2	47,3	47,4	47,5	47,6	47,7	47,8	47,9	48,0	48,1
56	48,2	48,3	48,3	48,4	48,5	48,6	48,7	48,8	48,9	49,0
57	49,1	49,2	49,3	49,4	49,5	49,6	49,7	49,8	49,9	50,0
58	50,1	50,2	50,3	50,4	50,5	50,6	50,7	50,8	50,9	51,0
59	51,1	51,2	51,3	51,4	51,5	51,6	51,7	51,8	51,9	52,0
60	52,1	52,2	52,3	52,4	52,5	52,6	52,7	52,8	52,9	53,0
61	53,1	53,2	53,3	53,4	53,5	53,6	53,7	53,8	53,9	54,0
62	54,1	54,2	54,3	54,4	54,5	54,6	54,7	54,8	54,9	55,0
63	55,1	55,2	55,3	55,4	55,5	55,6	55,7	55,8	55,9	56,0
64	56,1	56,2	56,3	56,4	56,5	56,6	56,7	56,8	56,9	57,0
65	57,1	57,3	57,4	57,5	57,6	57,7	57,8	57,9	58,0	58,1
66	58,2	58,3	58,4	58,5	58,6	58,7	58,8	58,9	59,0	59,1
67	59,2	59,3	59,4	59,5	59,6	59,7	59,8	60,0	60,1	60,2
68	60,3	60,4	60,5	60,6	60,7	60,8	60,9	61,0	61,1	61,2
69	61,3	61,4	61,5	61,6	61,7	61,9	62,0	62,1	62,2	62,3
70	62,4	62,5	62,6	62,7	62,8	62,9	63,0	63,1	63,2	63,3
71	63,5	63,6	63,7	63,8	63,9	64,0	64,1	64,2	64,3	64,4
72	64,5	64,6	64,8	64,9	65,0	65,1	65,2	65,3	65,4	65,5
73	65,6	65,7	65,8	65,9	66,1	66,2	66,3	66,4	66,5	66,6
74	66,7	66,8	66,9	67,0	67,2	67,3	67,4	67,5	67,6	67,7
75	67,8	67,9	68,0	68,2	68,3	68,4	68,5	68,6	68,7	68,8
76	68,9	69,0	69,2	69,3	69,4	69,5	69,6	69,7	69,8	69,9
77	70,1	70,2	70,3	70,4	70,5	70,6	70,7	70,8	71,0	71,1
78	71,2	71,3	71,4	71,5	71,6	71,8	71,9	72,0	72,1	72,2
79	72,3	72,4	72,6	72,7	72,8	72,9	73,0	73,1	73,2	73,4
80	73,5	73,6	73,7	73,8	73,9	74,1	74,2	74,3	74,4	74,5
81	74,6	74,8	74,9	75,0	75,1	75,2	75,3	75,5	75,6	75,7
82	75,8	75,9	76,1	76,2	76,3	76,4	76,5	76,6	76,8	76,9
83	77,0	77,1	77,2	77,4	77,5	77,6	77,7	77,8	78,0	78,1
84	78,2	78,3	78,4	78,6	78,7	78,8	78,9	79,0	79,2	79,3
85	79,4	79,5	79,6	79,8	79,9	80,0	80,1	80,3	80,4	80,5
86	80,6	80,7	80,9	81,0	81,1	81,2	81,4	81,5	81,6	81,7
87	81,9	82,0	82,1	82,2	82,4	82,5	82,6	82,7	82,9	83,0
88	83,1	83,2	83,4	83,5	83,6	83,7	83,9	84,0	84,1	84,3
89	84,4	84,5	84,6	84,8	84,9	85,0	85,1	85,3	85,4	85,5
90	85,7	85,8	85,9	86,1	86,2	86,3	86,4	86,6	86,7	86,8
91	87,0	87,1	87,2	87,4	87,5	87,6	87,8	87,9	88,0	88,2
92	88,3	88,4	88,6	88,7	88,8	89,0	89,1	89,2	89,4	89,5
93	89,6	89,8	89,9	90,0	90,2	90,3	90,5	90,6	90,7	90,9
94	91,0	91,1	91,3	91,4	91,6	91,7	91,8	92,0	92,1	92,3
95	92,4	92,5	92,7	92,8	93,0	93,1	93,3	93,4	93,5	93,7
96	93,8	94,0	94,1	94,3	94,4	94,6	94,7	94,9	95,0	95,2
97	95,3	95,5	95,6	95,8	95,9	96,1	96,2	96,4	96,5	96,7
98	96,8	97,0	97,1	97,3	97,4	97,6	97,7	97,9	98,1	98,2
99	98,4	98,5	98,7	98,9	99,0	99,2	99,3	99,5	99,7	99,8
100	100,0									

Tafel 5

Volumenkonzentration bei 20 °C in Prozent (% vol)

% mas	,0	,1	,2	,3	,4	,5	,6	,7	,8	,9
0	0,0	0,1	0,3	0,4	0,5	0,6	0,8	0,9	1,0	1,1
1	1,3	1,4	1,5	1,6	1,8	1,9	2,0	2,1	2,3	2,4
2	2,5	2,6	2,8	2,9	3,0	3,1	3,3	3,4	3,5	3,6
3	3,8	3,9	4,0	4,1	4,3	4,4	4,5	4,6	4,8	4,9
4	5,0	5,1	5,3	5,4	5,5	5,6	5,8	5,9	6,0	6,1
5	6,3	6,4	6,5	6,6	6,8	6,9	7,0	7,1	7,3	7,4
6	7,5	7,6	7,8	7,9	8,0	8,1	8,3	8,4	8,5	8,6
7	8,7	8,9	9,0	9,1	9,2	9,4	9,5	9,6	9,7	9,9
8	10,0	10,1	10,2	10,4	10,5	10,6	10,7	10,8	11,0	11,1
9	11,2	11,3	11,5	11,6	11,7	11,8	11,9	12,1	12,2	12,3
10	12,4	12,6	12,7	12,8	12,9	13,1	13,2	13,3	13,4	13,5
11	13,7	13,8	13,9	14,0	14,2	14,3	14,4	14,5	14,6	14,8
12	14,9	15,0	15,1	15,3	15,4	15,5	15,6	15,7	15,9	16,0
13	16,1	16,2	16,3	16,5	16,6	16,7	16,8	17,0	17,1	17,2
14	17,3	17,4	17,6	17,7	17,8	17,9	18,0	18,2	18,3	18,4
15	18,5	18,7	18,8	18,9	19,0	19,1	19,3	19,4	19,5	19,6
16	19,7	19,9	20,0	20,1	20,2	20,3	20,5	20,6	20,7	20,8
17	20,9	21,1	21,2	21,3	21,4	21,5	21,7	21,8	21,9	22,0
18	22,2	22,3	22,4	22,5	22,6	22,8	22,9	23,0	23,1	23,2
19	23,3	23,5	23,6	23,7	23,8	23,9	24,1	24,2	24,3	24,4
20	24,5	24,7	24,8	24,9	25,0	25,1	25,3	25,4	25,5	25,6
21	25,7	25,9	26,0	26,1	26,2	26,3	26,4	26,6	26,7	26,8
22	26,9	27,0	27,2	27,3	27,4	27,5	27,6	27,8	27,9	28,0
23	28,1	28,2	28,3	28,5	28,6	28,7	28,8	28,9	29,1	29,2
24	29,3	29,4	29,5	29,6	29,8	29,9	30,0	30,1	30,2	30,3
25	30,5	30,6	30,7	30,8	30,9	31,0	31,2	31,3	31,4	31,5
26	31,6	31,7	31,9	32,0	32,1	32,2	32,3	32,4	32,6	32,7
27	32,8	32,9	33,0	33,1	33,3	33,4	33,5	33,6	33,7	33,8
28	34,0	34,1	34,2	34,3	34,4	34,5	34,6	34,8	34,9	35,0
29	35,1	35,2	35,3	35,5	35,6	35,7	35,8	35,9	36,0	36,1
30	36,3	36,4	36,5	36,6	36,7	36,8	36,9	37,1	37,2	37,3
31	37,4	37,5	37,6	37,7	37,9	38,0	38,1	38,2	38,3	38,4
32	38,5	38,6	38,8	38,9	39,0	39,1	39,2	39,3	39,4	39,5
33	39,7	39,8	39,9	40,0	40,1	40,2	40,3	40,4	40,6	40,7
34	40,8	40,9	41,0	41,1	41,2	41,3	41,5	41,6	41,7	41,8
35	41,9	42,0	42,1	42,2	42,3	42,5	42,6	42,7	42,8	42,9
36	43,0	43,1	43,2	43,3	43,5	43,6	43,7	43,8	43,9	44,0
37	44,1	44,2	44,3	44,4	44,6	44,7	44,8	44,9	45,0	45,1
38	45,2	45,3	45,4	45,5	45,7	45,8	45,9	46,0	46,1	46,2
39	46,3	46,4	46,5	46,6	46,7	46,9	47,0	47,1	47,2	47,3
40	47,4	47,5	47,6	47,7	47,8	47,9	48,0	48,2	48,3	48,4
41	48,5	48,6	48,7	48,8	48,9	49,0	49,1	49,2	49,3	49,4
42	49,5	49,7	49,8	49,9	50,0	50,1	50,2	50,3	50,4	50,5
43	50,6	50,7	50,8	50,9	51,0	51,1	51,2	51,4	51,5	51,6
44	51,7	51,8	51,9	52,0	52,1	52,2	52,3	52,4	52,5	52,6
45	52,7	52,8	52,9	53,0	53,1	53,2	53,4	53,5	53,6	53,7
46	53,8	53,9	54,0	54,1	54,2	54,3	54,4	54,5	54,6	54,7
47	54,8	54,9	55,0	55,1	55,2	55,3	55,4	55,5	55,6	55,7
48	55,8	55,9	56,0	56,2	56,3	56,4	56,5	56,6	56,7	56,8
49	56,9	57,0	57,1	57,2	57,3	57,4	57,5	57,6	57,7	57,8
50	57,9	58,0	58,1	58,2	58,3	58,4	58,5	58,6	58,7	58,8

Tafel 5

Volumenkonzentration bei 20 °C in Prozent (% vol)

% mas	,0	,1	,2	,3	,4	,5	,6	,7	,8	,9
51	58,9	59,0	59,1	59,2	59,3	59,4	59,5	59,6	59,7	59,8
52	59,9	60,0	60,1	60,2	60,3	60,4	60,5	60,6	60,7	60,8
53	60,9	61,0	61,1	61,2	61,3	61,4	61,5	61,6	61,7	61,8
54	61,9	62,0	62,1	62,2	62,3	62,4	62,5	62,6	62,7	62,8
55	62,9	63,0	63,1	63,2	63,3	63,4	63,5	63,6	63,7	63,8
56	63,9	64,0	64,1	64,2	64,3	64,4	64,5	64,6	64,7	64,8
57	64,9	65,0	65,0	65,1	65,2	65,3	65,4	65,5	65,6	65,7
58	65,8	65,9	66,0	66,1	66,2	66,3	66,4	66,5	66,6	66,7
59	66,8	66,9	67,0	67,1	67,2	67,3	67,4	67,5	67,6	67,6
60	67,7	67,8	67,9	68,0	68,1	68,2	68,3	68,4	68,5	68,6
61	68,7	68,8	68,9	69,0	69,1	69,2	69,3	69,4	69,4	69,5
62	69,6	69,7	69,8	69,9	70,0	70,1	70,2	70,3	70,4	70,5
63	70,6	70,7	70,8	70,9	70,9	71,0	71,1	71,2	71,3	71,4
64	71,5	71,6	71,7	71,8	71,9	72,0	72,1	72,2	72,2	72,3
65	72,4	72,5	72,6	72,7	72,8	72,9	73,0	73,1	73,2	73,3
66	73,3	73,4	73,5	73,6	73,7	73,8	73,9	74,0	74,1	74,2
67	74,3	74,3	74,4	74,5	74,6	74,7	74,8	74,9	75,0	75,1
68	75,2	75,3	75,3	75,4	75,5	75,6	75,7	75,8	75,9	76,0
69	76,1	76,1	76,2	76,3	76,4	76,5	76,6	76,7	76,8	76,9
70	77,0	77,0	77,1	77,2	77,3	77,4	77,5	77,6	77,7	77,7
71	77,8	77,9	78,0	78,1	78,2	78,3	78,4	78,5	78,5	78,6
72	78,7	78,8	78,9	79,0	79,1	79,1	79,2	79,3	79,4	79,5
73	79,6	79,7	79,8	79,8	79,9	80,0	80,1	80,2	80,3	80,4
74	80,4	80,5	80,6	80,7	80,8	80,9	81,0	81,0	81,1	81,2
75	81,3	81,4	81,5	81,6	81,6	81,7	81,8	81,9	82,0	82,1
76	82,2	82,2	82,3	82,4	82,5	82,6	82,7	82,7	82,8	82,9
77	83,0	83,1	83,2	83,3	83,3	83,4	83,5	83,6	83,7	83,8
78	83,8	83,9	84,0	84,1	84,2	84,3	84,3	84,4	84,5	84,6
79	84,7	84,7	84,8	84,9	85,0	85,1	85,2	85,2	85,3	85,4
80	85,5	85,6	85,7	85,7	85,8	85,9	86,0	86,1	86,1	86,2
81	86,3	86,4	86,5	86,5	86,6	86,7	86,8	86,9	86,9	87,0
82	87,1	87,2	87,3	87,4	87,4	87,5	87,6	87,7	87,8	87,8
83	87,9	88,0	88,1	88,1	88,2	88,3	88,4	88,5	88,5	88,6
84	88,7	88,8	88,9	88,9	89,0	89,1	89,2	89,3	89,3	89,4
85	89,5	89,6	89,6	89,7	89,8	89,9	90,0	90,0	90,1	90,2
86	90,3	90,3	90,4	90,5	90,6	90,6	90,7	90,8	90,9	90,9
87	91,0	91,1	91,2	91,3	91,3	91,4	91,5	91,6	91,6	91,7
88	91,8	91,9	91,9	92,0	92,1	92,2	92,2	92,3	92,4	92,5
89	92,5	92,6	92,7	92,8	92,8	92,9	93,0	93,0	93,1	93,2
90	93,3	93,3	93,4	93,5	93,6	93,6	93,7	93,8	93,8	93,9
91	94,0	94,1	94,1	94,2	94,3	94,4	94,4	94,5	94,6	94,6
92	94,7	94,8	94,9	94,9	95,0	95,1	95,1	95,2	95,3	95,3
93	95,4	95,5	95,6	95,6	95,7	95,8	95,8	95,9	96,0	96,0
94	96,1	96,2	96,2	96,3	96,4	96,5	96,5	96,6	·96,7	96,7
95	96,8	96,9	96,9	97,0	97,1	97,1	97,2	97,3	97,3	97,4
96	97,5	97,5	97,6	97,7	97,7	97,8	97,9	97,9	98,0	98,1
97	98,1	98,2	98,3	98,3	98,4	98,4	98,5	98,6	98,6	98,7
98	98,8	98,8	98,9	99,0	99,0	99,1	99,1	99,2	99,3	99,3
99	99,4	99,5	99,5	99,6	99,6	99,7	99,8	99,8	99,9	99,9
100	100,0									

Tafel 6

ρ (20 °C) $\frac{kg}{m^3}$	q % vol	c $\frac{g}{100\ ml}$	p % mas	ρ (20 °C) $\frac{kg}{m^3}$	q % vol	c $\frac{g}{100\ ml}$	p % mas
939,0	45,30	35,75	38,08	**944,0**	42,45	33,50	35,49
,1	45,25	35,71	38,03	,1	42,39	33,46	35,44
,2	45,19	35,67	37,97	,2	42,33	33,41	35,38
,3	45,13	35,62	37,92	,3	42,27	33,36	35,33
,4	45,08	35,58	37,87	,4	42,21	33,32	35,28
,5	45,02	35,53	37,82	,5	42,15	33,27	35,22
,6	44,97	35,49	37,77	,6	42,09	33,22	35,17
,7	44,91	35,45	37,72	,7	42,03	33,18	35,12
,8	44,86	35,40	37,67	,8	41,97	33,13	35,06
,9	44,80	35,36	37,62	,9	41,92	33,08	35,01
940,0	44,74	35,31	37,57	**945,0**	41,86	33,03	34,96
,1	44,69	35,27	37,52	,1	41,80	32,99	34,90
,2	44,63	35,23	37,47	,2	41,74	32,94	34,85
,3	44,58	35,18	37,41	,3	41,68	32,89	34,80
,4	44,52	35,14	37,36	,4	41,62	32,85	34,74
,5	44,46	35,09	37,31	,5	41,56	32,80	34,69
,6	44,41	35,05	37,26	,6	41,50	32,75	34,63
,7	44,35	35,00	37,21	,7	41,44	32,70	34,58
,8	44,29	34,96	37,16	,8	41,38	32,66	34,53
,9	44,24	34,91	37,11	,9	41,32	32,61	34,47
941,0	44,18	34,87	37,06	**946,0**	41,26	32,56	34,42
,1	44,12	34,82	37,00	,1	41,19	32,51	34,36
,2	44,07	34,78	36,95	,2	41,13	32,46	34,31
,3	44,01	34,73	36,90	,3	41,07	32,42	34,26
,4	43,95	34,69	36,85	,4	41,01	32,37	34,20
,5	43,90	34,64	36,80	,5	40,95	32,32	34,15
,6	43,84	34,60	36,75	,6	40,89	32,27	34,09
,7	43,78	34,55	36,69	,7	40,83	32,22	34,04
,8	43,72	34,51	36,64	,8	40,77	32,18	33,98
,9	43,67	34,46	36,59	,9	40,71	32,13	33,93
942,0	43,61	34,42	36,54	**947,0**	40,65	32,08	33,87
,1	43,55	34,37	36,49	,1	40,58	32,03	33,82
,2	43,50	34,33	36,43	,2	40,52	31,98	33,77
,3	43,44	34,28	36,38	,3	40,46	31,93	33,71
,4	43,38	34,24	36,33	,4	40,40	31,89	33,66
,5	43,32	34,19	36,28	,5	40,34	31,84	33,60
,6	43,26	34,15	36,23	,6	40,28	31,79	33,55
,7	43,21	34,10	36,17	,7	40,21	31,74	33,49
,8	43,15	34,05	36,12	,8	40,15	31,69	33,44
,9	43,09	34,01	36,07	,9	40,09	31,64	33,38
943,0	43,03	33,96	36,02	**948,0**	40,03	31,59	33,32
,1	42,97	33,92	35,96	,1	39,97	31,54	33,27
,2	42,92	33,87	35,91	,2	39,90	31,49	33,21
,3	42,86	33,83	35,86	,3	39,84	31,44	33,16
,4	42,80	33,78	35,81	,4	39,78	31,39	33,10
,5	42,74	33,73	35,75	,5	39,72	31,35	33,05
,6	42,68	33,69	35,70	,6	39,65	31,30	32,99
,7	42,62	33,64	35,65	,7	39,59	31,25	32,94
,8	42,57	33,59	35,59	,8	39,53	31,20	32,88
,9	42,51	33,55	35,54	,9	39,46	31,15	32,82

Tafel 6

ρ (20 °C) $\frac{kg}{m^3}$	q % vol	c $\frac{g}{100\ ml}$	ρ % mas	ρ (20 °C) $\frac{kg}{m^3}$	q % vol	c $\frac{g}{100\ ml}$	ρ % mas
879,0	72,60	57,30	65,19	**884,0**	70,63	55,74	63,06
,1	72,57	57,27	65,15	,1	70,59	55,71	63,01
,2	72,53	57,24	65,10	,2	70,55	55,68	62,97
,3	72,49	57,21	65,06	,3	70,51	55,65	62,93
,4	72,45	57,18	65,02	,4	70,47	55,61	62,88
,5	72,41	57,15	64,98	,5	70,43	55,58	62,84
,6	72,37	57,12	64,93	,6	70,39	55,55	62,80
,7	72,33	57,09	64,89	,7	70,35	55,52	62,76
,8	72,29	57,05	64,85	,8	70,31	55,49	62,71
,9	72,25	57,02	64,81	,9	70,27	55,46	62,67
880,0	72,21	56,99	64,76	**885,0**	70,23	55,42	62,63
,1	72,17	56,96	64,72	,1	70,19	55,39	62,58
,2	72,13	56,93	64,68	,2	70,15	55,36	62,54
,3	72,09	56,90	64,64	,3	70,11	55,33	62,50
,4	72,05	56,87	64,59	,4	70,07	55,30	62,46
,5	72,02	56,84	64,55	,5	70,02	55,27	62,41
,6	71,98	56,81	64,51	,6	69,98	55,23	62,37
,7	71,94	56,78	64,47	,7	69,94	55,20	62,33
,8	71,90	56,74	64,42	,8	69,90	55,17	62,28
,9	71,86	56,71	64,38	,9	69,86	55,14	62,24
881,0	71,82	56,68	64,34	**886,0**	69,82	55,11	62,20
,1	71,78	56,65	64,30	,1	69,78	55,08	62,15
,2	71,74	56,62	64,25	,2	69,74	55,04	62,11
,3	71,70	56,59	64,21	,3	69,70	55,01	62,07
,4	71,66	56,56	64,17	,4	69,66	54,98	62,03
,5	71,62	56,53	64,12	,5	69,62	54,95	61,98
,6	71,58	56,49	64,08	,6	69,58	54,92	61,94
,7	71,54	56,46	64,04	,7	69,54	54,88	61,90
,8	71,50	56,43	64,00	,8	69,50	54,85	61,85
,9	71,46	56,40	63,95	,9	69,46	54,82	61,81
882,0	71,42	56,37	63,91	**887,0**	69,42	54,79	61,77
,1	71,38	56,34	63,87	,1	69,38	54,76	61,72
,2	71,34	56,31	63,83	,2	69,34	54,72	61,68
,3	71,30	56,28	63,78	,3	69,30	54,69	61,64
,4	71,26	56,24	63,74	,4	69,26	54,66	61,60
,5	71,22	56,21	63,70	,5	69,22	54,63	61,55
,6	71,18	56,18	63,65	,6	69,18	54,60	61,51
,7	71,14	56,15	63,61	,7	69,13	54,56	61,47
,8	71,11	56,12	63,57	,8	69,09	54,53	61,42
,9	71,07	56,09	63,53	,9	69,05	54,50	61,38
883,0	71,03	56,06	63,48	**888,0**	69,01	54,47	61,34
,1	70,99	56,02	63,44	,1	68,97	54,44	61,29
,2	70,95	55,99	63,40	,2	68,93	54,40	61,25
,3	70,91	55,96	63,36	,3	68,89	54,37	61,21
,4	70,87	55,93	63,31	,4	68,85	54,34	61,17
,5	70,83	55,90	63,27	,5	68,81	54,31	61,12
,6	70,79	55,87	63,23	,6	68,77	54,27	61,08
,7	70,75	55,84	63,18	,7	68,73	54,24	61,04
,8	70,71	55,80	63,14	,8	68,69	54,21	60,99
,9	70,67	55,77	63,10	,9	68,65	54,18	60,95

FERTIGSTELLEN

Abb. 42

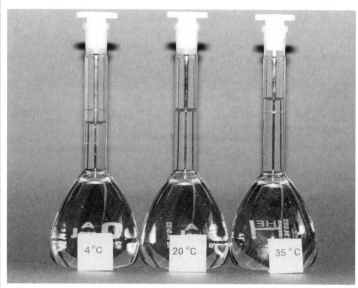

Temperaturabhängigkeit des Volumens einer Alkohol-Wasser-Mischung mit 45 %vol

4.4.3. Berechnung der erforderlichen Wassermenge

Bei der Berechnung der erforderlichen Wasssermenge gibt es die unterschiedlichsten Varianten. In der Praxis weit verbreitet sind verschiedene Methoden, einen Näherungswert zu bestimmen und sich dann mit der portionsweisen Zugabe kleiner Wassermengen an die endgültige Trinkstärke heranzutasten. Eine exakte Berechnung der erforderlichen Wassermenge wird nur selten durchgeführt, da sie nicht ganz einfach ist.

Eigene Erfahrungen mit Qualitätskontrolluntersuchungen über mehrere Jahre haben gezeigt, daß eine große Zahl von Brennern das Einstellen des Alkoholgehalts entweder nicht so genau nimmt oder nicht beherrscht.

Für das Herabsetzen eines Destillats ist es neben einer exakten Bestimmung von Alkoholgehalt und Temperatur des Mittellaufs (siehe Kapitel 4.4.1.) unumgänglich, einige Grundbegriffe zu unterscheiden.

Konzentrationsangaben sind grundsätzlich möglich in:

Volumenprozent = ml Alkohol in 100 ml Alkohol-Wasser-Mischung

%vol = l Alkohol in 1000 l Alkohol-Wasser-Mischung

Massenprozent = g Alkohol in 100 g Alkohol-Wasser-Mischung

%mas = kg Alkohol in 100 kg Alkohol-Wasser-Mischung

Es ist zu beachten, daß das Volumen stets temperaturabhängig ist (Abb. 42), während die Masse nicht temperaturabhängig ist.

Da sich Alkohol-Wasser-Mischungen mit steigender Temperatur ausdehnen, bedeutet dies, daß 100 ml Alkohol-Wasser-Mischung von z. B. 50 %vol bei 25 °C aufgrund der Volumenvergrößerung weniger wiegen als 100 ml Alkohol-Wasser-Mischung von 50 %vol bei 18 °C. Bei allen Berechnungsarten ist deshalb darauf zu achten, daß Volumen- und Massenangaben nicht wahllos durcheinander benutzt werden. Hier liegt einer der Hauptgründe für die Häufigkeit der ungenau eingestellten Alkoholgehalte.

Ein weiteres Problem, das beim Herabsetzen zu berücksichtigen ist, ist die sogenannte Volumenkontraktion bei Alkohol-Wasser-Mischungen. Gibt man 100 Liter Wasser zu 100 Liter Alkohol, erhält man als Gesamtmenge nicht 200 Liter, sondern nur 193 Liter Alkohol-Wasser-Mischung. Wegen der Volumenkontraktion liegt der Alkoholgehalt dieser Mischung in Abhängigkeit von der Temperatur auch höher als 50 %vol. Gibt man 100 Kilogramm Wasser zu 100 Kilogramm Alkohol, erhält man exakt 200 Kilogramm Alkohol-Wasser-Mischung mit genau 50 %mas.

Beim Abwiegen und der Berechnung über Massenprozente spielt die Volumenkontraktion keine Rolle.

Die Volumenkontraktion ist beim Mischen gleicher Mengen reinen Alkohols und Wassers am größten. Je geringer der Alkoholgehalt des Destillats ist, desto geringer ist die Volumenkontraktion bei der Zugabe von Wasser. Die Kontraktion ist eine variable Größe, die für jede Mischung neu berechnet werden muß.

Die Amtlichen Alkoholtafeln sind daher für den Brenner eine wichtige Arbeitsgrundlage, da hier die Kontraktionen für alle Temperaturen und alle Mischungsverhältnisse eingearbeitet sind. Sie ermöglichen auch die Umrechnung von %vol in %mas und umgekehrt.

4.4.3.1. Berechnung über Näherungsformel

Bei dieser Berechnung bleibt die Volumenkontraktion unberücksichtigt, weshalb sie nur ungenau ist.

Zuerst bestimmt der Brenner den Alkoholgehalt seines Mittellaufes bei 20 °C, indem er Alkoholgehalt und Temperatur des Destillates ermittelt und in der Tafel 1 (Abb. 33) der Amtlichen Alkoholtafeln den Alkoholgehalt bei 20 °C abliest.

Näherungsformel

Liter Destillat x Alkoholgehalt in %vol / gewünschter Alkoholgehalt in %vol = Liter herabgesetztes Destillat

Liter herabgesetztes Destillat - Liter Destillat = benötigte Wassermenge

---

In einem Beispiel sei dieser Alkoholgehalt bei 20 °C 70 %vol. Die Destillatmenge beträgt 50 Liter. Der trinkfertige Brand soll auf 42 %vol bei 20 °C eingestellt werden.

In unserem Beispiel:

$$\frac{50 \text{ l Destillat} \times 70 \text{ \%vol}}{42 \text{ \%vol}}$$

= 83,3 l herabgesetztes Destillat

83,3 l - 50 l = 33,3 l Wasser

Nach der Zugabe von 33,3 Litern Wasser zu den 50 Liter Destillat wird eine Trinkstärke erreicht, die etwas über 42 %vol liegt und am besten durch Spindeln bestimmt wird.

Durch portionsweise Zugabe kleiner Wassermengen und wiederholtes Spindeln kann man sich an die gewünschten 42 %vol herantasten.

4.4.3.2. Exakte Berechnung über das Mischungskreuz

Das exakte Herabsetzen eines Destillates erfolgt nach Berechnung der zu verwendenden Wassermenge über das Mischungskreuz. Hier müssen die Konzentrationen in Massenprozent (%mas), die aus den Amtlichen Alkoholtafeln zu entnehmen sind, eingesetzt werden.

Diese Art der Berechnung ist sehr exakt und bedarf keiner nachträglichen Korrektur, da die Volumenkontraktion berücksichtigt wird, sie ist jedoch recht kompliziert.

Subtrahiert man die gewünschte Alkoholkonzentration in %mas von der Destillatkonzentration in %mas, so erhält man die benötigte Wassermenge in Kilogramm, die einer aus der Differenz der gewünschten Alkoholkonzentration in %mas abzüglich der 0 %mas des Verdünnungswassers erhaltenen Destillatmenge in Kilogramm zugesetzt werden muß.

Beispiel:

70 %vol bei 20 °C entsprechen nach Tafel 4 (Abb. 36) der Amtlichen Alkoholtafeln einer Konzentration von 62,4 %mas.

Die gewünschte Trinkstärke von 42 %vol bei 20 °C entspricht 35,1 %mas.

Gibt man den 50 Litern Destillat mit 70 %vol exakt 34,44 Kilogramm Wasser zu, so ergibt sich eine exakte Trinkstärke von 42 %vol.

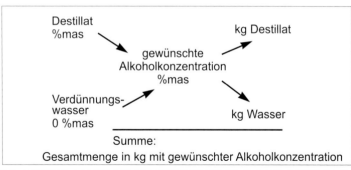

Destillat %mas → gewünschte Alkoholkonzentration %mas → kg Destillat

Verdünnungswasser 0 %mas → gewünschte Alkoholkonzentration %mas → kg Wasser

Summe:
Gesamtmenge in kg mit gewünschter Alkoholkonzentration

Aufgrund der Berücksichtigung der Volumenkontraktion werden 1,14 l Wasser mehr zugesetzt, als nach der Näherungsformel berechnet werden.

Die Massenbestimmung durch Wiegen ist stets genauer als jegliche Volumenbestimmung (Auslitern) des Destillates. Dazu muß eine Waage mit genügend großem Wägebereich und ausreichender Genauigkeit zur Verfügung stehen.

In modernen Betrieben ist heute die exakte Berechnung der zum Herabsetzen erforderlichen Wassermenge mit Hilfe eines kommerziell erhältlichen EDV-Programmes üblich.

4.4.4. Durchführung

Beim Mischen von Wasser und Destillat lassen sich Trübungen meist nicht vermeiden. Dies gilt auch dann, wenn geeignetes Wasser (Kapitel 4.4.2.) verwendet wird, da es neben den Trübungen, die durch die Härtebildner des Wassers verursacht werden, auch noch andere Trübungsursachen gibt, und zwar neben Metallen wie Eisen und Kupfer eine Reihe von gut alkohol-, aber schlecht wasserlöslichen Inhaltsstoffen des Destillates. Zu ihnen zählen Aromastoffe (z. B. die Decadiensäureester des Williamsbrandes), höhere Alkohole, ätherische Öle, Terpene und Fettsäureester. Je weiter die Alkoholkonzentration sinkt, desto geringer ist ihre Löslichkeit, d. h. sie können Trübungen bilden. Während ätherische Öle an der Ausbildung von Öltröpfchen auf der Oberfläche des Destillates zu erkennen sind, führen Ausscheidungen von Terpenen zu einer bläulich-milchigen Eintrübung, die beim Erwärmen der Destillate wieder verschwindet.

Besonders reich an ätherischen Ölen sind Wacholder-, Williams- und Hefedestillate.

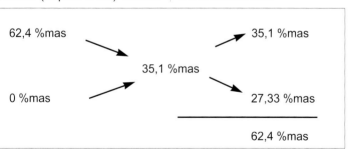

35,1 kg Destillat mit 62,4 %mas + 27,3 kg Wasser ergeben 62,4 kg eingestelltes Destillat mit 35,1 %mas.

Benötigte Wassermenge für 50 l Destillat:

1 l Destillat mit 70 %vol wiegt 0,8856 kg (Tafel 6, Abb. 38).

50l Destillat wiegen 50 x 0,8865 = 44,28 kg.

$$\frac{44{,}28 \text{ kg Destillat x } 27{,}3 \text{ kg Wasser}}{35{,}1 \text{ kg Destillat}} = 34{,}44 \text{ kg Wasser}$$

Abb. 43

Herabsetzen des Destillates

Um eine frühzeitige Ausbildung solcher Trübungen schon bei höheren Alkoholgehalten zu unterdrücken (zu starke lokal begrenzte Verdünnung), ist es hilfreich, wenn das Wasser unter ständigem Rühren zum Destillat gegeben wird und nicht umgekehrt (Abb. 43). Würde man das Destillat zum Verdünnungswasser geben, so würden durch die zu Beginn vorliegende geringe Alkoholkonzentration zahlreiche der oben beschriebenen Inhaltsstoffe ausfallen, die sich erfahrungsgemäß bei einem Anstieg der Alkoholkonzentration nicht mehr vollständig lösen.

Sinnvoll sind auch ein portionsweiser Wasserzusatz, bei dem immer wieder für gute Durchmischung gesorgt wird, und besonders langsame Wasserzugabe (eventuell über eine Tropfvorrichtung), wenn die gewünschte Alkoholkonzentration schon fast erreicht ist.

Die Temperatur von Destillat und Verdünnungswasser sollte gleich sein.

4.4.5. Kühlen und Filtrieren

Ob trotz der beschriebenen Vorgehensweise Trübungen auftreten, hängt stark von den Inhaltsstoffen des jeweiligen Brandes ab. Wird ein Brand beim Herabsetzen nicht trüb, heißt das nicht, daß er auf Dauer klar bleibt. Obwohl qualitätsbewußte Verbraucher heute wissen, daß ein Obstbrand nicht gekühlt serviert wird, kann der Hersteller nicht mit Sicherheit ausschließen, daß der Konsument das Produkt im Kühlschrank aufbewahrt und dann eine auftretende Trübung reklamiert. Die meisten Verbraucher erwarten, daß ein Obstbrand auch dann klar bleibt, wenn man ihn zu niedrigen Temperaturen aussetzt, was beim Transport im Winter der Fall sein kann.

Müssen Trübungen durch Filtration entfernt werden, kann dies den Brand sowohl positiv als auch negativ beeinflussen. Werden die Trübungen durch erhöhte Gehalte an Fuselölen hervorgerufen, verbessert sich die Qualität des Brandes durch die Filtration; sind Aromastoffe die Ursache, kann die Qualität leiden.

Die Filtration muß also nicht unbedingt negativ für das Erzeugnis sein.

Durch sachgemäße Kühlung und Filtration wird sichergestellt, daß das Produkt auch bei unsachgemäßer Lagerung durch den Verbraucher (Kühlschrank) nicht trüb wird.

4.4.5.1. Kühlung

Die Wirksamkeit der Kühllagerung, die eine wesentliche Vor-

aussetzung für die nachfolgende Filtration darstellt, ist zum einen von der Temperatur, zum anderen von der Kühldauer abhängig. Die Ausbildung einer stabilen, durch Filtration gut abtrennbaren Trübung braucht Zeit. Als Faustregel gilt: Je tiefer die Temperatur ist, desto kürzer kann die Zeit sein. So wird nach Erfahrungen aus der Praxis bei Temperaturen von ca. 0 °C eine Lagerzeit von ca. 14 Tagen, bei -4 °C von drei bis vier Tagen empfohlen. Niedrigere Temperaturen wirken sich nachteilig auf das Destillat aus, da zu viele Inhaltsstoffe ausgefällt werden können. Bei Temperaturen über 0°C kann trotz einer längeren Lagerzeit nicht sichergestellt werden, daß sich keine Trübungen mehr ausbilden können, da keine vollständige Ausscheidung der trübungsverursachenden Inhaltsstoffe erfolgt. Die Produkte sind später bei Kühlschranktemperaturen nicht immer trübungsstabil.

Dennoch ist in der Praxis eine längere Lagerung über mehrere Wochen bei Temperaturen von 3-6° C zur Ausscheidung von Trübungen üblich.

Die in jüngster Zeit von verschiedenen Herstellern angepriesene Warmfiltration ohne Kühlung ist kritisch zu bewerten. Da bei Raumtemperatur in herabgesetzten Destillaten nur eine vergleichbar geringe Trübung auftritt, werden bei der sogenannten Warmfiltration auch nur geringe Mengen an trübungsverursachenden Inhaltsstoffen, die auch aromarelevant sein können, entfernt. Das Aroma wird hier zwar geschont, dafür ist aber keine Trübungsstabilität bei Temperaturen unterhalb der Filtrationstemperatur gegeben. Auch wenn der Anteil der Verbraucher sinkt, die ein Destillat im Kühlschrank aufbewahren, so kann ein Transport des Produktes im Winter bereits zu einer erneuten Trübungsausbildung führen.

Art und Ausmaß der Kühlung (Kältegrade und Zeitdauer) müssen vom Brenner nach eigenen Erfahrungen ausgewählt werden. Es muß stets ein Kompromiß zwischen einer absoluten Trübungsstabilität einerseits und einer Minimierung der mit zunehmender

Tab. 8

Trübungen in Spirituosen und deren Beseitigung

Trübungs-auslöser	Ursache	Erkennung im Destillat	Vermeidung	Beseitigung
Terpene	natürliche, aroma-prägende Fruchtbe-standteile	bläulich-milchige Opaleszenz; Ausfällungen bei niedrigen Temperaturen	Optimierung der Technik	Schönungen der Rohbrände (Kieselgur, Bentonit, Magnesium-oxid); kalte
ätherische Öle	natürliche, aroma-prägende Fruchtbe-standteile	Fetttröpfchen; Fettaugen an der Oberfläche	Optimierung der Brenntechnik	scharfe Filtration (-2 bis +2 ∞C), bei 5% vol unter
Fuselöle	Gärungs-nebenprodukte	als Trübung nach Ein-stellung auf Trinkstarke	Verwendung von Reinzuchthefe	Trinkstärke und verringerter Filtrationsge-schwindigkeit
Schwermetalle in Kombination mit Gerbstoffen	Kontakt mit und/oder Lagerung in kupfer- oder eisenhaltigen Werkstoffen; Verarbeitungs-technologie; Verschnitt mit schwermetall-reichem Wasser	Verfärbungen, Trübungen	Vermeidung von Berührung der Destillate mit blanken Kupfer- und Eisenteilen	Umdestilieren, Kationenaus-tauscher; scharfe Filtration (Tiefen- oder Membran-filtration)
Härtebildner (Calcium- und Magnesium-ionen)	hartes Verschnitt-wasser	flockige Trübungen, Kristallab-scheidungen	Einstellung mit enthärtetem oder ent-mineralisiertem Wasser	Scharfe, kalte Filtration nach entsprechender Lagerung; umdestilieren

aus: Jung O. und Graf H., Kleinbrennerei 1995 (modifiziert)

Kühlung ansteigenden Aromaverluste andererseits eingegangen werden.

Kleine Destillatmengen können in Tiefkühltruhen gekühlt werden. Größere Gebinde werden in der Praxis im Winter im Freien gelagert, sofern keine speziellen Kühlräume oder Kühlgeräte zur Verfügung stehen. Eine elegante Möglichkeit der Destillatkühlung bietet das CASCO-Verfahren (siehe Kapitel 4.2), das durch selektive Abtrennung sensorisch negativer Komponenten während der Kühlung eine qualitative Verbesserung des Destillates bewirkt.

4.4.5.2. Filtration

Entscheidend für einen dauerhaften Filtrationserfolg sind sowohl die Temperatur, bei der filtriert wird als auch die Auswahl eines geeigneten Filtermaterials.

Für die Temperatur gilt, daß sie deutlich niedriger als die spätere Aufbewahrungstemperatur liegen muß. Gekühlte Destillate dürfen sich im Laufe der Filtration nicht nennenswert erwärmen, da sich sonst bereits ausgeschiedene Stoffe wieder lösen können. Die Produkte sind dann nicht dauerhaft trübungsstabil.

Bei der Auswahl des Filtermaterials muß darauf geachtet werden, daß es gerade fein genug ist, um alle Trübungen zu beseitigen, ohne zu viele aromaprägende Inhaltsstoffe durch Adsorption am Filtermaterial zu entfernen. Eine zu scharfe Filtration führt zu deutlichen Aromaverlusten.

Bei der Filtration von Bränden müssen die benötigten Filtersysteme vielfältige Aufgaben bewältigen. Sowohl feinverteilte als auch grobe Trubstoffe müssen sicher adsorbiert werden. Ferner muß größte Wirksamkeit für die Abscheidung von ätherischen, ölartigen Verbindungen sowie für die Abtrennung kristallartiger Ausscheidungen, Metalltrübungen und von Kohlepartikeln gegeben sein (Tab. 8). Da Filtersysteme auch nach wirtschaftlichen Aspekten eingesetzt werden, ist im Hinblick auf eine lange Einsatzdauer bei hoher Gesamtleistung natürlich eine hohe mechanische Belastbarkeit unerläßlich. Filtrationsgeräte müssen außerdem einfach in der Handhabung sein, d.h. einfache und schnelle Vorbereitung der Filterschichten bzw. -einsätze und eine leichte Reinigung sind wichtig.

Die für die Obstbrandfiltration hervorragenden Asbestfilterschichten sind aus gesundheitlichen Gründen seit langem verboten. Seither haben die Filterhersteller geeignete Alternativen entwickelt. Die heutigen Filtermaterialien kommen an die vielseitigen günstigen Eigenschaften der Asbestschichten heran, die gleichermaßen für kristalline Ausscheidungen und Öltröpfchen geeignet waren.

Der Einsatz von Aktivkohle als Filtermaterial - diese Systeme wurden für kurze Zeit zur Filtration ohne Kühlung angeboten - führt zwangsläufig zu deutlichen Aromaeinbußen, da Aromastoffe von Aktivkohle hervorragend adsorbiert werden. Aus diesem Grund wurde die Aktivkohle als Filtermaterial weitgehend ver-

Abb. 44

Foto:
Schliessmann

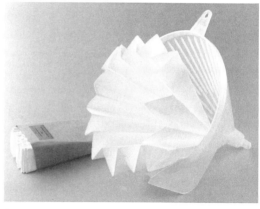

Trichterfilter

bannt und durch verbackenen pflanzlichen Kohlenstoff mit Kunststoffasern oder Sintermaterial ersetzt. Jüngste Untersuchungen von Glaub et al. beschreiben die Filtration bei Raumtemperatur mit diesen neuen Systemen als aromaschonend im Vergleich zu herkömmlichen Filtrationssystemen bei - 18 °C. Ein direkter Vergleich der unterschiedlichen Systeme bei gleicher Temperatur, der den Einfluß der jeweiligen Technik auf das Aromaprofil des Destillates aufzeigen würde, wurde von den Autoren leider nicht durchgeführt. Da bei Raumtemperatur eine deutlich geringere Trübung im Destillat auftritt als bei einer extrem niedrigen Temperatur von -18 °C, werden auch logischerweise weniger trübungsverursachende Substanzen bei der Filtration abgetrennt, und zwar unabhängig von der Art der Filtration. Dies führt dazu, daß die bei Raumtemperatur filtrierten Destillate bei tieferen Temperaturen nicht trübungsstabil sind. Hier

kann schon ein Transport der Produkte im Winter eine erneute Trübung hervorrufen.

Filtriert man mit den neuen Systemen bei 0 °C, so treten auch hier deutliche Aromaverluste auf, dafür erhöht sich aber die Stabilität gegenüber einer erneuten Trübung.

Zahlreiche Versuche der Filtration mit neuen Systemen führten bis jetzt noch nicht zum gewünschten Erfolg einer Trübungsstabilisierung mit gleichzeitiger Aromaschonung.

Die folgenden Filtriereinrichtungen haben sich in der Praxis bisher bewährt:

Bei **Faltenfiltern** oder **Trichterfiltern** handelt es sich um eine einfache Filtriereinrichtung, die besonders für kleine Mengen geeignet ist. In einen Trichter mit Faltenfilter, der auf einer Flasche sitzt, läuft das Destillat aus einem höherstehenden Vorratsgefäß (Abb. 44). Ein Überlaufen des Filters kann dadurch verhindert wer-

Abb. 45

Foto:
Schliessmann

Zylinderfilter

den, daß der Vorratsbehälter randvoll ist und mit einem Stopfen luftdicht verschlossen wird, während der schräg (!) abgeschnittene Ablaufschlauch am oberen Ende des Trichters im Faltenfilter hängt. Aus dem geöffneten Schlauch läuft immer nur so viel Destillat nach, wie durch den Filter abfiltriert wird. Erreicht der Destillatspiegel im Trichter das Schlauchende, läuft nichts mehr nach.

Zylinderfilter (Abb. 45) sind Anschwemmfilter, d.h. ein heute asbestfreies Filtermaterial wird mit etwas Destillat angerührt und in den Siebeinsatz eingefüllt. Es wird nun so lange Destillat vorsichtig in den Filter gegossen, bis es unten klar abläuft. Dadurch wird eine Filterschicht „angeschwemmt". Eine gleichmäßige Zulaufregelung (Quetschhahn) und damit eine gleichmäßige Füllhöhe ist unerläßlich, da ein Nachgießen in den leergelaufenen Filter die angeschwemmte Schicht zerstören würde.

Ein weitverbreitetes System, das zur Filtration kleiner und großer Destillatmengen geeignet ist, stellen **Schichtenfilter auf der Basis von Tiefenfilterschichten**

Abb. 46   Grafik: Fa. Begerow

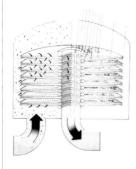

1. Fixierband
2. Kantenstützring
3. Flachdichtung
4. Flachadapter
5. Profildichtring
6. Drainagekörper
7. Verstärkungsvlies
8. Tiefenfilterschicht
9. Filterzelle
10. Randumspritzung

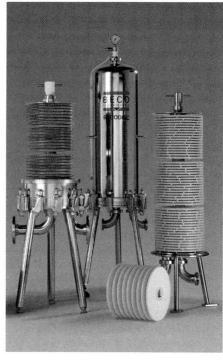

links: Bauteile und Filtrationsschema eines Tiefenfiltermodules

rechts: BECODISC® - Filtergeräte, 12" Durchmesser, v.l.n.r.:
- **Gehäusesockel mit erhöhtem Rand, 2 Aktivkohlemodule;**
- **geschlossenes Gehäuse, 3-fach hoch;**
- **offenes Gehäuse 3-fach hoch;**
- **im Vordergrund: 12" Modul mit erweitertem Abstand
  für Flüssigkeiten mit hohem Feststoffanteil**

dar. Hier ist durch die Auswahl eines entsprechend proportionierten Gerätes ein ideales Verhältnis von Mengenleistung und Kläreffekt erreichbar, d.h. große Destillatmengen können in kurzer Zeit sicher filtriert werden.

Das Rückhaltevermögen von **Tiefenfilterschichten** wird durch drei charakteristische Effekte bestimmt:

- mechanischer Siebeffekt

Durch den labyrinthartigen, dreidimensionalen Aufbau aus faserförmigen und hochporösen Materialien wie Kieselgur und Perliten, werden Trubpartikel aufgrund ihrer Größe im Labyrinth der Tie-

Abb. 47

Grafik:
Fa. Begerow

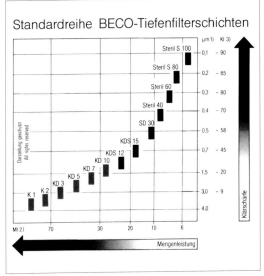

Tiefenfilterschichten der Firma Begerow

fenfilterschicht zurückgehalten. Durch diesen mechanischen Siebeffekt werden allmählich die freien Poren zugesetzt. Die Mengenleistung nimmt dabei bei konstantem Druck allmählich ab. Da die Abscheidung in erster Linie im Innern des Filtermediums (der „Tiefe") stattfindet, spricht man von Tiefenfilterschichten.

Stoffe, die in der Praxis vorrangig nach diesem Mechanismus zurückgehalten werden, sind z. B. Aktivkohleteilchen, Kristallausscheidungen und Hefen.

- Adsorption

Zusätzlich zum mechanischen Siebeffekt können kleinste Trubteilchen und kolloidal gelöste Stoffe aufgrund ihrer negativen Ladung adsorptiv zurückgehalten werden. Dabei sind die abzutrennenden Teilchen wesentlich klei-

ner als die Porenweite der Tiefenfilterschicht.

Der reine Siebeffekt oder die reine Adsorptionsfiltration werden in der Regel jedoch die Ausnahme sein, da die Größenverteilung der abzutrennenden Partikel sehr breit ist. Daher werden beide Vorgänge in Abhängigkeit vom zu filtrierenden Medium und der eingesetzten Tiefenfilterschicht in unterschiedlicher Ausprägung auftreten.

- Oberflächenfiltration

Hier werden Partikel, die größer sind als die Einlaufporen des Filters, an der Oberfläche zurückgehalten.

Zeitgemäße Tiefenfilterschichten zeichnen sich zusätzlich durch einen niedrigen Gehalt an löslichen Ionen aus. Besondere Bedeutung für den Brenner haben dabei Calcium-, Magnesium- und Eisenionen, die beim Übertritt in den zu filtrierenden Brand zu Trübungen führen könnten. Negative Einflüsse auf die Farbe der Destillate müssen minimiert sein.

Aufgrund ihrer adsorptiven Wirkungsmechanismen können Tiefenfilterschichten hervorragend ätherische, ölartige Verbindungen abtrennen. Zur sicheren Abscheidung terpenartiger Störsubstanzen wird im allgemeinen eine kalte Filtration bei +2 bis -2 °C empfohlen. Noch sicherer wird dieses Verfahren, wenn der Alkoholgehalt für die kalte Filtration auf 5% unter Trinkstärke und nach der Filtration der Alkoholgehalt mit dem gleichen Mittellauf neu eingestellt wird. Die Filtrationsgeschwindigkeit sollte nicht zu hoch sein.

Schichtenfilter als Plattenfilter eignen sich nur für größere Destillatmengen, da hier mit Ablaufverlusten gerechnet werden muß. Ihr Vorteil besteht darin, daß fertige Tiefenfilterschichten eingesetzt werden können. Diese Schichten müssen vor der Filtration gut gewässert werden, damit das Destillat nicht den Geschmack der Filterschichten annehmen kann. Durchflußmenge und Filtriergeschwindigkeit sind abhängig von der Schärfe der verwendeten Schichten. Für die Filtration von Obstbränden werden zur Schonung des Aromas im allgemeinen Schichten mittlerer Schärfe empfohlen.

Der Einsatz von Tiefenfilterschichten unter Verwendung von Plattenfiltern ist eine altbewährte und für die meisten Anwendungen die wirtschaftlichste Filtrationsvariante.

Die Entwicklung von **Modulfiltern** als geschlossene Systeme bietet neben den Vorzügen der Tiefenfilterschichten (hohe Partikelaufnahmekapazität und eine hohe Klärschärfe) zusätzlich die Möglichkeit der verlustfreien Filtration (keine Tropfverluste) unter Luftabschluß. Zur Filtration von sauerstoffempfindlichen Williams-Bränden kann das Modul zusätzlich mit CO_2 oder Stickstoff vorgespannt werden. In Abb. 46 ist der Aufbau eines Tiefenfiltermoduls dargestellt. In einer Moduleinheit sind hier 16 Filterzellen zusammengefaßt.

Tiefenfilterschichten in Plattenfiltern und Modulen sollten nur jeweils für eine Obstart verwendet werden. Da sie kaum regenerierbar sind, ist bei der Filtration verschiedener Obstsorten über die gleichen Schichten bzw. das gleiche Modul eine deutliche Verschleppung von Aromastoffen unvermeidbar. Ein Wechsel der Tiefenfilterschichten bzw. der Module ist zwischen der Filtration verschiedener Obstarten zwingend erforderlich.

Membranfilter sind üblicherweise als Kerzenfilter erhältlich, mit einer definierten Porenweite und einer speziellen Faltung, die eine große wirksame Oberfläche für die Filtration bietet. Alle Partikel, die größer sind als der Porendurchmesser, können die Membran nicht durchdringen. Um eine rasche Blockierung der Membran zu verhindern, stehen für die grobe Filtration vor der Membranfiltration Vorfilterkerzen auf Tiefenfilterbasis zur Verfügung.

So können grobe und feine Trubpartikel effektiv zurückgehalten werden. Aufgrund ihrer vielen Vorteile sind Kerzenfilter heute weit verbreitet. Sie werden sowohl für Großbetriebe als auch für Kleinbrenner angeboten.

Es gibt keine auswaschbaren Substanzen mehr (z.B. Fasern). Da es sich um ein geschlossenes System handelt, treten keine Tropf- oder Aromaverluste durch Verdunstungsvorgänge auf. Die Filtereinsätze sind bei einem Wechsel des zu filtrierenden Destillats leicht austauschbar. Sie müssen nicht zwangsläufig gewechselt werden, da sie durch Spülen regenerierbar sind, wodurch Aromaverschleppungen weitgehend vermieden werden. Durch die einfache Bedienung können kurze Filtrationszeiten erreicht werden. Die Betriebskosten sind gering, und bei regelmäßiger Regenerierung werden hohe Standzeiten erreicht.

Jede Filtration von Destillaten bei sehr tiefen Temperaturen (unter 0 °C) bewirkt eine sensorische Beeinflussung des filtrierten Produktes. Je tiefer und länger gekühlt wird, desto mehr Aromaverluste werden nach der Filtration deutlich. Andererseits soll das Produkt trübungsstabil sein. Durch Auswahl geeigneter Tiefenfilterschichten kann nach Fäth, Dries und Jung (1996) je nach Verfahrenstechnik ein Optimum an Stabilität erreicht werden. So sollten beispielsweise nach einer Lagerzeit von drei Monaten bei +4 °C klare Brände idealerweise mit BECO-KD 7-Schichten (Fa. Begerow) kalt filtriert werden; diese Tiefenfilter-

schichten liegen im mittelfeinen Klärbereich. Bei Kaltlagerung unter drei Monaten sollte die etwas schärfere BECO-Type KDS 12 (Fa. Begerow) eingesetzt werden. Dadurch lassen sich auch feinstkolloidale Trubstoffe, die von der BECO-KD 7 nicht erfaßt werden, sicher abtrennen. Durch Änderung der Rezepturen bei der Herstellung von Tiefenfilterschichten werden diese den Produktanforderungen angepaßt. Dies ermöglicht eine richtige Auswahl der geeigneten Tiefenfilterschicht für die jeweilige Problemstellung.

Die Firma Begerow empfiehlt für die Filtration von Obstbränden je nach gewünschtem Kläreffekt die Anwendung ihrer Schichten vom Typ BECO KD 3 bis BECO KDS 12 (Abb. 47).

Nach Empfehlungen der Firma Seitz sollten Obstbrände mit den Schichten Seitz K 100 bis KS 80 sehr scharf filtriert werden. Für Trester- und Hefebrände wird sogar Seitz KS 50 bzw. Seitz EK empfohlen. Es ist jedoch anzumerken, daß eine sehr scharfe Filtration zwar eine relativ große Sicherheit vor Trübungen bietet, bei empfindlichen Bränden aber auch zu deutlichen Aromaverlusten führen kann.

Bei jeder Filtration sollte ein Kompromiß zwischen weitgehender Trübungsstabilität einerseits und Aromaschonung andererseits, in Abhängigkeit vom jeweils zu filtrierenden Brand, angestrebt werden. Hier spielen das Fingerspitzengefühl und die Erfahrung des Brenners eine große Rolle.

Literatur

1) Dries, M., T. Jung und K.-P.- Fäth: Anforderungen an Tiefenfilterschichten zur Spirituosenfiltration, Firmenmitteilung, 1996

2) Eid, K.: Über Filtrieren und Filtrationsmethoden in der Obst-Abfindungsbrennerei, Kleinbrennerei 44, 222 ff, 1992

3) Glaub, R., H. J. Pieper und Th. Senn: Einfluß verschiedener Filtersysteme auf die sensorische Qualität von Obstbränden, Kleinbrennerei 50, 6 ff, 01/1998

4) Jung, O. und H. Graf: Filtration von Obstbränden, Kleinbrennerei 47, 4 ff, 1995

5) Scholten, G. und M. Kacprowski: Methanol in Bränden: Das Problem und die Lösung?, Kleinbrennerei 50, 6 ff, 08/1998

6) Scholten, G. und M. Kacprowski: Qualitätssteigerung durch Destillatbehandlung (I), alkohol-industrie 111, Ausg. 15/16, 1998

7) Scholten, G. und M. Kacprowski: Qualitätssteigerung durch Destillatbehandlung (II), alkohol-industrie 111, Ausg. 17, 1998

8) Physikalisch-Technische Bundesanstalt, Braunschweig und Berlin und Bundesmonopolverwaltung für Branntwein, Offenbach: Amtliche Alkoholtafeln

9) Pieper, H. J.: Zur Bestimmung des Alkoholgehaltes, Kleinbrennerei 46, 194 ff, 1994

10) Pieper, H. J., E. Bruchmann und E. Kolb: Technologie der Obstbrennerei. Verlag Eugen Ulmer Stuttgart, 1993

11) Pischl, J.: Schnapsbrennen. Leopold Stocker Verlag Graz, 1995

12) Tanner, H. und H. Brunner: Obstbrennerei heute. Verlag Heller Schwäbisch Hall, 1995

5.

Die gesetzlichen Grundlagen

von **Ing. Wolfgang Lukas**

5.1. Die EU-Verordnungen 1576/89 und 1014/90

Die EU-Verordnung 1576/89 definiert unter anderem die für uns wichtigen Erzeugnisse:

Begriffsbestimmungen einzelner Arten von Spirituosen

Getreidespirituose:

1. Die Spirituose, die durch Destillieren aus vergorener Getreidemaische gewonnen wird und die organoleptischen Merkmale der Ausgangsstoffe aufweist.

Die Bezeichnung „Getreidespirituose" kann für das in Deutschland sowie in den Gebieten der Gemeinschaft mit Deutsch als eine der Amtssprachen hergestellte Getränk durch die Bezeichnung „Korn" oder „Kornbrand" ersetzt werden, sofern dieses Getränk in diesen Regionen herkömmlicherweise hergestellt wird und wenn die Getreidespirituose ohne Zugabe von Zusatzstoffen dort wie folgt gewonnen wird:

- entweder ausschließlich durch Destillieren von vergorener Maische aus dem vollen Korn von Weizen, Gerste, Hafer, Roggen oder Buchweizen mit allen seinen Bestandteilen

- oder durch erneutes Destillieren eines gemäß dem ersten Gedankenstrich gewonnenen Destillats.

2. Um die Bezeichnung „**Getreidebrand**" führen zu können, muß die Getreidespirituose durch Destillieren zu weniger als 95 %vol aus vergorener Getreidemaische gewonnen werden und die organoleptischen Merkmale der Ausgangsstoffe aufweisen.

Branntwein:

Die Spirituose,

- die ausschließlich durch Destillieren zu weniger als 86 %vol von Wein oder Brennwein oder durch erneutes Destillieren zu weniger als 86 %vol eines Weindestillats gewonnen wird;

- die einen Gehalt an flüchtigen

Bestandteilen von 125 g/hl r. A. oder mehr und

- einen Höchstgehalt an Methanol von 200 g/hl r. A. aufweist.

Gereifter Branntwein kann weiterhin unter der Bezeichnung „Branntwein" vermarktet werden, wenn seine Reifezeit mindestens der Reifezeit für Brandy oder Weinbrand entspricht.

Brandy oder Weinbrand:

Die Spirituose,

- die aus Branntwein mit oder ohne Weindestillat, das zu weniger als 94,8 %vol destilliert ist, gewonnen wird, sofern dieses Destillat höchstens 50% des Alkoholgehalts des Fertigerzeugnisses nicht übersteigt und

- die in Eichenholzbehältern mindestens ein Jahr oder aber mindestens sechs Monate, wenn das Fassungsvermögen der Eichenfässer unter 1.000 Litern liegt, gereift ist;

- die einen Gehalt an flüchtigen Bestandteilen von 125 g/hl r. A. oder mehr ausschließlich aus der Destillation der verwendeten Ausgangsstoffe aufweist;

- einen Höchstgehalt an Methanol von 200 g/hl r. A. aufweist.

Tresterbrand oder Trester:

1. Die Spirituose,

- die aus vergorenem und destilliertem Traubentrester - entweder unmittelbar durch Wasserdampf oder nach Zusatz von Wasser - gewonnen wird, dem in einem nach dem Verfahren des Artikels 15 zu bestimmenden Umfang Trub zugesetzt worden sein kann, wobei die Destillation unter

Beigabe des Tresters zu weniger als 86 %vol vorgenommen wird; eine erneute Destillation auf denselben Alkoholgehalt ist zulässig

- die einen Gehalt an flüchtigen Bestandteilen von 140 g/hl r. A. oder mehr und einen Höchstgehalt an Methanol von 1.000 g/hl r. A. aufweist.

Während der Übergangszeit, die für Portugal in der Beitrittsakte von 1985 vorgesehen ist, kann in Portugal jedoch Tresterbrand vermarktet werden, der dort erzeugt wurde und einen Höchstgehalt an Methanol von 1.500 g/hl r. A. aufweist.

2. Die Bezeichnung „**Trester**" oder „**Tresterbrand**" kann nur für die in Italien hergestellte Spirituose durch die Bezeichnung „**Grappa**" ersetzt werden.

Brand aus Obsttrester:

Die Spirituose, die durch Gärung und Destillieren von Obsttrester gewonnen wird. Die Destillationsbedingungen, die Merkmale des Erzeugnisses und weitere Einzelheiten werden nach dem Verfahren des Artikels 15 festgelegt.

Zu bachten ist die EU-Verordnung 1014/90.

Obstbrand:

1. Die Spirituose,

- die ausschließlich durch alkoholische Gärung und Destillieren einer frischen fleischigen Frucht oder des frischen Mosts dieser Frucht - mit oder ohne Steine - gewonnen wird,

- die zu weniger als 86 %vol so destilliert wird, daß das Destillat das Aroma und den Geschmack der verwendeten Frucht behält,

- die einen Gehalt an flüchtigen Bestandteilen von 200 g/hl r. A. oder mehr aufweist,

- die einen Höchstgehalt an Methanol von 1.000 g/hl r. A. aufweist und

- deren Blausäuregehalt bei Steinobstbrand 10 g/hl r. A. nicht überschreiten darf.

Ausnahmen von den Bestimmungen des dritten, vierten und fünften Gedankenstriches können nach dem Verfahren des Artikels 15 beschlossen werden, insbesondere für die herkömmlichen Erzeugnisse, deren Herstellung und Verkauf einen wesentlichen Bestandteil des Einkommens bestimmter Obsterzeuger der Gemeinschaft ausmachen.

Die so definierte Spirituose wird unter Voranstellung des Namens der verwendeten Frucht als **„-brand"** bezeichnet: Kirschbrand oder Kirsch, Pflaumenbrand oder Slibowitz, Mirabellenbrand, Pfirsichbrand, Apfelbrand, Birnenbrand, Aprikosenbrand, Feigenbrand, Brand aus Zitrusfrüchten, Brand aus Weintrauben oder Brand aus sonstigen Früchten. Sie kann auch unter Voranstellung des Namens der verwendeten Frucht als **-wasser** bezeichnet werden.

Der Ausdruck **Williams** ist Birnenbrand vorbehalten, der ausschließlich aus Birnen der Sorte „Williams" gewonnen wird.

Werden die Maischen zweier oder mehrerer Obstarten zusammen destilliert, so wird das Erzeugnis als „Obstb**rand**" bezeich-

net. Ergänzend können die einzelnen Arten in absteigender Reihenfolge der verwendeten Mengen angeführt werden.

Die Fälle, in denen die Bezeichnung der Frucht an die Stelle der Bezeichnung „-brand" unter Voranstellung des Namens der betreffenden Frucht treten kann, und die Voraussetzungen, unter denen dies geschehen kann, werden nach dem Verfahren des Artikels 15 festgelegt.

Zu beachten ist die EU-Verordnung 1014/90.

2. Als „-brand" unter Voranstellung des Namens der verwendeten Frucht können ferner Spirituosen bezeichnet werden, die durch Einmaischen bestimmter Beeren und sonstiger Früchte wie z.B. Himbeeren, Brombeeren, Heidelbeeren und anderen, die teilweise vergoren oder nicht vergoren sind, in Äthylalkohol landwirtschaftlichen Ursprungs oder in Brand oder in einem Destillat entsprechend den Definitionen in dieser Verordnung und anschließendes Destillieren bei einer Mindestmenge von 100 kg Früchten auf 20 l r. A. gewonnen werden.

Um eine Verwechslung mit den Obstbränden nach Nummer 1 zu vermeiden, werden die Bedingungen für die Verwendung der Bezeichnung „-brand" unter Voranstellung des Namens der verwendeten Frucht sowie die betreffenden Früchte nach dem Verfahren des Artikels 15 festgelegt.

Zu beachten ist die EU-Verordnung 1014/90.

3. Die durch Einmaischen ganzer, nicht vergorener Früchte im Sinne der Nummer 2 in Äthylalkohol landwirtschaftlichen Ursprungs und durch anschließendes Destillieren gewonnenen Getränke können als **-geist** unter Voranstellung des Namens der verwendeten Frucht bezeichnet werden.

Brand aus Apfel- oder Birnenwein:

Die Spirituose,

- die durch ausschließliches Destillieren von Apfel- oder Birnenwein hergestellt wird und

- die den unter dem zweiten, dritten und vierten Gedankenstrich genannten Anforderungen für Obstbrand entspricht.

Enzian:

Die aus einem Enziandestillat hergestellte Spirituose, die durch Gärung von Enzianwurzeln mit oder ohne Zusatz von Äthylalkohol landwirtschaftlichen Ursprungs gewonnen wird.

Obstspirituose:

1. Die Spirituose, die durch Einmaischen einer Frucht in Äthylalkohol landwirtschaftlichen Ursprungs und/oder in Destillaten landwirtschaftlichen Ursprungs und/oder in Brand entsprechend den Definitionen in dieser Verordnung in einem gemäß dem Verfahren nach Artikel 15 zu bestimmenden Mindestverhältnis gewonnen wird (5 kg Frucht / 20 l r. A.).

Zur Aromatisierung können dieser Spirituose Aromastoffe und/oder Aromaextrake zugesetzt werden, die nicht von der verarbeiteten Frucht herrühren. Diese Aromastoffe und Aromaextrakte sind in Artikel 1 Absatz 2 Buchstabe b) Ziffer i) bzw. Buchstabe c) der Richtlinie 88/388/EWG definiert. Jedoch muß der charakteristische Geschmack des Getränks sowie dessen Färbung ausschließlich von der verarbeiteten Frucht stammen.

2. Das so definierte Getränk wird als „**Spirituose**" unter Voranstellung des Namens der verwendeten Frucht bezeichnet. Gemäß dem Verfahren des Artikels 15 wird bestimmt, in welchen Fällen und unter welchen Bedingungen diese Bezeichnung durch den Namen der Frucht ersetzt werden kann.

Als **Pacharán** kann jedoch nur die Obstspirituose bezeichnet werden, die in Spanien durch Einmaischen von Schlehen (Prunus espinosa) mit einer Fruchtmindestmenge von 250 g je Liter reinen Alkohols gewonnen wird.

Zu beachten ist die EU-Verordnung 1014/90

Die EU-Verordnung 1014/90 präzisiert einige der Anforderungen. Die wichtigsten Textpassagen lauten:

Artikel 2

Brand aus Obsttrester im Sinne des Artikels 1 Absatz 4 Buchstabe g) der Verordnung (EWG) Nr. 1576/89 ist die Spirituose, die ausschließlich durch Gärung und Destillieren zu weniger als 86 %vol von Obsttrester, ausgenommen Traubentrester, gewonnen wird. Eine erneute Destillation auf denselben Alkoholgehalt ist zulässig.

Der Mindestgehalt an flüchtigen Bestandteilen beträgt 200 g/hl r. A.

Der Höchstgehalt an Methanol beläuft sich auf 1.500 g/hl r. A.

Handelt es sich um Brand aus **Steinobsttrester**, beträgt der Höchstgehalt an Blausäure 10 g/hl r. A.

Die Verkehrsbezeichnung dieser Erzeugnisse lautet **„Brand aus -trester"** unter Einsetzung des Namens des betreffenden Obstes. Wird Tresterbrand unterschiedlicher Obstsorten verwendet, so lautet die Verkehrsbezeichnung **„Obsttresterbrand"**

Artikel 3

Zur Anwendung von Artikel 1 Absatz 4 Buchstabe i) Nummer 1 Buchstabe d) der Verordnung (EWG) Nr. 1576/89 darf nur bei nachstehenden Früchten und, soweit eine Irreführung des Verbrauchers ausgeschlossen ist, die Bezeichnung der Frucht an die Stelle der Bezeichnung **„-brand"** treten:

- Mirabellen (Prunus domestica L. var. syriaca),

- Pflaumen (Prunus domestica L.)

- Zwetschken (Prunus domestica L.),

- Erdbeerbaumfrüchte (Arbutus unedo L.),

- Apfel Golden Delicious.

Besteht die Gefahr, daß für den Endverbraucher eine dieser Bezeichnungen nur schwer verständlich ist, so wird diese durch den entsprechenden Oberbegriff und gegebenenfalls durch eine Erläuterung ergänzt.

Artikel 4

Ein alkoholisches Getränk gemäß Artikel 1 Absatz 4 Buchstabe i) Nummer 2 der Verordnung (EWG) Nr. 1576/89 darf als „-brand" unter Voranstellung des Namens der verwendeten Frucht bezeichnet werden, wenn das Etikett die zusätzliche Angabe „durch Einmaischen und Destillieren gewonnen" trägt.

Der vorstehende Absatz betrifft die aus den nachstehenden Früchten gewonnenen geistigen Getränke:

- Brombeeren (Rubus fructicosus L.)

- Erdbeeren (Fragaria L.)

- Blaubeeren (Vaccinium myrtillus L.)

- Himbeeren (Rubus Ideaus L.)

- Johannisbeeren (Ribes vulgare Lam.)

- Schlehen (Prunus Spinosa L.)

- Vogelbeeren (Sorbus domestica L.)

- Eberesche (Sorbus domestica L.)

- Stechpalme (Ilex cassine L.)

- Mehlbeerbaum (Sorbus torminalis L.)

- Holunder (Sambucus nigra L.)

- Hagebutte (Rosa canina L.)

- schwarze Johannisbeere (Ribes nigrum L.)

Artikel 5

Zur Anwendung von Artikel 1 Absatz 4 Buchstabe l) Nummer 1 der Verordnung (EWG) Nr. 1576/89 müssen mindestens 5 Kilogramm Früchte je 20 Liter r. A. verwendet werden.

5.2. Der Lebensmittelkodex - Spirituosen

5.2.1. Allgemeine Richtlinien

Spirituosen sind alle zum menschlichen Genuß bestimmten Getränke, in denen aus vergorenen zuckerhältigen Stoffen oder aus in Zuckern umgewandelten und vergorenen Stoffen durch Brennverfahren gewonnener Alkohol als ein wertbestimmender Bestandteil enthalten ist und deren Mindestalkoholgehalt - vorbehaltlich abweichender Regelungen - 15 %vol beträgt.

Wein, Obstwein und weinähnliche Getränke im Sinne des Weingesetzes, Bier (gemäß Codexkapitel B 13), alkoholhältige Verzehrprodukte und diätetische Lebensmittel im Sinne des Lebensmittelgesetzes, alkoholhältige Arzneimittel im Sinne des Arzneimittelgesetzes und Alkoholfrüchte (Früchte in Alkohol) (gemäß Codexkapitel B 5) unterliegen nicht diesem Kapitel.

Sogenannte Branntweinschärfen, das sind Stoffe, die lediglich den Zweck haben, einen höheren Alkoholgehalt vorzutäuschen oder die physiologische Wirkung des Alkohols zu erhöhen, werden nicht verwendet.

Spirituosen dürfen **gefärbt** werden. Die Aufnahme von natürlichen Farbstoffen aus dem Holz der Lagergebinde ist nicht als Färben anzusehen.

Spirituosen dürfen mit natürlichen Aromastoffen **aromatisiert** werden. (Produkte, die die Bezeichnung „Österreichischer Qualitätsbrand" führen sowie Produkte aus bäuerlicher Erzeugung und Obstschnaps werden nicht aromatisiert.)

Bei der Herstellung von Likören, Gin, Wacholder, Aquavit, Kümmel oder Bitter können auch, soferne im folgenden nichts Abweichendes bestimmt ist, naturidente Aromastoffe verwendet werden.

Produkte des Abschnittes 5 können, soferne sie nicht hervorhebend bezeichnet sind, auch künstlich aromatisiert werden. In diesem Falle ist eine Fruchtabbildung nicht verkehrsüblich.

Spirituosen düren **nicht konserviert** werden.

Unter **„Ethylalkohol"** ist in diesem Kapitel landwirtschaftlichen Ursprungs „neutraler Ethylalkohol zur Herstellung von alkoholischen Getränken" gemäß ÖNORM C 3001, der landwirtschaftlichen Ursprungs ist, zu verstehen. Ethylalkohol anderen Ursprungs, insbesondere Sulfitalkohol oder Synthesealkohol, wird nicht verwendet.

Unter **„Wasser"** versteht man Trinkwasser im Sinne des Codexkapitels B 1, allenfalls destilliert, enthärtet oder entmineralisiert.

Unter **„Zucker"** (Einzahl) wird Saccharose verstanden (siehe Codexkapitel B 22). Für die bei der Herstellung von Spirituosen verwendeten Zuckerarten gelten die Richtlinien des Codexkapitels B 22.

Ausländische Spirituosen, auch wenn sie in Österreich abgefüllt werden, entsprechen den Bestimmungen dieses Kapitels. Spirituosen, deren Herstellungsort im Anwendungsbereich der Verordnung (EWG) 1576/89 liegt, sind nach dieser zu beurteilen.

Bestehen für bestimmte Spirituosen im Erzeugerland in Zusammenhang mit der handelsüblichen Sachbezeichnung (Verkehrsbezeichnung) oder auf Grund von Herkunfts-, Ursprungs- oder geographischen Bezeichnungen qualifizierte Anforderungen, so sind diese für die Beurteilung maßgeblich.

Geographische Angaben sind den Spirituosen vorbehalten, bei denen die Produktionsphase, in der sie ihren Charakter und ihre wesentlichen endgültigen Eigenschaften erhalten, in dem genannten geographischen Gebiet stattgefunden hat.

Zur Information des Verbrauchers wird die produktspezifische handelsübliche **Sachbezeichnung** in deutscher Sprache, lateinischen Buchstaben und arabischen Ziffern angegeben. Handelsübliche fremdsprachige Bezeichnungen sind als Sachbezeichnung zulässig.

In Österreich traditionell gebräuchliche Fruchtnamen wie: Asperl, Dirndl, Elsbeere, Hetscherl, Heidelbeere (Schwarzbeere), Hirschbeere, Hirschbirne, Holler, Kaiserbirne, Kletze, Korn, Kriecherl, Marille, Quitte, weiße/rote/schwarze Ribisel, Ringlotte, Schlehdorn, Stachelbeere, Vogelbeere, Weichsel, Zibebe und Zwetschke, werden verwendet.

Soferne im folgenden nicht abweichend geregelt, sind Abbildungen von aromagebenden Rohstoffen wie Früchten, Beeren oder anderen Pflanzenteilen handelsüblich.

5.2.2. Edelbrände

5.2.2.1. Allgemeine Beschreibung und Bezeichnung

Unter Edelbrand versteht man die aus vergorenen Flüssigkeiten oder vergorenen Maischen zuckerhältiger oder verzuckerter stärkehältiger Rohstoffe hergestellten, unter Beibehaltung des ihnen eigenen Aromas gewonnenen Destillate sowie die daraus durch Herabsetzung des Alkoholgehaltes mit Wasser hergestellten Produkte.

Je nach Rohmaterialien, die zur Herstellung verwendet wurden, sind neben Alkohol und Wasser noch charakteristische Nebenprodukte, die den Geruch und Geschmack beeinflussen, in diesen Produkten enthalten.

Edelbrand wird zur Erzielung einer harmonischen Beschaffenheit einer sachdienlichen Lagerzeit unterzogen.

Ein Zusatz von höchstens 4 Gramm Zucker pro Liter kann insoweit erfolgen, als der Gesamtextrakt von 5 g/l nicht überschritten wird.

Produkte, die mit dem Hinweis „Bauern-" oder „Land-" versehen sind (z. B. „Marillen-Bauern-brand"), kommen nur als Edel-brand in den Verkehr; gleiches gilt für sogenannten „Perl-Slibo-vitz".

Eine auf bäuerliche Erzeugung hinweisende Aufmachung oder Bezeichnung wie „vom Bauern", „original Bauernschnaps", „er-zeugt vom Bauern" müssen als Hinweise auf die Erzeugung durch Landwirte den Tatsachen entsprechen.

5.2.3. Weinbrände

5.2.3.1. Weindestillat (Brannt-wein)

Weindestillat ist ein aus Brenn-wein oder anderem für Brenn-zwecke geeignetem Wein in her-kömmlichen Verfahren durch De-stillation hergestelltes Erzeugnis.

Brennwein ist gemäß Verordnung (EWG) 822/87, Anhang I, Z 23, das Erzeugnis, das

» einen vorhandenen Alkoholge-halt von mindestens 18 %vol und höchstens 24 %vol aufweist,

» ausschließlich dadurch gewon-nen wird, daß einem Wein ohne Restzucker ein nicht rektifiziertes, aus der Destillation von Wein her-vorgegangenes Erzeugnis mit einem vorhandenen Alkoholge-halt von höchstens 86 %vol zu-gesetzt wird,

» einen Gehalt an flüchtiger Säure von höchstens 1,5 g/l, be-rechnet als Essigsäure, aufweist.

Zur Herstellung von Weindestillat darf auch jeder andere und dies-bezüglich geeignete Wein - u.a. auch „Hefepreßwein" (gefiltert) - siehe Art. 35 Abs. 1, UAbs. 2 der Verordnung (EWG) 822/87 ver-wendet werden.

Brennwein oder Wein, der zur Herstellung von Weindestillat be-stimmt ist, erfährt keinerlei Ver-änderungen, die die Qualität oder Zusammensetzung des aus ihm bereiteten Destillates nachteilig beeinflussen; er weist insbeson-dere keinen Essigstich, keinen Milchsäurestich oder ähnlichen Mangel auf. Ein Zusatz fremder Hefe (Geläger) oder von Geläger-oder Tresterwein zu Brennwein und sonstigem Wein erfolgt nicht

Außer flüchtigen Bestandteilen des Weines enthält Weindestillat lediglich jene geringen Mengen von nichtflüchtigen Inhaltsstoffen (Extrakt), die während der Lage-rung aus dem Holz des Gebindes aufgenommen wurden.

Chemisch-analytische Anfor-derungen

a) Alkoholgehalt weniger als 86 %vol

b) Gehalt an flüchtigen Bestand-teilen mindestens 125 g/hl r. A.

c) Methanol höchstens 200 g/hl r. A.

d) Alkoholgehalt trinkfertige Ware mindestens 37,5 %vol

Die Spirituose, die auschließlich durch Destillieren eines sorten-reinen Weines zu weniger als 86 %vol gewonnen wird, einen Ge-halt an flüchtigen Bestandteilen von mindestens 125 g/hl r. A. und einen Höchstgehalt an Methanol von 200 g/hl r. A. aufweist, wird als „**Branntwein**" bezeichnet. Zu-sätzliche Hinweise wie Grüner Veltliner-, Traminer-, Schilcher-, Muskateller-, und dergleichen

-brand sind handelsüblich. Die Lagerzeit entspricht den Bestimmungen bei Weinbrand in sachdienlichen, geschmacksneutralen Behältnissen.

5.2.3.2. (Hochgrädiges) Weindestillat

(Hochgrädiges) Weindestillat wird ausschließlich durch Destillieren von Wein oder Brennwein oder erneutes Destillieren eines Weindestillates zu weniger als 94,8 %vol gewonnen.

5.2.3.3. Weinbrand

Weinbrand wird aus Weindestillat mit oder ohne (hochgrädigem) Weindestillat, der zu weniger als 94,8 %vol destilliert worden ist, gewonnen, soferne dessen Anteil 50% des Alkoholanteiles der Fertigerzeugnisse nicht übersteigt und es in Eichenholzbehältern mindestens ein Jahr oder - wenn das Fassungsvermögen der Eichenfässer unter 1.000 Litern liegt - mindestens sechs Monate gereift ist.

Weinbrand weist ausschließlich aus der Destillation bzw. der erneuten Destillation der verwendeten Ausgangsstoffe einen Gehalt an flüchtigen Bestandteilen von mindestens 125 g/hl r. A. auf und einen Höchstgehalt an Methanol von 200 g/hl r. A.

Eine Aufmachung, die zur Täuschung geeignet ist, wird nicht verwendet.

Zur Bonifizierung können als Typagestoffe verwendet werden.

Zucker, Traubensaft, Traubensaftkonzentrat (Dicksaft), mit Weindestillat stumm gespriteter Traubensaft (Mistella), Süßweine (z. B. Malagawein, Marsala, Samos), deren Alkoholkomponente allenfalls mit Weindestillat erhöht worden ist.

- Abrundungsmittel; als solche kommen auf kaltem Wege hergestellte Auszüge von Eichenholz, Dörrpflaumen, grünen Walnüssen und getrockneten bzw. gerösteten Mandelschalen in Betracht. Bei der Herstellung eines alkoholischen Auszuges wird nur Weindestillat oder Weinalkohol verwendet.

- Zuckercouleur nach Maßgabe der Farbstoffverordnung.

Andere Stoffe, insbesondere Geläger- oder Tresterdestillate, Destillate von Früchten, Nebenprodukte der Weindestillation (Vorläufe, Weinhefeöl), Kompositionen u.ä. werden dem Weinbrand nicht zugesetzt.

Chemisch-analytische Anforderungen

Der Alkoholgehalt beträgt mindestens 36 %vol.

5.2.3.4. Österreichischer Qualitätsweinbrand

Weinbrand, der in Österreich hergestellt wurde und dessen Alkoholgehalt zu 100% aus Weindestillat besteht, kann, sofern er nachstehende Mindestanforderungen erfüllt, als „**Österreichischer Qualitätsweinbrand**" bezeichnet werden. Österreichischer Qualitätsweinbrand wird aus österreichischem Grundwein erzeugt und nicht aromatisiert.

Chemisch-analytische Anforderungen

a) Alkoholgehalt mindestens 36 %vol

b) Titrierbare Säure höchstens 3 mval/100 ml r. A. (höchstens 180 mg/100 ml r. A. als Essigsäure berechnet)

c) Flüchtige Ester („Gesamtester"), als Ethylacetat berechnet mindestens 55 mg/100 ml r. A.

d) Ethylacetat höchstens 90 mg/100 ml r. A.

e) (Gesamtester minus Ethylacetat/Gesamtester) x 100 mindestens 20

f) Gesamtester minus Ethylacetat mindestens 15 mg/100 ml r. A.

g) Methanol höchstens 100 mg/100 ml r. A. (bei Destillaten aus Rotwein kann der Methanolgehalt bis auf 180 mg/100 ml r. A. ansteigen)

h) Höhere Alkohole (iC4 + iC5) mindestens 160 mg/100 ml r. A., höchstens 400 mg/100 ml r. A.

i) 1-Butanol höchstens 5 mg/100 ml r. A.

j) 2-Butanol höchstens 10 mg/100 ml r. A.

k) Gesamtester/Fuselalkohole (nC3 + iC4 + iC5) höchstens 0,5

l) Asche höchstens 0,50g/l (auf Ware berechnet)

m) Furfurolreaktion deutlich positiv

n) Extrakt (grav.) höchstens 20g/l (auf Ware berechnet)

5.2.3.5. Tresterbrand (Trester)

Tresterbrand wird aus vergorenem und destilliertem Traubentrester - entweder unmittelbar durch Wasserdampf oder nach Zusatz von Wasser - hergestellt, dem Trub (siehe Verordnung (EWG) 822/87) in einem bestimmten Umfang Verordnung (EWG) 1014/90 Art. 1 - höchstens 25 Kilogramm je 100 Kilogramm Traubentrester) zugesetzt werden kann. Die aus dem Trub gewonnene Alkoholmenge darf nicht mehr als 35% der Gesamtalkoholmenge des Fertigerzeugnisses ausmachen. Die Destillation wird unter Beigabe von Trester zu weniger als 86 %vol Abtriebsstärke durchgeführt; eine erneute Destillation auf denselben Alkoholgehalt ist zulässig.

Chemisch-analytische Anforderungen

a) Alkoholgehalt Destillat: weniger als 86 %vol

b) Alkoholgehalt trinkfertige Ware: mindestens 37,5 %vol

c) Flüchtige Bestandteile mindestens 140 g/hl r. A.

d) Methanol höchstens 1.000 g/hl r. A.

Die Bezeichnung „Grappa" ist italienischen Erzeugnissen vorbehalten.

Österreichischer Qualitätstresterbrand wird ohne Zusatz von Trub erzeugt.

Brand aus Obsttrester wird durch Gärung des Obsttresters und Destillation von diesem - entweder unmittelbar oder durch Zusatz von Wasser - gewonnen.

Chemisch-analytische Anforderungen

a) Alkoholgehalt Destillat: weniger als 86 %vol

b) Alkoholgehalt trinkfertige Ware: mindestens 37,5 %vol

c) Flüchtige Bestandteile mindestens 200 g/hl r. A.

d) Methanol höchstens 1500 g/hl r. A.

e) Blausäure max. 10 g /hl r. A. (bei Steinobsttrester)

Die Sachbezeichnung lautet: „**Brand aus ... Trester**", wobei der Name der verwendeten Obstart vor dem Wort „Trester" eingesetzt wird.

Bei Verwendung unterschiedlicher Obstarten lautet die Sachbezeichnung „Obsttresterbrand

5.2.3.6. Hefebrand (Sachbezeichnung „Spirituose")

Ausgangsmaterial für Hefebrand ist einwandfreier Weintrub (siehe Verordnung (EWG) 822/877 bzw. Verordnung (EWG) 1014/90 geändert durch Verordnung (EWG) 1180/91 Anhang Pkt. 8) oder Fruchttrub.

Chemisch-analytische Anforderungen

a) Alkoholgehalt Destillat: weniger als 86 %vol

b) Alkoholgehalt trinkfertige Ware: mindestens 38 %vol

c) Methanol höchstens 1.000 g/hl r. A.

Die Sachbezeichnung „Spirituose" kann mit der Zusatzbezeichnung „Hefebrand" ergänzt werden, der Name des verwendeten Grundstoffes (Fruchtart) wird vorangestellt („.... Hefebrand").

Traditionelle Bezeichnungen wie „**Gelägerbrand**" oder „**Glögerbrand**" können ebenfalls als Zusatzbezeichnung zur Sachbezei-

chung „Spirituose" verwendet werden.

5.2.3.7. Franzbranntwein

Nach Ablauf der Übergangsfrist „Franzbranntwein" nur mehr als kosmetisches Mittel zugelassen.

5.2.4. Obstbrände

5.2.4.1. Allgemeine Beschreibung

Obstbrände sind, sofern im folgenden nichts Abweichendes bestimmt ist, Spirituosen,

- die ausschließlich durch alkoholische Gärung und Destillieren einer frischen, fleischigen Frucht (einschließlich Weintrauben) oder des frischen Mostes dieser Frucht - mit oder ohne Kerne bzw. Steine - gewonnen werden,

- die zu weniger als 86 %vol so destilliert werden, daß das Destillat das Aroma und den Geschmack der verwendeten Frucht behält,

- die einen Gehalt an flüchtigen Bestandteilen von 200 g/hl r. A. oder mehr aufweisen,

- die - soweit nichts anderes betimmt ist - einen Höchstgehalt an Methanol von 1.000 g/hl r. A. aufweisen und

- deren Blausäuregehalt bei Steinobstbrand 10 g/hl r. A. nicht überschreitet.

- Der Zuckergehalt beträgt höchstens 4 g/l (auf Ware berechnet). Der Alkoholgehalt der Obstbrände beträgt mindestens 37,5 %vol.

5.2.4.2. Allgemeine Bezeichnung

Obstbrände werden unter Voranstellung des Namens der verwendeten Frucht als Brand oder Wasser bezeichnet.

Bezeichnungen wie „Echt", „Edel" oder Bezeichnungen gleicher Bedeutung sind handelsüblich. Erzeugnisse aus Obstwein werden als „Brand aus ... wein" unter Voranstellung der namensgebenden Frucht bezeichnet.

Werden die Maischen zweier oder mehrerer Obstarten gemeinsam destilliert, so wird das Erzeugnis als „Obstbrand" oder „Obstler" bezeichnet. Ergänzend können die einzelnen Arten in absteigender Reihenfolge der verwendeten Mengen angeführt werden.

Ein Hinweis auf ein besonderes Alter ist nur zulässig, wenn die Lagerzeit mindestens ein Jahr beträgt.

5.2.5. Österreichische Qualitätsbrände

5.2.5.1. Beschreibung

Zur Hervorhebung der traditionell hohen Qualität österreichischer Edelbrände kann ein ungestreckter Edelbrand, wenn er nachstehende Mindestanforderungen erfüllt, als „Österreichischer Qualitätsbrand" bezeichnet werden. „Österreichische Qualitätsbrände" werden nicht aromatisiert.

5.2.5.2. Österreichischer Qualitätszwetschkenbrand

5.2.5.2.1. Chemisch-analytische Anforderungen

a) Alkoholgehalt mindestens 38,0 %vol.

b) Titrierbare Säure (als Essigsäure berechnet) höchstens 350 mg/100 ml r. A.

c) Flüchtige Ester („Gesamtester"), als Ethylacetat berechnet, 125 bis 700 mg/100 ml r. A.

d) Ethylacetat höchstens 630 mg/100 ml r. A.

e) (Gesamtester minus Ethylacetat/Gesamtester) x 100 mindestens 10

f) Gesamtester minus Ethylacetat mindestens 30 mg/100 ml r. A.

g) Methanol 400 bis 1.500 mg/100 ml r. A.

h) Höhere Alkohole (iC4 + iC5) mindestens 100 mg/100 ml r. A.

i) Fuselalkohol (nC3 + iC4 + iC5) 150 bis 1.500 mg/100 ml r. A.

j) Gesamtester/höhere Alkohole (iC4 + iC5) höchstens 5,0

k) Asche höchstens 0,2 g/l (auf Ware berechnet)

l) Furfurolreaktion deutlich positiv

m) Extrakt (grav.) 5g/l - davon höchstens 4 Gramm Zucker pro Liter (auf Ware berechnet)

n) Zusätze von Abrundungsmitteln (z. B. Sorbit, Glycerin, Fruchtsäfte, Fruchtextrakte): nicht nachweisbar

o) Benzaldehyd höchstens 6,5 mg/100 ml r. A.

p) Gesamtblausäure höchstens 10 mg/100 ml r. A.

5.2.5.3. Österreichischer Qualitätskirschbrand

5.2.5.3.1. Chemisch-analytische Anforderungen

a) Alkoholgehalt mindestens 38,0 %vol.

b) Titrierbare Säure (als Essigsäure berechnet) höchstens 350 mg/100 ml r. A.

c) Flüchtige Ester („Gesamtester"), als Ethylacetat berechnet, 100 bis 700 mg/100 ml r. A.

d) Ethylacetat höchstens 560 mg/100 ml r. A.

e) (Gesamtester minus Ethylacetat/Gesamtester) x 100 mindestens 20

f) Gesamtester minus Ethylacetat mindestens 20 mg/100 ml r. A.

g) Methanol 400 bis 1.000 mg/100 ml r. A.

h) Höhere Alkohole (iC4 + iC5) mindestens 85 mg/100 ml r. A.

i) 1-Propanol höchstens 3.000 mg/100ml r. A.

j) Gesamtester/höhere Alkohole (iC4 + iC5) höchstens 6,0

k) Asche höchstens 0,2 g/l (auf Ware berechnet)

l) Furfurolreaktion deutlich positiv

m) Extrakt (grav.) höchstens 5 g/l - davon höchstens 4 Gramm Zucker pro Liter (auf Ware berechnet)

n) Zusätze von Abrundungsmit-teln (z. B. Sorbit, Glycerin, Fruchtsäfte, Fruchtextrakte): nicht nachweisbar

o) Benzaldehyd höchstens 6,5 mg/100 ml r. A.

p) Gesamtblausäure höchstens 10 mg/100 ml r. A.

5.2.5.4. Österreichischer Qualitätsmarillenbrand

5.2.5.4.1. Chemisch-analytische Anforderungen

a) Alkoholgehalt mindestens 38,0 %vol.

b) Titrierbare Säure (als Essigsäure berechnet) höchstens 350 mg/100 ml r. A.

c) Flüchtige Ester („Gesamtester"), als Ethylacetat berechnet, 125 bis 700 mg/100 ml r. A.

d) Ethylacetat höchstens 630 mg/100 ml r. A.

e) (Gesamtester minus Ethylacetat/Gesamtester) x 100 mindestens 10

f) Gesamtester minus Ethylacetat mindestens 30 mg/100 ml r. A.

g) Methanol 400 bis 1.000 mg/100 ml r. A.

h) Höhere Alkohole (iC4 + iC5) mindestens 100 mg/100 ml r. A.

i) Fuselalkohole (nC3 + iC4 + iC5) 150 bis 1.500 mg/100 ml r. A.

i) Gesamtester/höhere Alkohole (iC4 + iC5) höchstens 5

k) Asche höchstens 0,2 g/l (auf Ware berechnet)

l) Furfurolreaktion deutlich positiv

m) Extrakt (grav.) höchstens 5 g/l - davon höchstens 4 Gramm

Zucker pro Liter (auf Ware berechnet)

n) Zusätze von Abrundungsmitteln (z. B. Sorbit, Glycerin, Fruchtsäfte, Fruchtextrakte): nicht nachweisbar

o) Benzaldehyd höchstens 6,5 mg/100 ml r. A.

p) Gesamtblausäure höchstens 10 mg/100 ml r. A.

5.2.5.5. Sonstige österreichische Qualitäts(steinobst)brände

Sonstige „österreichische Qualitätssteinobstbrände" aus z. B. Mirabellen, Pfirsichen, Dirndln entsprechen den vorgenannten Produkten sinngemäß.

Methanolgehalt: Mirabellen, Zwetschken, Pflaumen, 1.500 mg/100 ml r. A.

5.2.5.6. Österreichischer Qualitäts(kernobst)brand

5.2.5.6.1. Chemisch-analytische Anforderungen

a) Alkoholgehalt mindestens 38,0 %vol.

b) Titrierbare Säure (als Essigsäure berechnet) höchstens 350 mg/100 ml r. A.

c) Flüchtige Ester („Gesamtester"), als Ethylacetat berechnet, 100 bis 700 mg/100 ml r. A.

d) Ethylacetat höchstens 630 mg/100 ml r. A.

e) (Gesamtester minus Ethylacetat/Gesamtester) x 100 mindestens 10

f) Gesamtester minus Ethylacetat mindestens 20 mg/100 ml r. A.

g) Methanol 400 bis 1.000 mg/100 ml r. A.

h) Höhere Alkohole (iC4 + iC5) mindestens 200 mg/100 ml r. A.

i) Gesamtester/höhere Alkohole (iC4 + iC5) höchstens 5,0

j) Asche höchstens 0,2 g/l (auf Ware berechnet)

k) Extrakt (grav.) höchstens 5 g/l - davon höchstens 4 Gramm Zucker pro Liter (auf Ware berechnet)

l) Zusätze von Abrundungsmitteln (z. B. Sorbit, Glycerin, Fruchtsäfte, Fruchtextrakte): nicht nachweisbar

Methanolgehalt: Äpfel, Birnen, 1.500 mg/100 ml r. A.

5.2.6. Beerenbrände

5.2.6.1. Allgemeine Beschreibung und Bezeichnung

Als „-brand" unter Voranstellung des Namens der verwendeten Frucht können ferner Spirituosen bezeichnet werden, die durch Einmaischen bestimmter Beeren und sonstiger Früchte (weder Kern- noch Steinobst) wie z. B. Himbeeren, Brombeeren, Heidelbeeren u. a., die teilweise vergoren oder nicht vergoren sind, in Äthylalkohol landwirtschaftlichen Ursprungs oder in Brand oder in einem Destillat und anschließendem Destillieren bei einer Mindestmenge von 100 Kilogramm Früchten auf 20 Liter reinen Alkohol gewonnen werden. Am Etikett ist die zusätzliche Angabe „durch Einmaischen und

Destillieren gewonnen" anzubringen.

In der Verordnung (EWG) 1014/90, Art 4. werden die Obstarten wie folgt aufgezählt:

- Brombeeren
  (Rubus fructicosus L.)

- Erdbeeren (Fragaria L.)

- Blaubeeren
  (Vaccinium myrtillus L.)

- Himbeeren
  (Rubus Ideaus I.)

- Johannisbeeren
  (Ribes vulgare Lam.)

- Schlehen (Prunus Spinosa L.)

- Vogelbeeren
  (Sorbus domestica L.)

- Eberesche
  (Sorbus domestica L.)

- Stechpalme (Ilex cassine L.)

- Mehlbeerbaum
  (Sorbus torminalis L.)

- Holunder (Sambucus nigra L.)

- Hagebutte (Rosa canina L.)

- schwarze Johannisbeere
  (Ribes nigrum L.)

5.2.6.2. Chemisch-analytische Anforderungen

a) Alkoholgehalt mindestens 37,5 %vol.

b) Methanol höchstens 600 mg/100 ml r. A.

5.2.7. Österreichische Qualitätsbeerenbrände

Beerenbrände, denen in keiner Phase des Herstellungsvorgangs Alkohol landwirtschaftlichen Ursprungs beigefügt wurde, können als „Österreichischer Qualitätsbeerenbrand" bezeichnet werden. Diese Produkte werden nicht aromatisiert.

5.2.7.1. Chemisch-analytische Anforderungen

a) Alkoholgehalt mindestens 38,0 %vol.

b) Methanol höchstens 1.000 mg/100 ml r. A.

c) Zusätze von Abrundungsmitteln (z. B. Sorbit, Glycerin, Fruchtsäfte, Fruchtextrakte): nicht nachweisbar

Neu in den Lebensmittelkodex - Spirituosen aufgenommen wurden „Geschützte Bezeichnungen".

Die Bezeichnungen in der angeführten Tabelle dürfen nur verwendet werden, wenn das Produkt den angegebenen Kriterien entspricht.

Geschützte Bezeichnungen

Geschützte Bezeichnungen	Sachbezeichnungen	Rohstoff	Geschütztes Gebiet	Qualitätskriterien	Bemerkungen
Pielachtaler	Dirndlbrand	Kornelkirsche (Cornus Mas L.)	Gemeinden: Hofstetten/Grünau, Rabenstein, Kirchberg/Pielach, Loich, Schwarzenbach und Frankenfels	Alkoholgehalt: Mind. 39 – max. 45 %vol „Österr. Qualitätsobstbrand"	Destillate, bei denen der Rohstoff, die Destillation und Fertig-machung ausschließlich aus den genannten Gemeinden kommt bzw. durchgeführt wird.
Seitenstettner	Dorschbirnenbrand	Dorschbirne (Pirus Communis)	Bezirke: Amstetten, Waidhofen, Steyr, Enns, Scheibbs, Perg, Melk und Linz Land	Alkoholgehalt: Mind. 38 – max. 50 %vol „Österr. Qualitätsobstbrand"	Destillate, bei denen der Rohstoff, die Destillation und Fertig-machung ausschließlich aus den genannten Bezirken kommt bzw. durchgeführt wird.
Husbirer	Birnenbrand	Hausbirne (Pirus Communis)	Bundesland Vorarlberg	Alkoholgehalt: Mind. 40 – max. 45 %vol „Österr. Qualitätsobstbrand"	Destillate, bei denen der Rohstoff, die Destillation und Fertig-machung ausschließlich aus dem genannten Bundesland kommt bzw. durchgeführt wird.
Fraxner oder Fraxner Kriesiwasser	Kirsch	Kirschen (Prunus Avium)	Gemeinde Fraxern	Alkoholgehalt: Mind. 40 – max. 45 %vol „Österr. Qualitätsobstbrand"	Destillate, bei denen der Rohstoff, die Destillation und Fertig-machung ausschließlich aus der genannten Gemeinde kommt bzw. durchgeführt wird.
Wachauer	Marillenbrand	Marille (Prunus Armeniaca)	Einzugsgebiet der EU-geschützten Gebiets-abgrenzungen der Wachau	Alkoholgehalt: Mind. 37,5 – max. 45 %vol „Österr. Qualitätsobstbrand"	Die Destillation und Fertig-machung wird in der genannten Gebietsabgrenzung durchgeführt.
Zillertaler	Scheuerbirnen-brand	Scheuerbirne (Pirus Communis)	Gemeinden: Mayerhofen, Hippach, Ramsau, Zell a. Z., Rohrberg, Aschau, Kaltenbach, Ried i. Z., Uderna, Fügen, Bruck i. Z., Hart, Schlitters, Alpbach, Reith i. A., Brixlegg	Alkoholgehalt: Mind. 39 – max. 49 %vol „Österr. Qualitätsobstbrand"	Destillate, bei denen der Rohstoff, die Destillation und Fertig-machung ausschließlich aus den genannten Gemeinden kommt bzw. durchgeführt wird.

Geschützte Bezeichnungen	Sach-bezeichnungen	Rohstoff	Geschütztes Gebiet	Qualitätskriterien	Bemerkungen
Alpbachtaler	Scheuerbirnen-brand	Scheuerbirne (Pirus Communis)	Gemeinden: Alpbach, Reith i. A., Brixlegg	Alkoholgehalt: Mind. 39 – max. 49 %vol „Österr. Qualitätsobstbrand"	Destillate, bei denen der Rohstoff, die Destillation und Fertig-machung ausschließlich aus den genannten Gemeinden kommt bzw. durchgeführt wird.
Pregler	Obstler	Apfel und Birne	Bezirk Lienz	Alkoholgehalt: Mind. 39 – max. 45 %vol „Österr. Qualitätsobstbrand"	Destillate, bei denen der Rohstoff, die Destillation und Fertig-machung ausschließlich aus dem Bezirk Lienz kommt bzw. durchge-führt wird.
Steirischer	Hirschbirnenbrand	Hirschbirne (Pirus Communis)	Bundesland Steiermark	Alkoholgehalt: Mind. 38 %vol „Österr. Qualitätsobstbrand"	Destillate, bei denen der Rohstoff, die Destillation und Fertig-machung ausschließlich aus dem genannten Bundesland kommt bzw. durchgeführt wird.
Wachauer	Marillenlikör	Marille (Prunus Armeniaca)	Einzugsgebiet der EU-geschützten Gebiets-abgrenzungen der Wachau		Die Fertigmachung wird in der genannten Gebietsabgrenzung durchgeführt
Wachauer	Weinbrand	Wein	Einzugsgebiet des EU-geschützten Weinbaugebietes der Wachau	Alkoholgehalt: Mind. 36 %vol „Österr. Qualitätsweinbrand"	Destillate, deren Rohstoff, Destillation und Fertigmachung ausschließlich aus dem ge-nannten Weinbaugebiet kommt bzw. durchgeführt wird.
Dürnstein	Weinbrand	Wein	Gemeinde Dürnstein	Alkoholgehalt: Mind. 36 %vol „Österr. Qualitätsweinbrand"	Destillate, deren Rohstoff, Destillation und Fertigmachung aus der genannten Gemeinde kommt bzw. durchgeführt wird.

5.3. Das Alkohol-steuergesetz

Abfindung

Begriff

Das 307. Bundesgesetz: Alkohol-steuer- und Monopolgesetz 1995 wurde vom Bundesministerium für Finanzen erstellt und regelt, wer in Österreich, unter welchen Bedingungen, welche Rohstoffe, mit welchen Steuersätzen verse-hen, hochprozentigen Alkohol herstellen darf. Die für den Abfin-dungsbrenner wichtigen Bestim-mungen sind im Kapitel Abfin-dung niedergeschrieben (§ 55 bis 70). Außerdem ist die 39. Verord-nung des Bundesministeriums für Finanzen über Abfindungsmen-gen, Brenndauer und Brennfrist interessant. Darin werden die pauschalen Ausbeutesätze sowie die Berechnung der Brenndauer und die Brennfrist geregelt.

§ 55. (1) Bei der Herstellung von Alkohol unter Abfindung werden selbstgewonnene alkoholbilden-de Stoffe (§ 58) auf einem zuge-lassenen einfachen Brenngerät (§ 61) verarbeitet. Die Alkohol-menge, die der Steuer unterliegt (Abfindungsmenge), und der Zeitraum, der zum Herstellen der Abfindungsmenge erforderlich ist (Brenndauer), werden pauschal nach Durchschnittswerten be-stimmt, die der Bundesminister für Finanzen durch Verordnung festzusetzen hat.

(2) Die Durchschnittswerte sind
1. für die Abfindungsmenge auf-grund von Erfahrungen über die tatsächlich erzielbaren Alkohol-

Tab. 9

Konstanten zur Ermittlung der Brenndauer

Brenndauer = angemeldete Maischemenge in Hektoliter x Konstante

Füllraum	Konstante A	Konstante B
	Brennverfahren	
der Brennblase in Liter	Roh- und Feinbrand	Dreiviertelbrennen, Verstärkungsanlagen
Bis 10	43,3	27,2
20	22,1	13,9
30	15,0	9,4
40	11,5	7,2
50	9,4	5,9
60	7,9	5,0
70	6,9	4,4
80	6,2	3,9
90	5,6	3,5
100	5,1	3,2
110	4,7	3,0
120	4,4	2,8
130	4,1	2,6
140	3,9	2,5
150	3,7	2,3

Bruchteile einer Stunde sind auf volle Stunden aufzurunden!

Unabhängig von der Art des Brennverfahrens ist bei Brenngeräten mit Ver-stärkungsanlagen (§ 59 Abs. 5 Z 7 AStMG) die Konstante B anzuwenden.

ausbeuten für alkoholbildende Stoffe (Ausbeutesätze) und

2. für die Brenndauer aufgrund von Erfahrungen über die Herstellung von Alkohol in einfachen Brenngeräten (§ 61) unter Bedachtnahme auf die üblichen Herstellverfahren festzusetzen.

(3) In der Verordnung werden

1. die Alkoholausbeuten für 100 Liter zur Destillation aufbereitete Stoffe oder 100 Kilogramm Getreide,

2. die Formeln zur Ermittlung der Brenndauer unter Bedachtnahme auf

a) den Füllraum (§ 59 Abs. 4) und
b) die zulässigen Sondereinrichtungen (§ 59 Abs. 5) der einfachen Brenngeräte bestimmt.

(4) Abfindungsberechtigter ist die Person oder Personenvereinigung, die die Voraussetzungen für die Herstellung von Alkohol unter Abfindung erfüllt.

Verbotene Reinigung

§ 56. Es ist verboten, Alkohol, der unter Abfindung hergestellt wird, bis zu einem Grad einer Reinigung zu unterziehen, daß die kennzeichnenden Eigenschaften des zu seiner Gewinnung verwendeten Rohstoffs nicht mehr in ausreichendem Maße erkennbar sind.

Verkehrsbeschränkungen

§ 57. (1) Der Handel mit Alkohol, der unter Abfindung hergestellt worden ist, ist verboten, ausgenommen der Handel zwischen dem Abfindungsberechtigten und

1. einem Inhaber eines Alkohol-

lagers, zur Aufnahme in das Lager gemäß § 31 Abs. 4,

2. einem Gast- und Schankgewerbetreibenden, in Kleingebinden mit einem deutlich sichtbaren Vermerk, daß der Inhalt unter Abfindung hergestellt worden ist, zur Weiterveräußerung im Gast- und Schankbetrieb,

3. einem Letztverbraucher, in Kleingebinden mit einem deutlich sichtbaren Vermerk, daß der Inhalt unter Abfindung hergestellt worden ist.

(2) Das Verbringen oder das Verbringenlassen von Alkohol, der unter Abfindung hergestellt worden ist, durch den Abfindungsberechtigten außerhalb des Steuergebiets ist verboten.

Selbstgewonnene alkoholbildende Stoffe

§ 58. (1) Selbstgewonnene alkoholbildende Stoffe sind:

1. Früchte heimischer Arten von Stein- und Kernobst, Beeren, Wurzeln, Getreide und Halmrüben, die derjenige, der über sie verfügt (Verfügungsberechtigter), als Eigentümer, Pächter oder Nutznießer einer Liegenschaft geerntet hat,

2. wildwachsende Beeren und Wurzeln, die der Verfügungsberechtigte gesammelt hat oder in seinem Auftrag sammeln ließ,

3. Produkte, die bei der Verarbeitung von in Z 1 bezeichneten Früchten durch den Verfügungsberechtigten ohne Zusatz von Waren, die die Alkoholausbeute erhöhen können, angefallen sind,

4. Produkte, die bei der Verarbei-

tung von in Z 1 bezeichneten Früchten durch den Verfügungsberechtigten angefallen sind, soweit sie den Bestimmungen des Weingesetzes 1985, BGBl. Nr. 444, entsprechen,

5. Wein im Sinne des Weingesetzes 1985, der bei der Verarbeitung von Weintrauben der Z 1 durch den Verfügungsberechtigten angefallen ist.

(2) Die Herstellung von Alkohol unter Abfindung aus Getreide oder Halmrüben ist nur zulässig, wenn diese in einem Bergbauernbetrieb im Sinne des Landwirtschaftsgesetzes 1976, in der Fassung des BGBl. Nr. 299, vom Verfügungsberechtigten geerntet worden sind und ihm nicht genügend andere alkoholbildende Stoffe zur Verfügung stehen.

Einfaches Brenngerät

§ 59. (1) Ein einfaches Brenngerät ist eine Vorrichtung zur Herstellung von Alkohol, die aus einer Heizung, einer Brennblase, einem Helm, einem Geistrohr und einer Kühleinrichtung besteht und bei der

1. ein kontinuierlicher Betrieb nicht möglich ist, 2. der Rauminhalt der Blase 150 Liter nicht übersteigt, 3. zum Entleeren der Brennblase keine anderen Einrichtungen vorhanden sind als ein Ablaßhahn oder eine Kippvorrichtung,

4. Brennblase und Helm keine anderen Öffnungen als Füllöffnungen und Öffnungen zum Geistrohr, zum Ablaßhahn und ein Schauglas aufweisen.

(2) Die Brennblase ist der Teil des einfachen Brenngeräts, der zur Aufnahme der Waren bestimmt ist, aus denen Alkohol hergestellt wird. Der Helm ist der Teil des Brenngeräts, der nicht durch die oberste Füllöffnung befüllt werden kann. Das Geistrohr ist die Verbindung zwischen Helm und Kühleinrichtung.

(3) Der Rauminhalt der Brennblase ist die Litermenge, die durch Wassereinguß bis zum Überlaufen bei der obersten Füllöffnung ermittelt wird.

(4) Als Füllraum der Brennblase gelten 80 vH ihres Rauminhaltes, wenn der Rauminhalt des Helmes 36 vH des Rauminhaltes der Brennblase nicht übersteigt. Ist der Rauminhalt des Helmes größer, so gilt der Rauminhalt der Brennblase als Füllraum.

(5) Das einfache Brenngerät kann mit Sondereinrichtungen ausgestattet werden. Sondereinrichtungen sind:

1. Wasserbad bis 0,5 bar,

2. Ablaßhahn oder Kippvorrichtung,

3. Rührwerk,

4. Rohr, durch das Dampf aus dem Wasserbad in die Brennblase geleitet wird (Dampfüberleitungsrohr),

5. Öl-, Gas- oder Elektroheizung,

6. Ölbad,

7. Verstärkungsanlagen, die aus nicht mehr als drei Destillationsstufen (Böden) und einem Dephlegmator (Verstärker) bestehen.

GESETZLICHE GRUNDLAGEN

Zulassung von einfachen Brenngeräten

§ 60. (1) Der Antrag auf Zulassung eines einfachen Brenngeräts ist durch dessen Eigentümer bei dem Zollamt, in dessen Bereich sich der Ort befindet, an welchem das einfache Brenngerät aufbewahrt werden soll (Aufbewahrungsort), schriftlich einzubringen. Der Antrag hat zu enthalten:

1. den Namen oder die Firma und die Anschrift des Antragstellers,

2. den Aufbewahrungsort.

(2) Dem Antrag sind ein Aufriß, eine Beschreibung des einfachen Brenngeräts sowie die Unterlagen für den Nachweis oder die Glaubhaftmachung der Angaben anzuschließen.

§ 61. (1) Die Entscheidung über den Antrag auf Zulassung obliegt dem im § 60 Abs. 1 bezeichneten Zollamt. Das Zollamt hat den Rauminhalt und den Füllraum der Brennblase des einfachen Brenngeräts auf Kosten des Antragstellers festzustellen. Das Zollamt hat das Ergebnis der Überprüfung der eingereichten Beschreibungen in einer mit dem Antragsteller aufzunehmenden Niederschrift (Befundprotokoll) festzuhalten. Auf diese Beschreibungen kann in späteren Eingaben des Antragstellers Bezug genommen werden, soweit Änderungen der darin angegebenen Verhältnisse nicht eingetreten sind.

(2) In dem Bescheid über die Zulassung des Brenngeräts sind

1. der Name oder die Firma und die Anschrift des Eigentümers,

2. der Rauminhalt und der Füllraum der Brennblase,

3. der Rauminhalt des Helms,

4. alle Sondereinrichtungen und

5. der Aufbewahrungsort des einfachen Brenngeräts anzugeben.

(3) Für Anträge des Eigentümers, eine Änderung des einfachen Brenngeräts oder des Aufbewahrungsorts zuzulassen, gilt Abs. 1 sinngemäß.

(4) Der Bescheid, mit dem das einfache Brenngerät zugelassen worden ist, erlischt, wenn das einfache Brenngerät in einer Weise verändert wird, daß es den Angaben im Bescheid über seine Zulassung nicht mehr entspricht.

(5) Der Eigentümer des einfachen Brenngeräts ist verpflichtet, dem Zollamt jede Änderung der im eingereichten Aufriß, in der eingereichten Beschreibung oder im Befundprotokoll angegebenen Verhältnisse, ausgenommen die vorübergehende Verwendung des einfachen Brenngeräts durch einen Abfindungsberechtigten an einem anderen Ort, innerhalb einer Woche, gerechnet vom Eintritt des anzuzeigenden Ereignisses, schriftlich anzuzeigen. Abs. 1 gilt sinngemäß.

Abfindungsanmeldung

§ 62. (1) Wer Alkohol unter Abfindung herstellen will, hat dies bei dem Zollamt, in dessen Bereich Alkohol unter Abfindung hergestellt werden soll, zu beantragen (Abfindungsanmeldung).

(2) Die Abfindungsanmeldung hat zu enthalten:

1. den Namen oder die Firma und die Anschrift des Antragstellers,

2. die Erklärung, daß der Antragsteller in ausreichendem Maße über selbstgewonnene alkoholbildende Stoffe verfügt,

3. die Erklärung, daß dem Antragsteller für sich und gegebenenfalls für Haushaltsangehörige eine Steuerbefreiung gemäß § 4 Abs. 2 Z 5 in Verbindung mit § 70 zusteht,

4. die Erklärung, mit der sich der Antragsteller verpflichtet, unter Abfindung hergestellten Alkohol

a) in Kleingebinden ausschließlich an Gast- und Schankgewerbetreibende und Letztverbraucher abzugeben, b) in anderen als Kleingebinden ausschließlich an Inhaber von Alkohollagern abzugeben, c) nicht außerhalb des Steuergebietes zu verbringen oder verbringen zu lassen,

5. den Namen des Eigentümers und den Aufbewahrungsort des zugelassenen einfachen Brenngeräts, das zur Herstellung von Alkohol verwendet werden soll,

6. den Ort der Alkoholherstellung,

7. Menge, Art und Ausbeutesätze der zur Herstellung von Alkohol bestimmten selbstgewonnenen alkoholbildenden Stoffe, die verarbeitet werden sollen,

8. die Alkoholmenge, die im laufenden Kalenderjahr unter Abfindung hergestellt worden ist,

9. die Abfindungsmenge,

10. die Brenndauer und die Brennfristen,

11. eine Steuerberechnung gemäß § 63.

(3) Der Abfindungsanmeldung sind anzuschließen:

1. ein Grundriß der für die Aufbewahrung der selbstgewonnenen alkoholbildenden Stoffe bestimmten Räume und unverbauten Flächen, in dem die Behälter, in denen die Stoffe aufbereitet werden, eingezeichnet sind,

2. die Unterlagen für den Nachweis oder die Glaubhaftmachung der Angaben.

Auf diese Unterlagen kann in späteren Eingaben des Antragstellers Bezug genommen werden, soweit Änderungen der darin angegebenen Verhältnisse nicht eingetreten sind.

Selbstberechnung, Fälligkeit

§ 63. Der Abfindungsberechtigte hat die auf die Abfindungsmenge entfallende Steuer zu berechnen und den Steuerbetrag in der Abfindungsanmeldung anzugeben. Steht dem Abfindungsberechtigten eine Steuerbefreiung gemäß § 4 Abs. 2 Z 5 zu, ist vor Berechnung der Steuer von der Abfindungsmenge die steuerfreie Alkoholmenge abzuziehen.

Der errechnete Steuerbetrag ist bis zum 25. des auf das Entstehen der Steuerschuld folgenden Kalendermonats bei dem im § 62 Abs. 1 bezeichneten Zollamt zu entrichten.

§ 64. (1) Die Herstellung von Alkohol unter Abfindung gilt als bewilligt, wenn das Zollamt nicht innerhalb von drei Tagen nach fristgerechtem Einlangen der Abfindungsanmeldung einen Bescheid nach Abs. 2 oder 3 erläßt.

(2) Das Zollamt hat den Antrag (§ 62) mit Bescheid abzuweisen, wenn

1. gegen die steuerliche Zuverlässigkeit des Antragstellers, bei juristischen Personen oder Personenvereinigungen ohne eigene Rechtspersönlichkeit einer zu ihrer Vertretung bestellten oder ermächtigten Person, Bedenken bestehen,

2. die Abfindungsanmeldung verspätet beim Zollamt einlangt, 3. die Angaben in der Anmeldung unvollständig sind, 4. der Antragsteller Inhaber eines Steuerlagers ist.

(3) Das Zollamt hat den Antrag mit Bescheid zu berichtigen, wenn die Angaben in der Abfindungsanmeldung unrichtig sind.

Jährliche Erzeugungsmenge

§ 65. (1) Soweit in diesem Bundesgesetz nicht anders bestimmt ist, steht dem Abfindungsberechtigten in einem Kalenderjahr die Herstellung von 100 Liter Alkohol (Erzeugungsmenge) zu.

(2) Der Abfindungsberechtigte kann über die jährliche Erzeugungsmenge hinaus 100 Liter Alkohol zum Steuersatz gemäß § 2 Abs. 3 herstellen.

Brennfrist

§ 66. Die erforderliche Zeit zur Herstellung von Alkohol in Stunden (Brenndauer) ist auf eine Folge von Tagen zu verteilen. Die Brenndauer kann durch Sonntage, gesetzliche Feiertage oder Stunden zwischen 18 und 6 Uhr, in besonders begründeten Fällen auch in anderer Weise unterbrochen werden. Brennfrist ist der Zeitraum, innerhalb welchem an einem Tag Alkohol hergestellt wird. Das einfache Brenngerät darf vor Beginn der Brennfrist nicht befüllt und muß vor Ablauf der Brennfrist entleert sein.

§ 67. Werden vor dem Befüllen des einfachen Brenngeräts selbstgewonnene alkoholbildende Stoffe gemischt, so ist die Abfindungsmenge so zu ermitteln, als ob nur der Stoff des Gemisches mit dem höchsten Ausbeutesatz zur Herstellung von Alkohol unter Abfindung verwendet würde.

§ 68. (1) Der Abfindungsberechtigte kann vor Beginn der ersten Brennfrist die Abfindungsmeldung mit rückwirkender Kraft zurücknehmen.

(2) Das Zollamt hat die Steuer abweichend festzulegen, soweit die Herstellung von Alkohol infolge höherer Gewalt anders als in der Abfindungsmeldung vorgesehen erfolgt und dies vom Abfindungsberechtigten dem Zollamt unverzüglich angezeigt wird.

Probebetrieb

§ 69. (1) Ein Probebetrieb ist die Herstellung von Alkohol auf einem einfachen Brenngerät unter amtlicher Überwachung zur Ermittlung der tatsächlich erzielbaren Alkoholausbeute oder der tatsächlichen Brenndauer

1. auf Antrag eines Abfindungsberechtigten oder

2. von Amts wegen.

Die Probebetriebe sind im Rahmen angemeldeter Brennverfahren vorzunehmen.

(2) Die Auswertung der Ergebnisse der Probebetriebe obliegt dem Bundesministerium für Finanzen.

(3) Der Antrag auf Durchführung eines Probebetriebs ist spätestens mit der Abfindungsanmeldung bei dem Zollamt, in dessen Bereich die Herstellung des Alkohols erfolgen soll, schriftlich einzubringen. Beim Probebetrieb ist Alkohol aus einer hinreichenden Menge des alkoholbildenden Stoffs von durchschnittlicher Beschaffenheit herzustellen. Dem Probebetrieb ist ein nach § 90 bestellter Prüfer beizuziehen. Das Zollamt hat für einen alkoholbildenden Stoff einen besonderen Ausbeutesatz oder eine besondere Formel für die Ermittlung der Brenndauer festzusetzen, wenn die bei einem Probebetrieb festgestellte Alkoholausbeute von der in der Verordnung festgesetzten um mehr als 20 % abweicht oder die festgestellte Brenndauer die nach der Verordnung vorgesehene übersteigt. Die mit der Durchführung des Probebetriebs gemäß Abs. 1 Z 1 im Zusammenhang stehenden Kosten hat der Abfindungsberechtigte zu tragen. Das Ergebnis des Probebetriebs gilt für die weitere Verarbeitung alkoholbildender Stoffe einer Ernte.

Alkohol für den Hausbedarf

§ 70. (1) Von dem Alkohol, der im Rahmen eines land- und forstwirtschaftlichen Betriebs in einem Jahr unter Abfindung hergestellt wird, sind für den Hausbedarf für den abfindungsberechtigten Landwirt (Abs. 2), der am Sitz des land- und forstwirtschaftlichen Betriebs den Wohnsitz hat, der den Mittelpunkt seiner Lebensinteressen darstellt, 15 Liter Alkohol und für jeden Haushaltsangehörigen (Abs. 3), der zu Beginn des Kalenderjahres das 19. Lebensjahr vollendet hat,

1. 6 Liter Alkohol, bis zu einer Höchstmenge von 51 Liter Alkohol, wenn der land- und forstwirtschaftliche Betrieb in den Bundesländern Tirol oder Vorarlberg gelegen ist,

2. 3 Liter Alkohol, bis zu einer Höchstmenge von 27 Liter Alkohol, wenn der land- und forstwirtschaftliche Betrieb in einem anderen als in Z 1 genannten Bundesland gelegen ist, bestimmt.

(2) Landwirt im Sinne des Abs. 1 ist, wer einen land- und forstwirtschaftlichen Betrieb als selbständige Wirtschaftseinheit allein oder zusammen mit Haushaltsangehörigen bewirtschaftet und daraus seinen und den Lebensunterhalt seiner Familie zumindest zu einem erheblichen Teil bestreitet.

(3) Haushaltsangehörige sind,

1. andere Angehörige als Ehegatten, die die Voraussetzungen für Dienstnehmer erfüllen oder für deren Rechnung der Land- und forstwirtschaftliche Betrieb auch geführt wird,

2. Dienstnehmer, die ohne Unterbrechung mindestens sechs Monate im land- und forstwirtschaftlichen Betrieb hauptberuflich beschäftigt sind,

3. Personen, denen der Abfindungsberechtigte aufgrund eines land- und forstwirtschaftlichen Ausgedingevertrags freie Verköstigung zu leisten hat,

wenn sie mit dem Abfindungsberechtigten am Sitz des land- und forstwirtschaftlichen Betriebes im gemeinsamen Haushalt leben und nicht zur Herstellung von Alkohol unter Abfindung zugelassen sind.

5.4. Abfindungsverordnung

39. Verordnung des Bundesministers für Finanzen über Abfindungsmenge, Brenndauer und Brennfristen bei der Herstellung von Alkohol unter Abfindung (VO-Abfindung)

Auf Grund der §§ 55, 58, 62 bis 64, 66 und 70 des Alkoholsteuer- und Monopolgesetzes 1995, BGBl. Nr. 703/1994, wird verordnet:

Abfindungsmenge

§ 1. Abfindungsmenge ist die Alkoholmenge, die bei der Herstellung von Alkohol unter Abfindung der Alkoholsteuer unterliegt. Die Abfindungsmenge ist nach den Alkoholausbeuten für 100 Liter der in den §§ 2 und 3 genannten zur Destillation aufbereiteten alkoholbildenden Stoffe oder 100 Kilogramm des in § 4 genannten Getreides zu ermitteln. Von der in einer Abfindungsanmeldung insgesamt ermittelten Alkoholausbeute sind Mengen, die gemäß § 4 Abs. 2 Z 5 in Verbindung mit § 70 Abs. 1 des Alkoholsteuer- und Monopolgesetzes 1995 dem Abfindungsberechtigten als Hausbrand steuerfrei zustehen, vor Berechnung der Steuer abzuziehen.

§ 2. Unbeschadet der für Probebetriebe gemäß § 69 Abs. 3 des Alkoholsteuer- und Monopolgesetzes 1995 und in Abs. 3 vorgesehenen Regelungen, gelten für 100 Liter zur Destillation aufbereitete alkoholbildende Stoffe folgende Ausbeuten:

l A = l 100 % Alkohol

Äpfel, Birnen	3
Sonstiges Kernobst	2
Zwetschken, Pflaumen, Mirabellen	5,5
Kirschen, Weichseln	5
Schlehen, Kornelkirschen	2
Sonstiges Steinobst	3
Wacholderbeeren, Vogelbeeren	1,5
Hagebutten	2
Sonstige Beeren	2
Weintrauben	4,5
Traubenwein	10
Sonstiger Obstwein aus in Z 1 bis 9 genannten Stoffen (Most)	6
Obstweinhefe und Traubenweinhefe, flüssig	3
Obstweinhefe und Traubenweinhefe, gepreßt	2
Treber und Trester	2,5
Meisterwurz, Enzianwurzeln	2
Halmrüben	2
Getreide **100 kg**	24

§ 3. Für Wein und gegorene Getränke aus den in § 2 genannten Waren entspricht die Alkoholausbeute für 100 Liter der alkoholbildenden Stoffe dem durchschnittlichen Alkoholgehalt dieser Stoffe, vermindert um zwei. Als Nachweis des durchschnittlichen Alkoholgehalts dient ein Untersuchungszeugnis einer Untersuchungsanstalt über eine repräsentative Probe jedes Stoffs, der zur Alkoholherstellung verwendet werden soll.

§ 4. Für 100 Kilogramm Getreide gilt eine Ausbeute von 24 Liter Alkohol. Die zur Verzuckerung der Maische bestimmten Zusätze sind wie Getreide zu berücksichtigen.

Brenndauer, Brennfrist

§ 5. Brenndauer ist der Zeitraum, der für das Gewinnen und Reinigen von Alkohol aus einer bestimmten, in einer Abfindungsanmeldung insgesamt aufgenommenen Menge zur Destillation aufbereiteter alkoholbildender Stoffe (Maischemenge) erforderlich ist. Die Brenndauer ist auf eine Folge von Tagen zu verteilen. Sie kann durch Sonntage, gesetzliche Feiertage oder Stunden zwischen 18 und 6 Uhr ohne Begründung unterbrochen werden. Die Brenndauer kann in anderer Weise unterbrochen werden, wenn der Grund für die Unterbrechung insbesondere durch Umstände, die

1. nicht im Einflußbereich des Abfindungsberechtigten liegen, oder

2. in der Führung eines landwirtschaftlichen Betriebs des Abfindungsberechtigten

bedingt ist und in der Abfindungsanmeldung erklärt wird.

Brennfrist sind der Teil oder die Teile der Brenndauer, innerhalb welchen an einem Tag Alkohol hergestellt wird.

§ 6. (1) Vor Ermittlung der Brenndauer ist das anzuwendende Herstellungsverfahren festzulegen. Zu unterscheiden ist zwischen Verfahren, bei welchen Alkohol durch Rohbrände gewonnen und anschließend durch Feinbrände (Lutterbrand) gereinigt wird, und anderen Verfahren. Die Brenndauer ist zu berechnen, indem die angemeldete Maischemenge in Hektolitern mit einer für das anzuwendende Herstellungsverfahren und das verwendete einfache Brenngerät maßgeblichen Konstanten multipliziert wird. Die Konstante ist der Anlage zu entnehmen. Bruchteile einer Stunde sind auf volle Stunden aufzurunden.

(2) Abfindungsberechtigte können eine längere als nach Abs. 1 zulässige Brenndauer erwirken, wenn in der Abfindungsanmeldung erklärte, nachweislich stichhaltige Gründe eine solche Verlängerung rechtfertigen. Ein solcher Grund ist insbesondere dann als stichhaltig anzusehen, wenn beim Feinbrand ein besonders zeitaufwendiges Verfahren angewandt wird.

Aufteilung der Brenndauer auf Brennfristen

§ 7. Bei der nach § 6 zu ermittelnden Brenndauer ist eine Aufschlüsselung nach Roh- und Feinbrand nicht erforderlich. Die Herstellung des Alkohols aus den in der Abfindungsanmeldung ausgewiesenen Rohstoffen darf nur innerhalb der vom Zollamt zugelassenen Brennzeit vorgenommen werden.

§ 8. Für kleinere Maischemengen wird eine Mindestbrenndauer unter Berücksichtigung von zwei Abtrieben vorgesehen, die für einfache Brenngeräte mit einem Füllraum

bis 40 l   4 Stunden,
bis 60 l   6 Stunden,
bis 80 l   7 Stunden
und über 80 l 8 Stunden beträgt.

§ 9. Werden von Abfindungsberechtigten Maischen aus Stoffen angemeldet, die nicht gemischt verarbeitet werden, kann für die zweite und jede weitere Maische die Brenndauer um zwei Stunden verlängert werden.

§ 10. Steht bei Aufteilung der Brenndauer für den letzten Tag nur ein Zeitraum zur Verfügung, in dem ein Abtrieb nicht durchgeführt werden kann, ist die Brennfrist vorangehender Tage über 18 Uhr zu verlängern oder zu kürzen und dadurch die Brennfrist des letzten Tages so festzulegen, daß innerhalb dieses Zeitraumes ein Abtrieb möglich ist.

§ 11. Für die Abfindungsanmeldung ist der beim zuständigen Zollamt aufliegende Vordruck zu verwenden. Wird der dem Vordruck angeschlossene Zahlschein zur Entrichtung der Steuerschuld verwendet, so gilt die Zahlung an das Hauptzollamt als Zahlung an das zuständige Zollamt.

§ 12. (1) Diese Verordnung tritt gleichzeitig mit dem Inkrafttreten des Alkoholsteuer- und Monopolgesetzes 1995 in Kraft.

(2) § 2, § 3, § 4, die Anlage zu § 6 und § 12 dieser Verordnung in der Fassung der Verordnung BGBI. Nr. 115/1996 treten mit 1. Mai 1996 in Kraft.

Art der Aufzeichnung und Anmeldung

Mit 1. Jänner 1995 sind nicht mehr die Finanzämter, sondern die Zollämter für die Vollziehung des Alkoholsteuer- und Monopolgesetzes zuständig. Dies bedeutet, daß sowohl die Anmeldung bei den Zollämtern als auch die Überwachung durch Beamte des Zollamtes erfolgen wird. Außerdem muß der Abfindungsbrenner mit nachstehend erläutertem Formular (das bei den Zollämtern aufliegt) mindestens fünf Werktage vor beabsichtigtem Brennbeginn die Erzeugung des Alkohols anmelden. Die Herstellung des Alkohols gilt dann als bewilligt, wenn das Zollamt nicht innerhalb von drei Werktagen nach Einlangung der Anmeldung einen abweisenden oder berichtigenden Bescheid erläßt.

Außerdem muß der landwirtschaftliche Abfindungsbrenner auch ein Maischeüberwachungsbuch führen, in dem Aufzeichnungen über Art, Anzahl und Form der Maischebehälter sowie das Datum der Einmaischung, Maischeart, Menge und Art der Verfügung festgehalten werden. Diese Überwachungsbücher für Abfindungsbrenner werden von der NÖ Landes-Landwirtschaftskammer erstellt und sind über die zuständigen Bezirksbauernkammern zum Preis von S 20,- zu beziehen.

Beispiel für ein Maischeüberwachungsbuch:

Die Brennmaische betreffende Aufzeichnungen

Datum der Einmaischung	Behälter-nummer	Maischeart- und -menge	Art der Verfügung

5.4.1. Verschlußbrennerei mit „eingeschränkter Anlagensicherung"

Im Verbrauchsteueränderungsgesetz 1996 wurde das Konzept für eine einfachere Art der Verschlußbrennerei definiert. Diese lautet:

A. Verschlußbrennerei mit „eingeschränkter Anlagensicherung":

Eine Raum- oder Anlagensicherung ist aus den Bestimmungen der §§ 28 und 86 bis 90 neben der herkömmlichen verschlußsicheren Einrichtung auch abzuleiten, wenn

a) der **Betrieb unter ständiger Überwachung** steht (das bedeutet aber nicht, daß ständig ein Beamter körperlich anwesend sein muß, sondern daß der Produktionsablauf so überwacht wird, daß ausschließlich angemeldete Maischen verarbeitet werden können), oder

b) ein **neues System angewandt** wird, welches neben Elementen der ständigen Überwachung durch einen Beamten (lit. a) auch solche der Abfindung (Maischanmeldung, Brenndauerberechnung) enthält.

Voraussetzung wird in diesen Fällen immer sein, daß sich der Inhaber der Brennerei den Bedingungen, zu welchen eine solche Ausnahme gewährt wird, unterwirft.

Bisher konnte das Bundesministerium für Finanzen zur Erprobung von Herstellungsanlagen oder deren Verwendung für Unterrichtszwecke von einer Anlagensicherung im Grunde des § 28 AstMG absehen. Mit Inkrafttreten des Verbrauchsteueränderungsgesetzes 1996 wird nicht nur die Zuständigkeit zur Erteilung einer solchen Ausnahme dem **Hauptzollamt** übertragen, sondern die Regelung dadurch erweitert, daß bestimmte Betriebe als **Verschlußbrennereien mit eingeschränkter Anlagensicherung** zugelassen werden können, deren Brenngeräte die Voraussetzungen für einfache Brenngeräte (§ 59) nicht erfüllen und damit nicht zur abfindungsweisen Alkoholherstellung zugelassen sind, oder die **Errichtung einer Verschlußbrennerei mit Roh- und Feinbrennblase, Zwischensammelgefäß, einem Spirituskontrollmeßapparat (SpKMA) oder Sammelgefäß und Luttergrube samt Raum- oder Anlagensicherung** mit erheblichen Schwierigkeiten oder mit großem finanziellen Aufwand verbunden ist. Die Praxis zeigt nämlich, daß reparaturanfällige SpKMA ausfallen und nicht kurzfristig repariert oder neu beschafft werden können.

Die gegenständliche Ausnahmeregelung (ausgenommen zur Erprobung oder für Schulungszwecke) soll vorerst für einen Probezeitraum von zwei Jahren befristet werden. Sollte sich die Regelung in dieser Zeit nicht bewähren, so treten die betroffenen Brennereien wieder in den status quo ante ein. Das würde z. B. für eine derzeit bestehende 3-hl A-Abfindungsbrennerei, welche durch die Regelung erfaßt wird, bedeuten, daß deren Eigentümer bei deren Wegfall wieder entsprechend § 111 Alkohol unter

Abfindung herstellen darf, wenn er die maßgeblichen Voraussetzungen erfüllt.

Eine **Zulassung** einer Verschlußbrennerei mit eingeschränkter Anlagensicherung kommt nunmehr auch in Betracht, wenn

a) vorübergehend kein SpKMA zur Verfügung steht, oder der SpKMA zur Reparatur gebracht werden muß,

b) deren Betrieb vorübergehend, d.h. nur innerhalb weniger Monate eines Jahres aufgenommen wird und finanzielle oder technische Gründe einen Vollverschluß erschweren.

B. Bedingungen

für die Zulassung einer Brennerei mit eingeschränkter Anlagensicherung durch das Hauptzollamt:

a) **Jahreserzeugung:** nicht mehr als voraussichtlich 1.000 l A.

b) **§ 20 Abs. 3** gegeben.

c) **Betriebsanmeldung:** Eine Woche vor Betriebsaufnahme (§ 23 Abs. 1) unter Vorlage eines (im Einvernehmen mit dem Zollamt zu erstellenden) Produktionsplanes, der die Herstellung von Alkohol nur innerhalb üblicher Betriebszeiten (Nachtstunden sind grundsätzlich ausgenommen) gewährleistet und die Brennzeiten nach Erfahrungswerten (Orientierung an Konstanten für die Brenndauer der VO-Abfindung) bemißt.

d) Sicherungsmaßnahmen: Die Herstellungsanlage ist durch das Zollamt so zu sichern, daß in der betriebslosen Zeit kein Alkohol hergestellt werden kann. Zweck-mäßigerweise werden Sicherungsmaßnahmen anläßlich der Alkoholfeststellung durchgeführt. Alle für die Herstellung von Alkohol notwendigen Geräte und Gefäße können in diese Sicherungsmaßnahmen einbezogen werden (z. B. Maischegefäße). Sicherungen sind ausschließlich durch das Zollamt vor Aufnahme des angemeldeten Brennverfahrens abzunehmen. Auf Grund des Produktionsplanes, der Meldung der Betriebsaufnahme und der amtlichen Aufsicht (§§ 86 ff AStMG) kann das Zollamt jederzeit die Brennerei stichprobenweise prüfen, Proben ziehen und diese (bzw. Gegenproben) von der Technischen Untersuchungsanstalt der Finanzlandesdirektion in Wien untersuchen lassen.

e) Probenentnahme: Das Zollamt zieht im Anschluß die Abnahme der Sicherungen aus jeder angemeldeten Maische eine repräsentative Probe und Gegenprobe. Ist eine Maischeprobe für einen Obststoff aus mehreren Behältern zu entnehmen, so ist aus jedem gut durchmischten Behälter eine Menge zu nehmen, diese wieder zu mischen und davon die Probe (Gegenprobe) zu ziehen. Der Betriebsinhaber hat die Probe einer autorisierten Untersuchungsanstalt zur Ermittlung der in der Probe enthaltenen Alkoholmenge in %vol zu senden. Eine öffentliche Studie kann die Alkohlermittlung im eigenen Labor durchführen. Gegenproben sind im Betrieb aufzubewahren.

f) **Alkoholsteuer:** Bemessungsgrundlage für die Berechnung der Alkoholsteuer ist die höhere Alkoholmenge im Vergleich zwischen amtlicher Alkohlfeststellung und dem um 1% gekürzten errechneten Ausbeuteergebnis nach der Maischeuntersuchung (errechnetes Ausbeuteergebnis).

Die Alkoholsteuer ist gem. § 10 Abs. 1 anzumelden. Dabei ist das errechnete Ausbeuteergebnis durch den Inhaber der Verschlußbrennerei entsprechend zu erklären. Bei Ermittlung der Jahreserzeugung (§ 2 Abs. 2 Z. 2) ist grundsätzlich von jener Alkoholmenge auszugehen, welche aus der Verschlußbrennerei weggebracht oder entnommen wurde.

War die Alkoholsteuer nach dem errechneten Ausbeuteergebnis anzumelden, so ist diese Alkoholmenge in der Jahreserzeugung zu berücksichtigen.

g) Alkoholfeststellung: Das hergestellte Destillat ist in der Verschlußbrennerei (in dem in der Betriebsbewilligung als solche bezeichneten Raum) aufzubewahren und zur amtlichen Alkoholfeststellung (§ 79 Abs. 2) vorzuführen. Für die Vornahme der amtlichen Alkoholfeststellung erforderliche Geräte (geeichte Waage oder geeignete geeichte

Gefäße) sind durch den Betriebsinhaber zur Verfügung zu stellen.

h) Maischegefäße: Diese sind amtlich zu vermessen und dürfen einen Rauminhalt von 1.000 Liter nicht überschreiten, um ein gutes Durchmischen der Maischen vor den Probenentnahmen zu gewährleisten.

i) Reinigung: Wird in der Herstellungsanlage der Verschlußbrennerei mit eingeschränkter Anlagensicherung Rohsprit gewonnen (weil die Anlage nur so ausgestattet ist), kann dessen Reinigung entsprechend der Regelung des § 23 Abs. 3 vorgenommen werden.

C. Hinweise

Bereits im Zuge der Betriebsbewilligung sind alle Maßnahmen, die für eine umfassende Überwachung notwendig sind (z.B. amtliche Vermessung der Maischebehälter), durchzuführen und auf das Vorhandensein von für die Alkoholfeststellung geeigneten geeichten Behältern oder Waagen zu achten. An Herstellungsanlagen angebrachte Sicherungen sind im Zuge des Bewilligungsverfahrens nicht zu entfernen.

Beispiel:

1.000 l Apfelmaische lt. Untersuchungszeugnis 3,5 %vol Alkohol

1.000 x 0,035 l A = 35,00 l A
abzgl. 35 x 0,01 = - 0,35 l A
_____

Summe: 34,65 l A, ger. (nach ÖNORM): **34,7 l A = err. Ausbeuteergebnis**

amtliche Alkoholfeststellung: 34,2 l A

Berechnung der Alkoholsteuer (nach der höheren Alkoholmenge):

0,347 x öS 5.400,- (err. Steuersatz) = öS 1.873,8; gerundet (nach BAO): öS 1.874,-

---

Bei einer Jahreserzeugung von 400 Liter Alkohol und Entrichtung des begünstigten Steuersatzes besteht keine Möglichkeit der Aufnahme der Destillate in Alkohollager, der Steuererstattung oder Steuervergütung (§ 5 Abs. 1 Z. 1 und § 6 Abs. 1), der Verbringung in Mitglieds- oder Drittstaaten (§ 20 Abs. 2, § 45 und § 54 Abs. 2), der Beförderung unter Steueraussetzung in die und aus der Verschlußbrennerei (§ 19 Abs. 3 in Verbindung mit §§ 38 und 39) und der Reinigung von Alkohol nach § 23 Abs. 3 (ausgenommen in der Brennerei hergestellten oder Alkohol, der bereits mit dem Regelsatz versteuert wurde und bei der Aufnahme in die Brennerei der Regelung des § 5 Abs. 2 unterworfen wird).

Wird die Steuer nach dem Regelsatz entrichtet (diese Möglichkeit besteht auf Grund einer entsprechenden Erklärung des Inhabers einer Verschlußbrennerei im Zuge des Bewilligungsverfahrens - auch bei einer geringeren Jahreserzeugung als 400 Liter Alkohol - oder vor Beginn eines Kalenderjahres), ist die Brennerei mit eingeschränker Anlagensicherung den herkömmlichen Verschlußbrennereien gleichgestellt.

5.5. Die Lebensmittelkennzeichnungsverordnung

Die 72. Verordnung zur Lebensmittelkennzeichnung 1993 regelt die allgemein notwendige Kennzeichnung von Lebensmitteln in Österreich, die in Verkehr gesetzt werden. Die Lebensmittelkennzeichnungsverordnung lautet:

72. Verordnung des Bundesministers für Gesundheit, Sport und Konsumentenschutz über die Kennzeichnung von verpackten Lebensmitteln und Verzehrprodukten (Lebensmittelkennzeichnungsverordnung 1993 - LMKV)

Aufgrund der §§ 77 Abs. 2, 10 Abs. 1 und 19 Abs. 1 des Lebensmittelgesetzes 1975, BGBl. Nr. 86, zuletzt geändert durch das Bundesgesetz BGBl. Nr. 444/1985, die Kundmachung BGBl. Nr. 10/1986, das Bundesgesetz BGBl. Nr. 78/1987, die Kundmachung BGBl. Nr. 226/1988, das Bundesgesetz BGBl. Nr. 45/1991 sowie das Bundesgesetz BGBl Nr. 756/1992, wird - hinsichtlich der §§ 1 bis 9, 10 Abs. 2 und 13 im Einvernehmen mit dem Bundesminister für wirtschaftliche Angelegenheiten - verordnet:

§ 1. (1) Diese Verordnung ist auf alle verpackten Waren gemäß den §§ 2 und 3 LMG 1975 (Lebensmittel und Verzehrprodukte) - ausgenommen Kakao- und Schokoladeerzeugnisse und Waren, die dem Weingesetz 1985 in der geltenden Fassung unterliegen -, die - ohne weitere Verarbeitung - für den Letztverbraucher bestimmt sind, anzuwenden; dem Letztverbraucher sind Einrichtungen der Gemeinschaftsversorgung gleichzustellen.

(2) „Verpackt" (Abs. 1) sind Waren, die in Behältnissen oder Umhüllungen beliebiger Art, deren Inhalt ohne Öffnen oder

Veränderung der Verpackung nicht vermehrt oder vermindert werden kann, abgegeben werden sollen.

§ 2. Diese Verordnung gilt nicht für Waren, die in Gegenwart des Käufers verpackt werden, und für zur Verkaufsvorbereitung verpackte Waren, wenn diese nur zur kurzfristigen Lagerung für die unmittelbare Abgabe an den Letztverbraucher, ausgenommen Selbstbedienung, bestimmt sind.

§ 3. (1) a) Die Kennzeichnungselemente (Angaben) müssen leicht verständlich sein und sind an gut sichtbarer Stelle deutlich lesbar und dauerhaft auf der Verpackung oder auf einem mit ihr verbundenen Etikett anzubringen; sie dürfen nicht durch andere Angaben oder Bildzeichen verdeckt oder getrennt werden.

b) Die Datumsangaben haben in der Reihenfolge Tag, Monat, Jahr sowie unter Sicherstellung der Eindeutigkeit des Datums zu erfolgen.

(2) Die in § 4 Z 1, Z 3a - unter Berücksichtigung von § 6 -, Z 5 und Z 9 angeführten Angaben sind im gleichen Sichtfeld anzubringen. Dies gilt nicht für zur Wiederverwertung bestimmte Glasflaschen, auf denen eine dieser Angaben dauerhaft angebracht ist.

(3) Bei verpackten Waren, die auf einer der Abgabe an den Letztverbraucher vorangehenden Stufe oder an Einrichtungen der Gemeinschaftsversorgung abgegeben werden, dürfen - anstelle Abs. 1 - die in § 4 geforderten Angaben in den die Waren begleitenden Geschäftspapieren aufscheinen, wobei die in § 4 Z 1, 2, 4 und 5 sowie gegebenenfalls § 5 angeführten Angaben auch auf der äußeren Verpackung aufzuscheinen haben.

§ 4. Verpackte Waren sind wie folgt zu kennzeichnen, sofern die §§ 5 bis 7 nicht anderes bestimmen:

1. die handelsübliche Sachbezeichnung - bei Fehlen einer solchen eine Beschreibung, die Rückschlüsse auf Art und Beschaffenheit der Ware ermöglicht - in Verbindung mit einer Angabe über den physikalischen Zustand oder über die besondere Behandlung der Ware (z. B. pulverförmig, konzentriert, geräuchert, gefriergetrocknet, UHT-erhitzt), sofern die Unterlassung einer solchen Angabe geeignet wäre, beim Käufer einen Irrtum herbeizuführen;

2. der Name (Firma oder Firmenschlagwort) und die Anschrift der erzeugenden oder verpackenden Unternehmung oder eines in einem EWR-Mitgliedstaat niedergelassenen Verkäufers; den Ursprungs- oder Herkunftsort, falls ohne diese Angabe ein Irrtum des Verbrauchers über die tatsächliche Herkunft möglich wäre. Bei ausländischen - nicht aus einem EWR-Mitgliedstaat importierten Waren - ist jedenfalls das Ursprungsland anzugeben;

3. a) die Nettofüllmenge der zur Verpackung gelangenden Ware nach metrischem System; bei flüssigen Waren nach Litern, Zentilitern oder Millilitern, bei sonstigen Waren nach Kilogramm oder Gramm;

b) befindet sich eine feste Ware in einer - auch gefrorenen oder tiefgefrorenen - Aufgußflüssigkeit (Wasser, wäßrige Salzlösungen, Salzlake; Genußsäure in wäßriger Lösung; Essig; wäßrige Zuckerlösungen, wäßrige Lösungen von anderen süßenden Lebensmitteln oder süßenden Lebensmittelzusatzstoffen; Frucht- oder Gemüsesäfte bei Obst und Gemüse) und ist diese gegenüber den wesentlichen Bestandteilen von untergeordneter Bedeutung und daher nicht kaufentscheidend, so ist auch das Abtropfgewicht der festen Ware in der Etikettierung anzugeben;

c) bei einer Überverpackung, die zwei oder mehrere Einzel-(ver)packungen mit derselben Menge derselben Ware enthält, ist die Nettofüllmenge wie folgt zu kennzeichnen:

- bei Packungen, die nach dem Handelsbrauch nicht einzeln abgegeben werden, die Gesamtfüllmenge und die Gesamtzahl der Einzelpackungen; dies gilt nicht für Karamellen;

- bei verpackten Waren, die auch einzeln abgegeben werden, die in jeder Einzelpackung enthaltene Nettofüllmenge und die Gesamtzahl der Einzelpackungen; diese Angaben können jedoch entfallen, wenn die Gesamtzahl der Einzelpackungen von außen leicht zu sehen und zu zählen ist und wenn mindestens eine Angabe der Nettofüllmenge jeder Einzelpackung deutlich von außen sichtbar ist;

4. das Los (Charge), wenn nicht das nach Tag und Monat bestimmte Mindesthaltbarkeits-bzw. Verbrauchsdatum angegeben ist; der Angabe geht der Buchstabe „L" voraus, es sei denn, sie unterscheidet sich deutlich von anderen Angaben;

5. der Zeitpunkt, bis zu dem die Ware ihre spezifischen Eigenschaften behält (Mindesthaltbarkeitsdatum) mit den Worten:

„mindestens haltbar bis ...", wenn der Tag genannt wird, „mindestens haltbar bis Ende . . . ", wenn nur Monat oder Jahr genannt werden, bestimmt nach

a) Tag und Monat, wenn deren Haltbarkeit weniger als drei Monate,

b) Monat und Jahr, wenn deren Haltbarkeit zwischen drei und 18 Monaten, und

c) Jahr, wenn deren Haltbarkeit mehr als 18 Monate beträgt;

in Verbindung mit der Angabe „mindestens haltbar ..." ist entweder das Datum selbst oder die Stelle, an der es in der Etikettierung angegeben ist, einzusetzen;

6. die Temperaturen oder sonstigen Lagerbedingungen, wenn deren Einhaltung für die Haltbarkeit wesentlich ist;

7. die Zutaten (Bestandteile und Zusatzstoffe);

a) dem Verzeichnis der Zutaten ist eine geeignete Bezeichnung voranzustellen, in der das Wort „Zutaten" enthalten ist. Jeder Stoff, der bei der Herstellung einer Ware verwendet wird und unverändert oder verändert im Enderzeugnis vorhanden ist, ist in absteigender Reihenfolge des jeweiligen Gewichtsanteils zum

Zeitpunkt der Verwendung bei der Herstellung zu deklarieren:

abweichend davon

- müssen zugefügtes Wasser und flüchtige Zutaten nach Maßgabe ihres Gewichtsanteils am Enderzeugnis angegeben werden, wobei der Anteil des zugefügten Wassers durch Abzug der Summe der Gewichtsanteile aller anderen verwendeten Zutaten von der Gesamtmenge des Enderzeugnisses ermittelt wird; die Angabe kann entfallen, sofern der errechnete Anteil nicht mehr als 5 % des Gewichts des Enderzeugnisses bildet, oder bei Aufgußflüssigkeiten, die üblicherweise nicht mitverzehrt werden, oder wenn das Wasser bei der Herstellung lediglich dazu dient, eine Zutat in konzentrierter oder getrockneter Form in ihren ursprünglichen Zustand zurückzuführen;

- können die in konzentrierter oder getrockneter Form verwendeten und bei der Herstellung der Ware in ihren ursprünglichen Zustand zurückgeführten Zutaten nach Maßgabe ihres Gewichtsanteils vor der Eindickung oder vor dem Trocknen angegeben werden;

- können bei konzentrierten oder getrockneten Waren, bei deren bestimmungsgemäßem Gebrauch Wasser zuzusetzen ist, die Zutaten in der Reihenfolge ihres Anteils an dem in seinen ursprünglichen Zustand zurückgeführten Erzeugnis angegeben werden, sofern das Verzeichnis der Zutaten eine Angabe wie „Zutaten des gebrauchsfertigen Erzeugnisses" enthält;

- können bei Obst- oder Gemüsemischungen die Obst- oder Gemüsearten sowie bei Gewürzmischungen oder Gewürzzubereitungen die Gewürzarten in anderer Reihenfolge angegeben werden, sofern sich die Obst-, Gemüse- oder Gewürzarten in ihrem Gewichtsanteil nicht wesentlich unterscheiden und im Verzeichnis der Zutaten ein Hinweis wie „in veränderlichen Gewichtsanteilen" erfolgt;

b) für die in Anhang I definierten Bestandteile dürfen die dort angeführten Bezeichnungen verwendet werden;

c) die Zusatzstoffe - mit Ausnahme der Aromen - sind mit ihren spezifischen Namen zu deklarieren; gehören sie zu einer der im Anhang II angeführten Klassen, sind sie mit dem Namen dieser Klasse zu bezeichnen, dem der spezifische Name oder die EWR-Nummer zu folgen hat; gehört ein Zusatzstoff zu mehreren Klassen, so ist die Klasse anzugeben, der der Zusatzstoff aufgrund seiner hauptsächlichen Wirkung für die betreffende Ware zuzuordnen ist:

d) Aromen sind entweder mit „Aroma", einer genauen Bezeichnung oder einer Beschreibung des Aromas zu bezeichnen; - das Wort „natürlich" oder ein anderer Begriff mit im wesentlichen gleicher Bedeutung darf nur für Aromen verwendet werden, deren Aromabestandteil ausschließlich Aromastoffe enthält, die aus Aromaten mit Hilfe physikalischer, enzymatischer oder mikrobiologischer Verfahren gewonnen werden;

- enthält die Bezeichnung des

Aromas einen Hinweis auf Art oder pflanzlichen bzw. tierischen Ursprung der verwendeten Stoffe, darf das Wort „natürlich" oder ein anderer Begriff mit im wesentlichen gleicher Bedeutung nur verwendet werden, wenn die natürlichen Aromen ausschließlich oder nahezu ausschließlich aus den namensgebenden Aromaten bestehen;

e) eine zusammengesetzte Zutat kann im Verzeichnis der Zutaten unter ihrer handelsüblichen Sachbezeichnung nach Maßgabe ihres Gesamtgewichtsanteils angegeben werden, sofern unmittelbar danach eine Aufzählung ihrer Zutaten folgt. Diese Aufzählung ist nicht erforderlich, wenn die zusammengesetzte Zutat weniger als 25 % des Enderzeugnisses ausmacht; Zusatzstoffe sind jedoch auch in diesem Fall zu deklarieren;

f) als Zutaten gelten nicht Zusatzstoffe, die

- in einer Ware lediglich deshalb vorhanden sind, weil sie in einer oder mehreren Zutaten der Ware enthalten waren („carry over") und die im Enderzeugnis keine technologische Wirkung mehr ausüben;

- als technologische Hilfsstoffe verwendet werden;

sowie Stoffe, die in unbedingt erforderlichen Dosen als Lösungsmittel oder Träger für Zusatzstoffe verwendet werden;

8. die Gebrauchsanleitung, sofern sie für die bestimmungsgemäße Verwendung erforderlich ist;

9. den Alkoholgehalt in Volumenprozenten (%vol) bei Alkoholgehalt von mehr als 1,2 Volumenprozenten, er ist bis auf höchstens eine Dezimalstelle anzugeben.

§ 5. Anstelle des Mindesthaltbarkeitsdatums (§ 4 Z 5) ist bei mikrobiologischer Hinsicht sehr leicht verderblichen Waren, die folglich nach kurzer Zeit eine unmittelbare Gefahr für die menschliche Gesundheit darstellen könnten, das Verbrauchsdatum mit den Worten: „verbrauchen bis ..." anzugeben; es ist das Datum selbst oder die Stelle, an der es in der Etikettierung angegeben ist, einzusetzen.

§ 6. Anstelle der Nettofüllmenge (§ 4 Z 3) kann bei Eiern, Gebäck, Backoblaten und Strudelteig die Stückzahl angegeben werden. Dies gilt auch für Obst und Gemüse, wenn sie der allgemeinen Verkehrsauffassung entsprechend nur nach Stückzahlen in Verkehr gebracht werden.

§ 7. Die Angaben folgender Kennzeichnungselemente ist bei den nachstehenden Waren nicht erforderlich:

1. die Nettofüllmenge bei Waren - mit Ausnahme der Gewürze und Kräuter -, deren Nettofüllmenge unter 5 Gramm oder 5 Millilitern liegt, sowie bei Waren, die in Anwesenheit des Letztverbrauchers abgewogen werden;

2. das Los für Speiseeiseinzelpackungen; die Angabe ist auf der Überverpackung anzubringen;

3. das Mindesthaltbarkeitsdatum bei

- Frischobst und Frischgemüse -

einschließlich Kartoffeln -, das nicht geschält, geschnitten oder ähnlich behandelt worden ist; diese Ausnahme gilt nicht für Keime von Samen und ähnliche Erzeugnisse, wie Sprossen von Hülsenfrüchten;

- Getränken mit einem Alkoholgehalt von zehn oder mehr Volumenprozenten;

- alkoholfreien Erfrischungsgetränken, Fruchtsäften, Fruchtnektar und alkoholischen Getränken in Einzelbehältnissen von mehr als fünf Litern, die an Einrichtungen der Gemeinschaftsversorgung geliefert werden;

- Backwaren, die ihrer Art nach normalerweise innerhalb von 24 Stunden nach der Herstellung verzehrt werden;

- Essig;

- Speisesalz;

- Zucker in fester Form;

- Zuckerwaren, die fast nur aus Zuckerarten mit Aromastoffen und/oder Farbstoffen bestehen;

- Kaugummi und ähnlichen Erzeugnissen zum Kauen;

- Speiseeis in Portionspackungen;

4. die Zutaten bei

- Getränken mit einem Alkoholgehalt von mehr als 1,2 Volumenprozenten;

- Frischobst und Frischgemüse - einschließlich Kartoffeln -, das nicht geschält, geschnitten oder ähnlich behandelt worden ist;

- Käse, Butter sowie fermentierter Milch und Obers (Sahne), soweit es sich bei den Zutaten aus-

schließlich um für die Herstellung notwendige Milchinhaltsstoffe, Enzyme und Mikroorganismenkulturen oder um für die Herstellung von Käse - ausgenommen Frisch- oder Schmelzkäse - notwendiges Salz handelt;

- Waren, in deren Sachbezeichnung sämtliche Zutaten angeführt sind.

§ 8. Bei zur Wiederverwendung bestimmten Glasflaschen mit dauerhafter Aufschrift - ohne Etikett - und bei Verpackungen bzw. Behältnissen, deren größte Einzelfläche weniger als 10 cm^2 beträgt, genügen die Angaben gemäß § 4 Z 1, 3 und 5 - gegebenenfalls gemäß § 5; in diesen Fällen gilt § 3 Abs. 3 nicht.

§ 9. (1) Werden bei der Kennzeichnung von verpackten Waren das Vorhandensein oder der geringe Gehalt einer oder mehrerer Zutaten, die für die Merkmale der Ware wichtig sind, hervorgehoben (Anpreisung) oder wirkt sich die Bezeichnung dieser Ware in der gleichen Weise aus, ist die Mindestmenge, bei entsprechender Hervorhebung eines geringen Gehalts die Höchstmenge der verwendeten Zutaten anzugeben.

(2) Abs. 1 gilt nicht für eine Etikettierung, welche gemäß § 4 Z 1 die Merkmale der Ware beschreibt, und für Zutaten, die in geringer Menge ausschließlich wegen der Geschmacksgebung hinzugefügt werden.

§ 10. (1) Eine Verlängerung der Mindesthaltbarkeits- bzw. Verbrauchsfrist ist nicht zulässig.

(2) Ist die Mindesthaltbarkeitsfrist

bereits abgelaufen, ist dieser Umstand deutlich und allgemein verständlich kenntlich zu machen.

(3) Ist die Verbrauchsfrist abgelaufen, darf die Ware nicht mehr in Verkehr gebracht werden.

§ 11. Regelungen, die für bestimmte verpackte Waren eine von den Vorschriften dieser Verordnung abweichende oder zusätzliche Kennzeichnung vorschreiben, bleiben unberührt.

§ 12. (1) Mit dem Inkrafttreten dieser Verordnung wird die Verordnung über das Verbot des Inverkehrbringens von Fleisch und Fleischwaren bestimmter Beschaffenheit, BGBl. Nr. 251/1979, aufgehoben.

(2) Gemäß § 77 Abs. 1 LMG 1975 treten mit dem Inkrafttreten dieser Verordnung die ihren Gegenstand regelnden und als Bundesgesetze gemäß § 77 Abs. 1 LMG 1975 weiter in Kraft bleibenden Verordnungen (insbesondere die Lebensmittelkennzeichnungsverordnung 1973, BGBl. Nr. 627, und die Verordnung vom 21. September 1953, BGBl. Nr. 152, über die Bezeichnung der örtlichen Herkunft von gebrannten geistigen Getränken) außer Kraft.

§ 13. Verpackte Waren, die dieser Verordnung nicht entsprechen, dürfen noch bis 31. Dezember 1994 in Verkehr belassen werden.

5.5.1 Bezeichnung von Obstbränden

Die Bezeichnung von Obstbränden wird im Österreichischen Lebensmittelbuch (Codex) Kapitel B23 Spirituosen und in der Lebensmittelkennzeichnungsverordnung geregelt. Die Lebensmittelkennzeichnungsverordnung wurde im Jänner 1993 in Kraft gesetzt, gilt aber ausschließlich erst ab 1.1.1995, sodaß ab diesem Zeitpunkt die Bezeichnung folgendermaßen vorgenommen werden muß:

1. Die handelsübliche Sachbezeichnung

Diese Sachbezeichnung muß bei Obstbränden unter Voranstellung des Namens der verwendeten Frucht im Zusammenhang mit dem Wort „Brand" (z.B. Apfelbrand, Kirschenbrand, Birnenbrand) oder mit dem Ausdruck „Österreichischer Qualitäts ... brand" (auch hier muß die verwendete Frucht eingesetzt werden) gewählt werden.

Bei sortenreinen Obstbränden muß neben der Anführung der Obstsorte auch die Obstart ausgewiesen werden (z.B. Jonagold - Apfelbrand, Gute Luise - Birnenbrand oder auch Apfelbrand vom Jonagold).

Werden verschiedene Obstarten gebrannt (frühere Bezeichnung Obstler), so muß dieses Produkt als „Obstbrand aus ..." (hier müssen die verwendeten Obstarten in absteigender Reihenfolge eingesetzt werden) bezeichnet werden.

Hinweise wie „Bauern- oder Landbrand" sowie „vom Bauern" oder „Erzeugt vom Bauern" sind zulässig, sofern sie den Tatsachen entsprechen. Außerdem kann bei allen Obstbränden die

Zusatzbezeichnung „Echt" oder „Edel" verwendet werden.

2. Am Etikett muß der Name und die Anschrift des Produzenten und der Ursprungs- oder Herkunftsort genannt werden, falls ohne diese Angabe ein Irrtum des Verbrauchers über die tatsächliche Herkunft möglich wäre.

3. Es muß der Alkoholgehalt in %vol mit einer Toleranz von +/- 0,3 %vol und einer Analysengenauigkeit von +/- 0,2 %vol, d.h., mit einer Gesamttoleranz von +/- 0,5 %vol genau angegeben werden.

Besonders wollen wir darauf hinweisen, daß der Alkoholgehalt genau mit dem Kürzel %vol anzugeben ist. Eine Bezeichnung „Alkoholgehalt 40 %" ist nicht ausreichend.

4. Eine Chargennummer muß auf der Flasche aufscheinen, die bei einer etwaigen Beanstandung zur Rückverfolgung des Produktes dienen soll. Diese kann frei gewählt werden, es ist jedoch sinnvoll, eine Chargennummer in Verbindung mit dem Brenn- oder Abfülldatum zu wählen. Der Chargennummer muß der Buchstabe „L" vorangestellt werden, außer die Angabe der Chargennummer unterscheidet sich deutlich von allen anderen Angaben (z. B. L 1 12/95 für den Obstbrand, der am 1. Dezember gebrannt oder abgefüllt wurde).

Wenn die Chargennummer nicht am Etikett angeführt wird, sondern z. B. am Flaschenverschluß oder auf einer Halsschleife, muß der Buchstabe „L" nicht angeführt werden.

5. Das Flaschenvolumen muß am Etikett angegeben werden, außer es handelt sich um eine zur Wiederverwendung bestimmte Glasflasche, auf der das Flaschenvolumen dauerhaft angebracht ist. (die Einprägung des Flaschenvolumens am Flaschenboden genügt).

6. Abfindungsbrenner müssen am Etikett einen Hinweis auf die Herstellung unter Abfindung anbringen - z. B. „unter Abfindung hergestellt" oder „vom Abfindungsbrenner".

Ein Großteil der landwirtschaftlichen Brenner sind Abfindungsbrenner, nur wenn Alkohol unter Verschluß hergestellt wird (das Brenngerät ist mit einer Meßuhr versehen), ist dieser Hinweis auf Herstellung unter Abfindung nicht anzubringen.

Die oben angeführten Zeichnungselemente stellen die Mindestanforderungen an die Kennzeichnung von Obstbränden, die in Verkehr gesetzt werden, dar.

Darüber hinaus kann selbstverständlich zur Information des Konsumenten auf zusätzliche Eigenschaften des Produktes hingewiesen werden.

5.5.2. Bezeichnung von Trauben-, Wein-, Trester- und Hefebränden

1. Der Produktname

Um die richtige Produktbezeichnung vornehmen zu können, ist es unbedingt notwendig, das vorhandene Ausgangsmaterial zu berücksichtigen.

Traubenbrand

Wird die frisch geerntete Weintraube eingemaischt, die Maische vergoren und destilliert, so ist das Produkt als „Traubenbrand" oder „Weintraubenbrand" oder dem Wort Traubenbrand in Verbindung mit der verwendeten Traubensorte zu kennzeichnen, z.B. Grüner Veltliner-Traubenbrand oder Traubenbrand vom Riesling etc.

Wird Wein destilliert und das Destillat in Eichenholzbehältern mindestens ein Jahr oder aber mindestens sechs Monate, wenn das Fassungsvermögen der Eichenfässer unter 1.000 Litern liegt, gereift, dann ist das Produkt als „Weinbrand" oder als Weinbrand in Verbindung mit der verwendeten Traubensorte zu bezeichnen, z. B. Traminer-Weinbrand etc. (nicht ausreichend wäre die Bezeichnung Traminerbrand oder Veltlinerbrand).

Wird Wein destilliert und das Produkt keiner Faßlagerung unterzogen, so ist es als „Branntwein" oder als Branntwein in Verbindung mit der verwendeten Traubensorte zu bezeichnen, z. B. Grüner Veltliner-Branntwein oder Riesling-Branntwein etc.

Werden die Traubentrester destilliert, so ist das Produkt als „Tresterbrand" oder „Trester" oder den Worten Tresterbrand oder Trester in Verbindung mit der verwendeten Traubensorte zu bezeichnen, z. B. Muskat-Tresterbrand oder Riesling-Trester. Die Bezeichnung „Grappa" darf nur für Tresterbrand oder Trester, der in Italien hergestellt wird, verwendet werden.

Wird Weingeläger destilliert, so ist das Produkt als „Hefebrand" oder dem Wort Hefebrand in Verbindung mit der verwendeten Traubensorte zu bezeichnen, z. B. Grüner Veltliner-Hefebrand oder Riesling-Hefebrand etc.

Hinweise wie „Bauern- oder „Landbrand" sowie „vom Bauern" oder „erzeugt vom Bauern" sind zulässig, sofern sie den Tatsachen entsprechen. Außerdem kann bei allen 100%igen Bränden (Erzeugnissen, denen kein Sprit zugesetzt wurde) die zusätzliche Auslobung „Echt" oder „Edel" verwendet werden.

5.6. Die Fertigpackungsverordnung

Mit Ende 1993 wurde in Österreich die 867. Verordnung betreffend Fertigpackungen in Kraft gesetzt. Die Fertigpackungsverordnung regelt die Flaschentypen, die Eichung der Flaschen und gibt detailliert an, in welchen Flaschengrößen die verschiedenen Getränke in Verkehr gesetzt werden dürfen.

Es ist anzuraten, in Zukunft nur mehr sogenannte „Maßbehältnisflaschen" zu verwenden, die folgende Angaben tragen müssen:

1. Auf dem Mantel, auf der Bodennaht oder am Flaschenboden muß das Nennvolumen in Litern, Zentilitern oder Millilitern angegeben sein, außerdem muß ein vom Bundesamt für Eich- und Vermessungswesen zugelassenes Herstellerzeichen angegeben werden.

2. Am Flaschenboden oder an der Bodennaht muß die Angabe des Randvollvolumens in Zentilitern oder, was häufiger zu finden, die Angabe des Abstands in Millimetern von der oberen Randebene bis zur theoretischen Füllhöhe angegeben werden. Der Produzent ist dafür verantwortlich, daß die Fertigpackung den Vorschriften hinsichtlich der enthaltenen Füllmenge entspricht. Werden allerdings Maßbehältnisflaschen verwendet, die aufgrund der oben angeführten Angaben zu erkennen sind, und entsprechend gefüllt, gelten alle notwendigen Kontroll- und Meßvorschriften als erfüllt. Es ist aus diesem Grund nochmals darauf hinzuweisen, daß der Produzent nur mehr Maßbehältnisflaschen verwenden sollte.

Die Fertigpackungsverordnung gibt verbindliche Werte für die Nennfüllmengen der verschiedenen Getränke vor. Die untenstehende Tabelle zeigt, welche Produkte in welche Flaschenvolumen gefüllt werden dürfen.

Dies bedeutet, daß mit 1. Jänner 1995 für Obstweine, Fruchtsäfte, Obst- und Weinbrände andere als die jeweils angeführten Flaschenvolumina nicht mehr erlaubt sind. So dürfen z. B. Flaschenvolumina mit 0,25, 0,375 und 0,75 Liter für Obst- und Weinbrände nicht mehr verwendet werden, aber auch für Obstweine die 0,7 Liter-Flasche als Verpackung nicht mehr herangezogen werden.

Da die Gesetze laufend geändert werden, empfehlen wir, beim zuständigen Zollamt die Änderungen anzufordern.

Gesetzeswerke

Das österreichische Lebensmittelbuch, 3. Auflage, Kapitel B 23, Spirituosen

Das 307. Bundesgesetz: Alkoholsteuer- und Monopolgesetz 1995

Die 39. Verordnung des Bundesministers für Finanzen über Abfindungsmenge, Brenndauer und Brennfristen bei der Herstellung von Alkohol unter Abfindung

Die 72. Verordnung des Bundesministers für Gesundheit, Sport und Konsumentenschutz über die Kennzeichnung von verpackten Lebensmittel- und Verzehrprodukten (Lebensmittelkennzeichnungsverordnung 1993)

Die EU-Verordnung 1576/89

Die EU-Verordnung 1014/90

Die 167. Verordnung aus 1993 - Fertigpackungsverordnung

Produkt	Nennfüllmenge der Flasche in Liter
Obst- und Weinbrände, Liköre	0,02 - 0,03 - 0,04 - 0,05 - 0,1 - 0,2 0,35 - 0,5 - 0,7 - 1 - 1,5 - 2 - 2,5 - 3 - 4,5

"Nur durch professionelles Marketing wird man seine Produkte in Zukunft auch weiterhin an den Mann bringen!"

Destillata®

HANDBUCH

SO VERMARKTE

ICH MEINE

EDELBRÄNDE ②

Die Verkaufshilfe für Destillateure

Die Autoren: Ing. Franz Gutmann (Vinorama Wein-Versand), Prof. Dr. Josef Hohenecker (Universität für Bodenkultur, Wien) und Wolfram Ortner (Destillata).

ISBN 3-7040-1282-3, im Buchhandel, beim Österreichischen Agrarverlag, Sturzgasse 1a, A-1141 Wien, Tel. 0222/98118-222 oder bei **Messe Wien**, A-1021 Wien, Tel. 01/727 20-570

öS 248.-
zzgl. Porto und Versand

6.

Sensorik (Verkostung) von Obstbränden

von **Dr. Gerd Scholten**

Die Kenntnis der chemischen Vorgänge bei Vergärung und Destillation sind für die Erzeugung hochwertiger Obstbrände sehr wichtig, an erster Stelle steht jedoch die Akzeptanz des Produktes beim Verbraucher oder Verkoster. Diese entscheidet letztendlich über die „Qualität", denn Edelobstbrände sind Genußmittel, und nur wenn sie beim Verkosten tatsächlich Genuß bieten, werden sie als qualitativ hochwertige Erzeugnisse angesehen.

Die analytische Beschaffenheit und die Einhaltung der in den vorhergehenden Kapiteln beschriebenen Empfehlungen sind nichts anderes als Grundvoraussetzungen für eine sensorische Prüfung und Bewertung.

In der Öffentlichkeit herrschen überwiegend völlig falsche Vorstellungen von der sensorischen Qualitätsbeurteilung eines Obstbrandes. Aus diesem Grund ist es erforderlich, einige Grundbegriffe näher zu erläutern. Der Konsument erkennt seine persönliche Unzulänglichkeit in der Beurteilung eines Obstbrandes sehr schnell, wenn er versucht, die Eigenschaften eines bestimmten Brandes zu beschreiben oder verbal einem anderen Verkoster mitzuteilen. Die meisten Beschreibungen beschränken sich dann auf Gefühlsäußerungen wie „angenehm" oder „unangenehm", „gut" oder „schlecht".

Es ist einleuchtend, daß auf dieser Basis eine Obstbrandbeurteilung, die einerseits nachvollziehbar und weitgehend objektiv sein soll und andererseits dem Brenner auch konkrete Empfehlungen für Verbesserungen geben soll, nicht stattfinden kann.

Die Sensorik ist eine Wissenschaft geworden. Sie unterscheidet sich sehr deutlich von der in der Vergangenheit mehr oder weniger gefühlsmäßig durchgeführten Geruchs- und Geschmacksprobe, der „Organoleptik". Als wissenschaftliche Ergebnisse müssen die Resultate statistisch ausgewertet werden und einer Nachprüfung standhalten.

Die Sensorik bedient sich geschulter Prüfer, die mit ihren Sin-

aus: Fliedner, Wilhelmi: Grundlagen und Prüfverfahren der Lebensmittelsensorik

Abb. 48

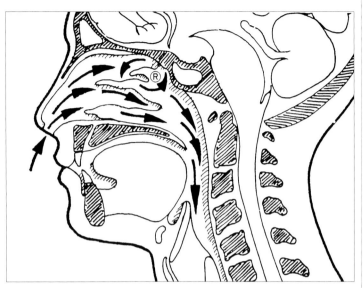

Längsschnitt durch die menschliche Nase

nesorganen eine „Messung" durchführen, verwendet exakte Prüfverfahren und wertet die Ergebnisse statistisch aus.

Die Verfahren der Sensorik sind Gegenstand von Standardisierungsarbeiten auf nationaler und internationaler Ebene.

Wissenschaftliche Sensorik - sei es zur Versuchsauswertung oder zur Qualitätsbeurteilung im Rahmen großer Verkostungen - ist eine sehr anstrengende Disziplin, die die volle Konzentration des Prüfers erfordert, an festgelegte äußere Bedingungen gebunden ist und selten Vergnügen bereitet.

Obwohl die Grundprinzipien gleich sind, kann Sensorik aber auch anders aussehen.

Parallel zu den „Wissenschaftlern" gibt es zahlreiche Brenner und auch Liebhaber edler Obstbrände, die „hervorragende Nasen" haben, typische Obstbrandfehler und sortentypische Aromen kennen, ohne jemals „wissenschaflich" in der Sensorik geschult worden zu sein. Sie beurteilen Obstbrände sehr treffend, ohne sich über Prüfverfahren und Statistik Gedanken machen zu müssen. Ihre „Schulung" besteht in der Freude am Probieren und dem häufigen Wiederholen dieser - ohne „Beurteilungszwang" - durchaus angenehmen Tätigkeit.

Die sensorische Beurteilung von Obstbränden, sei es durch Fachleute oder Konsumenten, ist für den Brenner von entscheidender Bedeutung. Sie hilft, Fehler zu er-

Abb. 49

aus: Fliedner, Wilhelmi: Grundlagen und Prüfverfahren der Lebensmittelsensorik

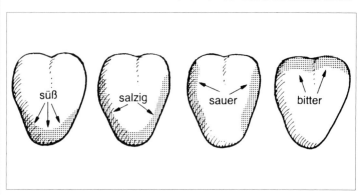

Hauptzonen für die Wahrnehmung der vier Grundgeschmacksarten auf der Zunge

kennen, um sie in Zukunft vermeiden zu können. Die Akzeptanz der Brände beim Kunden und die Bewertung im Vergleich mit anderen Produkten bei Prämierungen helfen dem Produzenten, seine persönliche Note bei der Herstellung herauszufinden und die Qualität zu optimieren.

Das zunehmende Qualitätsbewußtsein von Brennern und Verbrauchern läßt die Probenanzahl bei Obstbrandprämierungen stetig ansteigen.

6.1. Allgemeine Grundlagen der Sensorik

Die Aufnahme physikalischer und chemischer Reize erfolgt durch die Sinnesorgane Auge (optische Eindrücke), Ohr (akustische Eindrücke), Nase (olfaktorische Eindrücke) und Zunge (gustatorische Eindrücke).

Für die Beurteilung von Obstbränden sind in erster Linie die olfaktorischen und gustatorischen Eindrücke - also Geruch und Geschmack - von Bedeutung.

Der **Geruchssinn** gibt Auskunft über die Frische eines Produktes. Er hat auch eine Schutzfunktion für den Menschen, indem er vor negativen Eindrücken, etwa verdorbenen Produkten, warnt.

Geruchsempfindungen werden durch flüchtige und lösliche che-

aus: Fliedner, Wilhelmi: Grundlagen und
Prüfverfahren der Lebensmittelsensorik

Abb. 50

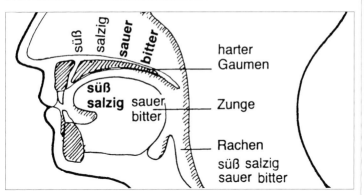

**Zonen unterschiedlicher Empfindlichkeit für die vier Grund-
geschmacksarten beim gesunden Menschen**

mische Verbindungen hervorgerufen. Geruchsorgan ist die Nase. Besonders geruchsempfindlich ist die Nasenschleimhaut im „Nasendach".

Geruchsnerven müssen sensibilisiert, das heißt für die Registrierung bestimmter Eindrücke empfindlich gemacht werden. Das Riechvermögen ist dementsprechend eine Frage der ständigen Schulung und des Trainings.

Die Riechnerven, die den Reiz wahrnehmen und weiterleiten, sind sehr schnell gesättigt und können dann nicht mehr reagieren. Darin liegt der limitierende Faktor bei Obstbrandverkostungen.

Die riechbaren, gasförmigen Stoffe werden entweder mit der eingeatmeten oder mit der ausgeatmeten Luft an die Rezeptoren im Nasen-Rachen-Raum herangeführt. Bei normaler Atmung erreicht die Atemluft nicht in vollem Umfang das Riechzentrum (in Abb. 48 mit „R" gekennzeichnet), es bleibt nahezu in Ruhe. In diesem Zustand sind die Geruchsempfindungen nicht sehr intensiv.

Wird dagegen die eingeatmete Luft durch „Schnüffeln" - stoßweises, mehr oder weniger heftiges Ein- und Ausatmen mehrfach schnell hintereinander - bewegt, so können intensive Geruchsreize empfunden werden. Im oberen Nasenraum entsteht durch „Verwirbelungen" eine intensivierende Wirkung im Geruchsempfinden.

Bei angehaltenem Atem ist dagegen eine Geruchsempfindung nicht möglich.

Bei der Verkostung von Obstbränden ist intensives Ein- und Ausatmen zur Registrierung der flüchtigen, teilweise zarten Aromakomponenten wichtig. Nur so können Feinheiten im Aroma beurteilt werden.

Unter **Geschmack** werden im allgemeinen alle Eindrücke zusammengefaßt, die durch den Mund, mit der Zunge und dem Gaumen wahrgenommen werden. Man spricht vom guten Geschmack eines Essens und meint damit das Zusammenwirken der verschiedenen Aromastoffe und Gewürze, das zu einem positiven Gesamteindruck führt.

Tatsächlich kann man mit dem Geschmackssinn nur einen Teil dieser Eindrücke wahrnehmen. Gaumen, Rachenraum und Zunge vermögen als sogenannte Grundgeschmacksarten nur süß, sauer, bitter und salzig zu unterscheiden. Diese Registrierung und Unterscheidung erfolgt nicht gleichmäßig über den gesamten Mundbereich, sondern ist in spezielle Bereiche für spezielle Wahrnehmungen eingeteilt. So kann die Grundgeschmacksart süß nur mit der Zungenspitze, sauer mit den hinteren Zungenrändern, salzig mit den vorderen Zungenrändern und bitter mit dem Zungenhintergrund registriert werden (Abb. 49). Auch am Gaumen und im Rachenbereich gibt es Zonen unterschiedlicher Empfindlichkeit für diese verschiedenen Geschmacksempfindungen (Abb. 50).

Neben den bereits genannten Grundgeschmacksarten kann der Geschmackssinn noch die Empfindungen adstringierend, brennend und kühl wahrnehmen.

Alle übrigen Empfindungen, die unseren Eindruck von einer Mahlzeit (Gewürze) hauptsächlich prägen, werden über den Geruchssinn wahrgenommen. Wir sagen zwar, daß wir schmecken, die Wahrnehmung ist aber nur durch die Rachen-Nasen-Verbindung möglich, durch die die Aromastoffe an die Rezeptoren des Riechzentrums gelangen können. Erst das Zusammenwirken von Geruch und Geschmack vermittelt uns das Gesamtbild des sensorischen Eindrucks. Wie wichtig dieses Zusammenwirken ist, wird deutlich, wenn einer der Sinne ausfällt. Jeder weiß aus eigener Erfahrung, daß bei einem starken Schnupfen auch die sonst sehr geschätzten Lieblingsspeisen nicht mehr schmecken, fade und völlig verändert sind. Dabei schmecken sie genauso wie vorher, sie riechen nur kaum noch oder überhaupt nicht mehr. Der erkältungsbedingte Ausfall des gewohnten Geruchssinns verändert das sensorische Erscheinungsbild der Nahrungsmittel entscheidend.

Sensorische Übung:

Eine Mischung aus Zucker und Zimt im Verhältnis 10:1 wird bei zugehaltener Nase in den Mund genommen und dort bewegt.

Sensorischer Eindruck:
süß, sonst nichts

Die Nase wird nun nicht länger zugehalten, die Mischung ist noch im Mund.

Sensorischer Eindruck:
überwiegend Zimt, aber auch süß

Unter dem Begriff **Aroma** versteht man im allgemeinen den Gesamteindruck aus Geruch und Geschmack: das Zusammenwirken von olfaktorischen und gustatorischen Empfindungen. Kommen physikalische Reize dazu wie die Temperatur des Lebensmittels und Tastempfindungen im Mund, so spricht man bei dieser Gesamtheit der Eindrücke von **Flavour**.

Off-Flavour ist ein Begriff in der internationalen Literatur, der für artfremde, nicht charakteristische Geruchs- und Geschmacksstoffe, die bei der sensorischen Prüfung von Lebensmitteln auftreten, verwendet wird. Off-Flavours werden durch unerwünschte Aromanoten hervorgerufen. In diesen Bereich gehören verschiedene Obstbrandfehler, die durch faules Obst, Fremdinfektionen der Maische, lange Standzeiten und Brennfehler verursacht werden.

Optische Eindrücke spielen bei der Sensorik von Obstbränden eine untergeordnete Rolle, da die Erzeugnisse meist klar und farblos sind. Lediglich bei der Beurteilung gefärbter Spirituosen, in Holzfässern gelagerter Obstbrände oder beim Erkennen von Trübungen ist der optische Eindruck von Bedeutung und beeinflußt die übrigen Wahrnehmungen. Bei einer leichten Braunfärbung des Destillates versucht der Verkoster automatisch den Holzton zu entdecken, bei trüben Destillaten ist er bei der Bewertung voreingenommen.

Die Beurteilung von Obstbränden mit dem Auge erlangt aus einem anderen Grund, der nicht unmittelbar mit der Sensorik zusammenhängt, zunehmende Bedeutung. Wie bereits bei der Definition des Begriffes Flavour erwähnt, spielen bei der Bewertung von Erzeugnissen nicht nur die Begriffe Geruch und Geschmack eine Rolle. Wenn es beim Essen heißt, „das Auge ißt mit", so spielt im Bereich der Obstbrände die Aufmachung der Flasche eine immer größere Rolle. Ansprechend „verpackte" Brände werden lieber probiert als weniger ansprechende. Dies gilt sowohl beim ersten Probieren als auch beim Verschenken und ganz besonders beim Verkauf. Dem immer stärker werdenden Trend zur ansprechenden optischen Aufmachung der Brände kann sich heute nur noch der Brenner entziehen, der zum persönlichen Vergnügen brennt.

Wird ein ansprechender optischer Eindruck von einer geruchlich und geschmacklich überzeugenden Qualität begleitet, so prägt sich der Verbraucher diesen Gesamteindruck besonders gerne und nachhaltig ein.

6.1.1. Sensorische Prüfverfahren

Sensorische Prüfungen können von Fachleuten und Laien durchgeführt werden. Dabei unterscheidet man verschiedene Verfahren. Die häufigsten, von geschulten Sensorikern durchgeführten, zum Teil recht komplizierten Verfahren sind die Qualitätsprüfung nach einem festgelegten Bewertungsschema, die Rangordnungsprüfung und der Triangeltest.

Die Beliebtheitsprüfung ist eine

Bewertungsmethode, die von ungeschulten Verkostern durchgeführt wird.

Auf die **Qualitätsprüfung** nach einem festgelegten Bewertungsschema mit Punkteskala, die üblicherweise bei Obstbrandprämierungen eingesetzt wird, wird in Kapitel 6.5. ausführlich eingegangen.

Die **Rangordnungsprüfung** kann als Vorauswahl für die Qualitätsprüfung dienen. Sie wird jedoch meist bei Versuchsreihen angewandt, wenn es darum geht, zu beurteilen, wie sich eine bestimmte Behandlung auf einen Brand auswirkt. Der Prüfer muß eine größere Serie von Proben verkosten und nach ihrer Qualität in eine Reihe einordnen, also eine Rangordnung aufstellen. Bestehen zwischen den einzelnen Proben nur sehr geringe Unterschiede, so ist diese Art der Prüfung ungenau und nicht signifikant.

Beim **Triangeltest** (Dreiecksprüfung) können selbst sehr feine Unterschiede zwischen zwei Proben herausgearbeitet werden. Dabei bekommt der Prüfer eine Serie von drei Bränden, von denen zwei identisch sind. Die abweichende Probe soll erkannt werden.

Diese „analytischen" Prüfmethoden werden häufig nach sehr komplizierten statistischen Methoden ausgewertet, wodurch Aussagen über die Signifikanz von Unterschieden möglich sind. Für die Beurteilung von Obstbränden sind solche Auswertungen in größeren Betrieben zur Produktdifferenzierung und in Forschungseinrichtungen bei-

spielsweise zur Bewertung von neu entwickelten Behandlungsverfahren von Bedeutung.

Bei der **Beliebtheitsprüfung**, die von ungeschulten Prüfern durchgeführt werden kann, wird eine Qualitätsreihenfolge aufgestellt. Sie ist mit der Rangordnungsprüfung vergleichbar. Zur Auswahl dient aber nicht ein definiertes Kriterium, sondern die persönliche Bevorzugung.

6.2. Voraussetzungen für die sensorische Bewertung von Bränden

Es gibt nur ganz wenige Personen, die aufgrund körperlicher Beeinträchtigungen nicht in der Lage sind, sensorische Eindrücke wahrzunehmen.

Viele Menschen können sensorische Eindrücke zwar wahrnehmen, haben aber nie gelernt (oder geübt), sie mit bereits im Gedächtnis gespeicherten Eindrücken zu vergleichen und zu artikulieren.

Und eine nicht unbedeutende Zahl von Personen sammelt gerne sensorische Eindrücke, vergleicht sie mit Erfahrungen und teilt sie anderen mit. Sie tun dies bevorzugt in Gruppen in einer angenehmen und lockeren Atmosphäre und haben oft sogar Spaß dabei.

Eine letzte und recht kleine Gruppe befaßt sich mit der wissenschaftlichen Sensorik und/oder der offiziellen Qualitätsbeurteilung von Edelbränden. Dies geschieht unter Beachtung strenger Regeln, weitgehend isoliert und konzentriert.

Grundsätzlich können also nahezu alle Personen Edelbrände sensorisch bewerten. Zu welcher der Gruppen sie zählen, hängt von ihrem Interesse und ganz besonders von ihrem Fleiß bei sensorischen Übungen ab. Sensorische Fähigkeiten sind nicht angeboren, sie werden erlernt.

Die wesentlichen Schritte bei der Sensorik sind:

» Wahrnehmung der Eindrücke

» Erkennen der Eindrücke

» Vergleichen mit bereits im Gedächtnis gespeicherten Eindrücken

» Einprägen neuer Eindrücke

» Verbales Beschreiben

» Beurteilen

Dies sind selbstverständliche Prozesse, die Kinder beim Erfahren ihrer Umwelt unaufhörlich durchführen.

Wird die gleiche Verfahrensweise kontinuierlich in größerem Umfang beim Verkosten von Obstbränden angewandt, so wird sowohl das sensorische Empfinden als auch das Gedächtnis für diesen speziellen Bereich geschult. Solche Schulungen sind für Verkoster bei Obstbrandprämierungen ständig erforderlich. Es reicht nicht aus, Eindrücke einmal gespeichert zu haben. Gute Sensoriker müssen regelmäßig probieren, vergleichen und beschreiben, wobei die verbale Beschreibung eines sensorischen Eindrucks die schwierigste Disziplin ist.

Die sensorische Bewertung von Obstbränden ist aber nicht nur von der Übung des Verkosters abhängig. Aus den zahlreichen Faktoren, die den sensorischen Eindruck bei Bränden beeinflussen, haben sich die Rahmenbedingungen und Regeln entwickelt, die heute bei Qualitätsprüfungen Anwendung finden.

Daß Prüfer gesundheitlich fit sein müssen, versteht sich von selbst. Erkältungen machen eine Verkostung unmöglich.

Eine große Rolle spielt auch die „Tagesform" des Sensorikers. Streß, Hektik, innere Unruhe oder Müdigkeit beeinflussen das Urteilsvermögen. Auch die Tageszeit und der zeitliche Abstand zu den Mahlzeiten wirken sich aus. Mit hungrigem Magen kann man schlecht Obstbrände verkosten, aber direkt nach einem ausgiebigen Essen ist es noch schwieriger, weil sich dann Völlegefühl und Müdigkeit breitmachen. Scharf gewürzte Speisen und besonders nachhaltige Gewürze wie Knoblauch sollten vermieden werden, da sie die Geruchs- und Geschmacksrezeptoren für längere Zeit belegen. Das gleiche gilt für Zigarettenrauch.

Vormittags ist die Konzentrationsfähigkeit oft größer als nachmittags. Trotzdem wird in der Regel aus zeitlichen Gründen sowohl vor- als auch nachmittags verkostet.

Wichtig ist, daß die gesamte Probenzahl für den jeweiligen Tag nicht zu hoch wird. Die Meinungen über eine zumutbare Probenanzahl gehen hier sehr weit auseinander. Während bei einigen Verkostungen etwa 200 Proben und mehr pro Tag und Verkoster beurteilt werden, setzen andere die Grenze zugunsten von Fairneß gegenüber den Proben und Nachvollziehbarkeit der Bewertungsergebnisse bewußt auf maximal 60 Proben.

Erfahrungsgemäß sind nach der gewissenhaften Beurteilung von etwa zehn bis 20 Obstbränden (in Abhängigkeit von der Tagesform des Verkosters) die Geruchs- und Geschmacksrezeptoren ermüdet oder belegt. Zu diesem Zeitpunkt sind eine Pause und das Durchatmen an frischer Luft dringend erforderlich, damit die weiteren Proben noch gewissenhaft bewertet werden können.

Neben diesen Regeln, die der Prüfer beachten sollte, sind auch noch die räumlichen Gegebenheiten von Bedeutung.

Wissenschaftliche Sensorik wird in speziellen Sensorikräumen durchgeführt, wo jeder Prüfer zur besseren Konzentration in einer Kabine isoliert und von äußeren Einflüssen völlig abgeschnitten ist.

Qualitätsprüfungen für Brände finden meist in größeren Räumen mit mehreren Personen statt. Ruhe und Disziplin sind genauso wichtige Voraussetzungen für die Konzentrationsfähigkeit wie gute Belüftung des Raumes, angenehmes Licht und ausreichende Pausen. Räume mit Fremdgerüchen, wie Ausdünstungen neuer Bodenbeläge oder Wandanstriche, oder die räumliche Nähe zur Küche sind ungeeignet.

Zigarettenrauch oder Parfümduft haben in einem Sensorikraum nichts zu suchen. Solche intensiven Gerüche belegen die Rezeptoren der Verkoster und/oder überlagern das zum Teil empfindliche Aroma der Obstbrände.

6.3. Beurteilung und Schulung des sensorischen Empfindens

Das sensorische Empfinden ist nicht angeboren, sondern muß oder kann erlernt werden. Die sensorische „Grundausbildung" erhalten wir bereits als Kinder. Dem Erwachsenen steht es später frei, je nach Neigungen spezielle Gebiete der Sensorik intensiv zu erarbeiten.

Es reicht nicht aus, sensorische Eindrücke einmal zu sammeln, vielmehr müssen diese Wahrnehmungen ständig durch erneutes Training aufgefrischt werden.

Die Beurteilung des eigenen sensorischen Empfindens kann mit sogenannten Sensibilitätstests erfolgen. Dabei können, je nach Umfang der Tests, die Fähigkeit zum Erkennen der vier Grundgeschmacksarten süß, sauer, bitter und salzig, die eigene Reizschwelle, die Erkennungsschwelle, die Unterschiedsschwelle und die Sättigungsschwelle bestimmt werden. Die Durchführung dieser Tests erfolgt nach DIN mit wäßrigen Lösungen von Kochsalz (salzig), Koffein (bitter), Saccharose (süß) und Weinsäure oder Zitronensäure (sauer) sowie neutralem Wasser.

Für die Durchführung der Verkostung gelten hinsichtlich der Konzentrationsfähigkeit, Mahlzeiten und Räume die gleichen Bedingungen, die unter 6.2. bereits aufgeführt sind.

Beim einfachen Test zum Erkennen der Grundgeschmacksarten werden diese Lösungen mit mittleren Konzentrationen angesetzt. Der Verkoster hat mehrere verschiedene Lösungen vor sich, die er nach den Geschmacksrichtungen süß, sauer, bitter, salzig und neutral einordnen muß. Doppelproben dürfen vorkommen.

Zum Erkennen und Trainieren der eigenen Schwellenwerte werden nach DIN-Vorschrift verschiedene Verdünnungsreihen der genannten Lösungen angesetzt und die Proben gegeneinander verkostet.

Zur Bestimmung der **Reizschwelle** ermittelt man die niedrigste Konzentration, bei der eine Veränderung gegenüber reinem Wasser festgestellt wird.

Die **Erkennungsschwelle** ist die Konzentration, bei der eine Grundgeschmacksrichtung zum ersten Mal eindeutig erkannt wird.

Von der **Unterschiedsschwelle** spricht man vom kleinsten, noch wahrnehmbaren Unterschied innerhalb bestimmter Konzentrationsbereiche.

Als **Sättigungsschwelle** bezeichnet man die Konzentration, oberhalb derer eine weitere Konzentrationserhöhung keinen stärkeren sensorischen Eindruck mehr hervorruft.

Diese sensorischen Prüfungen sind sehr aufwendig und werden überwiegend zur Schulung von Sensorikern in verschiedenen Lebensmittelbereichen eingesetzt.

Auch bei diesen Übungen spielt die „Tagesform" des Verkosters eine wesentliche Rolle. Hin und wieder werden solche Übungen in vereinfachter Form vor Obstbrandverkostungen eingesetzt, damit die Verkoster ihre eigene Tagesform einschätzen können.

Mit Hilfe solcher sensorischer Grundübungen gelingt es, das sensorische Empfinden zu trainieren. Das heißt aber noch nicht, daß jemand, der bei wäßrigen Lösungen hervorragende Ergebnisse hat, auch Brände treffsicher bewerten kann.

Bei jeder neuen Aufgabe muß das sensorische Empfinden speziell für diese Aufgabe geschult werden.

Fehler oder einzelne Obstsorten können nur dann erkannt werden, wenn die betreffenden sensorischen Eindrücke im Gedächtnis bereits vorhanden sind, also der Verkoster sich schon einmal intensiv mit diesen Wahrnehmungen auseinandergesetzt hat. Das Wiedererkennen einer bestimmten Wahrnehmung gelingt nur durch Vergleich mit bereits im Gedächtnis gespeicherten Daten.

Obstbrandverkoster müssen sich daher intensiv und häufig mit Bränden beschäftigen, um diese sicher beurteilen zu können. Umgekehrt heißt das, daß jeder, der gerne und oft Obstbrände sensorisch analysiert, ein guter Sensoriker für Obstbrände werden kann.

6.4. Sensorische Bewertung von Obstbränden

Schnaps mußte früher bei Kühlschranktemperatur aus kleinen, randvollen Gläsern in einem Zug „gekippt" werden. Wenn es brannte, dann war er genau richtig.

Von dieser Praxis distanzieren sich Kenner und Liebhaber von Edelbränden seit langem, und immer mehr Verbraucher schließen sich dem Wandel beim Ansehen der Produkte an. Man trinkt heute keinen Schnaps mehr, man degustiert einen Edelbrand. Dies ist zum einen ein zunehmender Modetrend, zum anderen aber das Ergebnis der deutlich gestiegenen Qualität der Produkte, die zusammen mit einer entsprechenden optischen Aufmachung und der Zunahme von Qualitätsprüfungen, bei denen sich die Produkte im Umfeld einer breiten Konkurrenz behaupten müssen, zu einem erheblich gestiegenen Ansehen geführt hat.

Nicht nur die Erzeuger und einige Sensoriker befassen sich mit der vergleichenden Bewertung von Edelbränden, sondern in zunehmendem Maß auch die Verbraucher, die Qualität heute durchaus beurteilen können (oder glauben, es zu können).

Leider kommt es dabei nicht selten vor, daß die Beurteilung aus „schmeckt mir" oder „schmeckt nicht" besteht, ohne daß eine Begründung gegeben werden kann. Dabei werden dann nicht selten 40%ige gegen 45%ige Brände oder eisgekühlte gegen Proben bei Raumtemperatur, womöglich noch in verschiedenen Gläsern, probiert. Das Probieren selbst besteht oft aus einem großen Schluck, der möglichst schnell geschluckt wird, oder aus einem kleinen Tröpfchen, das man in der Zungenmitte vorsichtig nach hinten rollen läßt.

All das hat mit einer sensorischen Bewertung nicht viel zu tun. Sollen Obstbrände sensorisch bewertet werden, so sind einige Grundregeln zu beachten:

6.4.1. Gläser

Viele Hersteller bieten viele verschiedene Gläser an; viele werden als „das beste" Glas angepriesen. Hinter verschiedenen Formen stehen verschiedene Philosophien.

Dies führt dazu, daß es für den Verbraucher fast unmöglich ist, aus der Vielzahl der angebotenen Gläser das „richtige" auszuwählen.

Die breite Palette der Gläser zeigt jedoch eindeutig den Trend, der vom plumpen Einheitsschnapsglas ohne Stiel (Abb. 51), in dem der Schnaps zur besseren Verdauung gekippt wurde, zum speziellen Designerglas für den besonderen Genuß eines hochwertigen Obstbrandes führt. Das Genußerlebnis beim Verkosten des

Verschiedene Gläser zur Obstbranddegustation

links: „Schnapsglas"
Mitte: preiswertes, geeignetes Glas
rechts: offizielles Verkostungsglas DLG

Edelbrandes soll durch das entsprechende Glas perfekt werden.

Geeignete Gläser sollten einige Anforderungen erfüllen:

» Die Gläser sollten einen ausreichend langen Stiel haben, so daß ein möglicher Parfümgeruch an der Hand die Verkostung nicht beeinträchtigt.

» Sie sollten ausreichend groß sein, um Schwenken zur besseren Aromawahrnehmung zu ermöglichen.

» Sie sollten bauchig sein, sich nach oben zu einem „Schornstein" verengen und am oberen Rand wieder weiter werden. So kann sich das Aroma gut konzentrieren.

» Über die Notwendigkeit eines Deckels besteht Uneinigkeit. Deckel sind vorteilhaft bei der vergleichenden Verkostung mehrerer Brände, weil das Aroma im Glas bleibt, statt den Raum zu füllen.

» Sie sollten den Konsumenten optisch ansprechen. Selbst das beste Glas führt nicht zum optimalen Genuß, wenn es vom Verkoster aus optischen Gründen abgelehnt wird. Hier spielt der individuelle Geschmack eine Rolle.

Abb. 52

Foto:
Sepp Ortner

**Ideales Degustationsglas
WOB-Edel 2060 - Wolfram Ortner**

Für die Qualitätsprüfung der DLG sind spezielle Gläser vorgeschrieben. Sie haben definierte Maße und besitzen Deckel (Abb. 51). Der Nachteil dieser Gläser liegt im Schornstein, der durch seine Form den Alkohol besonders anreichert und somit zu einem scharfen, stechenden Eindruck der Bände führt. Erst sehr spät kommt das feine Obstbrandaroma zur Geltung. Da aber alle angestellten Proben bei der DLG in den gleichen Gläsern serviert werden, wird dieser Effekt bei der vergleichenden sensorischen Bewertung ausgeglichen.

Im Rahmen der DESTILLATA 1994 wurde versucht, Gläser von einer Jury, bestehend aus Forschern, Produzenten und Journalisten, bewerten zu lassen. Dabei wurde berücksichtigt, daß verschiedene Obstarten in unterschiedlichen Gläsern optimal zur Geltung kommen. 35 ausgewählte Gläser aus Deutschland, Italien und Österreich wurden nach folgenden Kriterien getestet:

» Wahrnehmung von Fruchtaroma und Alkohol

» Eignung zum Verkosten

» Design und Funktion beim Verkosten

» Stabilität am Tisch und im Gläserspüler

Die beste Bewertung erhielt dabei für eine exzellente Aromawiedergabe, keinerlei Alkoholschärfe, hervorragende Fruchtkonzentration, modernes Design und ideale Glasproportionen das Glas WOB Wolfram Ortners Edel 2060 (Abb. 52).

Die einzelnen Ergebnisse sind im Destillata-Guide 1994 nachzulesen.

Die positive Bewertung dieses Glases konnte in zahlreichen eigenen Gläservergleichen bestätigt werden. Sein einziger Nachteil: der Preis.

Es sind mittlerweile einige gutgeeignete Gläser im Handel, die zwar nicht ganz an die Qualität des WOB-Glases heranreichen, dafür aber auch nicht an den Preis.

Eigene Testreihen, bei denen, ohne daß die Verkoster dies wußten, jeweils der gleiche Obstbrand in unterschiedlichen Gläsern präsentiert wurde, haben den Einfluß der Gläser auf das Aroma gezeigt.

Egal, für welches Glas man sich entscheidet, bei der vergleichenden Bewertung von Obstbränden ist unbedingt darauf zu achten, daß für alle Proben gleiche Gläser verwendet werden. Das Ergebnis einer solchen Verkostung unter Verwendung unterschiedlicher Gläser sagt nichts aus.

Sensorische Übung:

Präsentieren Sie einem Verkoster, der das Ziel dieser Übung nicht kennt, den gleichen Edelbrand in drei oder vier verschiedenen Gläsern mit der Bitte um vergleichende sensorische Bewertung der Brände. Das Ergebnis ist je nach Unterschiedlichkeit der Gläser verblüffend.

Probieren Sie es selbst. Es ist auch interessant, wenn man weiß, worum es geht.

6.4.2. Trinktemperatur

Ein Obstbrand gehört nicht in den Kühlschrank, da die Aromastoffe bei tiefer Temperatur wenig flüchtig sind und das Aroma so kaum wahrnehmbar wird. Die heute weitverbreiteten hohen Flaschen erinnern den Verbraucher daran, weil sie oft nicht in den Kühlschrank hineinpassen.

Die optimale Trinktemperatur, bei der sich das Bukett eines Brandes voll entfalten kann, liegt zwischen 18 und 22 °C, also bei Raumtemperatur.

Dieser Umstand erleichtert die vergleichende Sensorik bei größeren Probenmengen, da bei Aufbewahrung und Präsentation der Proben bei Raumtemperatur gewährleistet ist, daß zwischen den Proben keine Temperaturunterschiede bestehen.

Die Temperaturgleichheit der Proben ist für die Bewertung sehr wichtig, da die fruchttypischen Aromastoffe bei verschiedenen Temperaturen unterschiedlich wahrnehmbar sind. Die Aromaausprägung eines kälteren Brandes würde sonst schlechter beurteilt als die eines wärmeren. Allerdings sind bei kälteren Proben auch die Fehler schlechter wahrnehmbar. Leichte Fehler können also durch etwas niedrigere Trinktemperaturen vertuscht werden, bei deutlichen Fehlern gelingt dies nicht mehr.

Bei einigen Prämierungen werden die Gläser für die Degustation vorgewärmt. Dadurch soll das Fruchtaroma noch deutlicher zum Ausdruck kommen, was auch der Fall ist. Nachteilig für die Proben ist aber, daß auch kleine Fehler deutlich hervortreten.

Dieses Verfahren führt aber oft zu einer ungerechten Beurteilung einzelner Brände, da bei der Bewertung von Serien nur die ersten Proben angewärmt verkostet werden können, während die nachfolgenden bereits abgekühlt sind. Die wichtige Voraussetzung der Temperaturgleichheit ist nicht mehr gegeben.

Die gleichen Nachteile hat ein Verkostungsstil, der auch immer wieder beobachtet werden kann. Hier werden die Gläser nicht am Stiel angefaßt, sondern mit den Händen umschlossen, um die Proben zu erwärmen und das Aroma „herauszukitzeln". Ein gerechter Vergleich verschiedener Proben ist hier ebenfalls nicht möglich, da ein gleichmäßiges Erwärmen aller Proben selten gelingt.

Wie bedeutend der Einfluß der Trinktemperatur auf die Wahrnehmbarkeit des Aromas und den Vergleich von Obstbränden ist, haben zahlreiche Verkostun-

gen in unserem Hause gezeigt, bei denen Destillate bei verschiedenen Temperaturen verglichen wurden.

Sensorische Übung:

Lassen Sie das gleiche Destillat von einem nichtinformierten Verkoster bei verschiedenen Trinktemperaturen (bei Benutzung gleicher Gläser) bewerten.

Mögliche Temperaturen:
Kühlschrank, ca. 8 °C
Kellertemperatur, ca. 15 °C
Raumtemperatur, ca . 20 °C
leicht erwärmt auf ca. 25 °C

Versuchen Sie es selbst!

6.4.3. Trinkstärke

Der Alkoholgehalt ist von großer Bedeutung für den sensorischen Gesamteindruck eines Destillates. Ethanol ist zum einen Aromaträger, er dient als Lösungsmittel für die empfindlichen Aromastoffe sowohl während der Destillation als auch bei der Verkostung, wenn der flüchtige Alkohol die Aromasubstanzen mitreißt und dadurch sensorisch wahrnehmbar werden läßt. Zum anderen hat er einen scharfen und stechenden Eigengeruch, der bei aromaintensiven Bränden in den Hintergrund tritt, bei Obstsorten mit empfindlichem, filigranem Aroma jedoch störend wirken kann.

Nicht jede Trinkstärke ist für jede Obstsorte geeignet. Hier entscheidet das Fingerspitzengefühl des Brenners, welchen Brand er auf welche Stärke herabsetzt.

Bei vergleichenden Bewertungen von Edelbränden ist es sinnvoll, nur Destillate annähernd gleicher Trinkstärke gegeneinander zu probieren. Dies ist nicht immer mit letzter Konsequenz durchführbar, sollte jedoch bei Prämierungen, bei denen dies durch eine große Probenzahl möglich ist, bei der Probenzusammenstellung weitestgehend berücksichtigt werden.

Daß der Einfluß des Alkoholgehaltes nicht zu unterschätzen ist, haben Parallelverkostungen verschiedener Trinkstärken des gleichen Destillates bei mehreren Obstsorten in unserem Institut gezeigt. Die Prüfer waren sich weitgehend über den optimalen Alkoholgehalt für das jeweils verkostete Destillat einig. Die Trinkstärken variierten allerdings von 38 bis 45 %vol.

Es kann keine generelle Empfehlung für die optimale Trinkstärke einer Obstsorte gegeben werden, vielmehr hängt der Einfluß des

Alkoholgehaltes von der Aromastärke eines Destillates ab. Welcher Alkoholgehalt welchem Brand „steht", probiert der Brenner am besten im Einzelfall aus.

6.4.4. Zuckergehalt der Proben

In Deutschland wird das bestehende EU-Recht so ausgelegt, daß eine Zuckerung von Edelbränden verboten ist. In Italien sieht man die Zulässigkeit der Zuckerung fertiger Destillate ganz anders. Ein Zusatz von Zucker zum fertigen Destillat rundet den Geschmack ab, ohne als „süß" empfunden zu werden. Natürlich spielt hier die Zuckermenge eine große Rolle.

Die italienische Grappa ist in den meisten Fällen mit erheblichen Zuckermengen abgerundet und erfreut sich deshalb größerer Beliebtheit als der deutsche Tresterbrand. Natürlich spielt der eindeutig klangvollere Name auch eine nicht zu vernachlässigende Rolle. Dazu kommt, daß nahezu jeder Konsument den Tresterbrand als ein Produkt der Abfallverwertung sieht und deshalb wenig schätzt. Erst allmählich ändert sich dieses Bild, nicht zuletzt dadurch, daß Trester heute in einer ansprechenden Aufmachung angeboten werden.

Über die Zulässigkeit und den Nutzen eines Zuckerzusatzes zu fertigen Bränden besteht weitgehend Uneinigkeit.

Umfangreiche Versuchsserien mit Obstbränden verschiedener Sorten sowie Tresterbränden, bei denen ungezuckerte Destillate

---

Sensorische Übung:

Setzen Sie den gleichen Mittellauf auf verschiedene Trinkstärken herab, und probieren Sie die Proben bei gleicher Temperatur in gleichen Gläsern gegeneinander!

Nach Möglichkeit sollte eine andere Person die Proben beliebig numerieren, so daß der Verkoster nicht weiß, in welchem Glas sich die Proben der einzelnen Trinkstärken befinden (Blindverkostung).

---

gegen Proben des gleichen Destillates mit Zuckerzusatz in unterschiedlichen Konzentrationen verdeckt verglichen wurden, haben gezeigt, daß:

1. ein Zuckerzusatz erst ab 15 bis 20 g/l Haushaltszucker, je nach Obstsorte, sensorisch als solcher erkannt wird;

2. Destillate mit Zusätzen von 5 bis 10 g/l Haushaltszucker oft besser beurteilt wurden als das jeweils gleiche Destillat ohne Zuckerzusatz. Hier bestand jedoch eine eindeutige Beziehung zur Destillatqualität. Während sich bei minderwertigen Destillaten eine Zuckerung überwiegend positiv auswirkte, wurden bei hochwertigen Produkten häufiger die ungezuckerten Proben bevorzugt.

Diese Ergebnisse zeigen, daß bei qualitativ hochwertigen Bränden die Zuckerung der fertigen Destillate kein Thema ist. Sie ist, wie bereits erwähnt, in Deutschland ohnehin verboten und wird von Fachleuten sowie qualitätsbewußten Brennern und Verbrauchern eindeutig abgelehnt.

Ein Edelbrand ist ein natürliches Produkt, bei dem eine nachträgliche Aufbesserung durch Zucker weiterhin abgelehnt werden sollte.

Aus diesem Grund werden bei Prämierungen zuckerhaltige Destillate abgelehnt. Oft erfolgen Zuckerbestimmungen als Eingangskontrollen.

6.4.5. Richtiges Verkosten

Sind alle bisher beschriebenen Voraussetzungen eingehalten, so kann das eigentliche Verkosten der Brände erfolgen.

Wie bereits unter 6.1. beschrieben, wird bei einer ordnungsgemäßen Verkostung der gesamte Mund-Nasen-Rachenraum gefordert. Es wäre also falsch, mit Rücksicht auf die Alkoholaufnahme nur einen kleinen Schluck des Obstbrandes in den Mund zu nehmen und in der Mitte der Zunge hinunter in die Speiseröhre laufen zu lassen.

Bei dieser Verfahrensweise kann unmöglich das ganze Aroma des Brandes wahrgenommen werden, da das Destillat nicht mit allen Geschmacksrezeptoren in Berührung kommt.

Ein richtiger Eindruck entsteht nur dann, wenn man sich ausgiebig und konzentriert mit einer Probe beschäftigt. Dies beginnt beim Riechen, bei dem man durch „Schnüffeln" für Verwirbelungen sorgt, damit die flüchtigen Aromastoffe an den Rezeptoren

---

Sensorische Übung:

Nur zum eigenen Gebrauch!

Versetzen Sie ein Destillat mit 5, 10 und 15 g/l Haushaltszucker, und verkosten Sie die Proben neben dem ungezuckerten Destillat. Diese Verkostung **muß** verdeckt erfolgen (eine andere Person beschriftet die Proben beliebig mit Nummern oder Buchstaben), denn wenn man weiß, daß eine Probe Zucker enthält, schmeckt man ihn auch (Erwartungshaltung).

---

des Riechzentrums wahrgenommen werden können. Der Verkoster sollte versuchen, den gewonnenen Eindruck verbal zu äußern. Diese Beschreibung des Geruchs ist schwierig und muß daher oft geübt werden.

Sie ist aber für die Beurteilung eines Destillates sehr wichtig, da viele Beurteilungsschemata eine gesonderte Bewertung des Geruchs verlangen.

Bei der Beschreibung der Geruchsempfindungen sollte auf Merkmale wie Fehlerfreiheit, Sortencharakter, Intensität und harmonischer Gesamteindruck besonderer Wert gelegt werden.

Diese Grundbewertungskriterien können durch zahlreiche Kataloge mit Merkmalseigenschaften für die Beschreibung von Geruch und Geschmack eines Obstbrandes ergänzt werden. Solche Kataloge wurden von der DLG, der DESTILLATA und dem Verband Badischer Klein- und Obstbrenner aufgestellt (Tab. 12 bis 15). Sie sind ausgesprochen nützlich bei der Beschreibung sensorischer Eindrücke und haben nebenbei den Vorteil, daß mit ihrer Hilfe die Beschreibung weitgehend vereinheitlicht werden kann. Sie wird dadurch für alle, die sich mit diesen Katalogen befassen, nachvollziehbar und besser verständlich. Es existiert ein gemeinsames Grundvokabular, mit dem jeder Verkoster einen sensorischen Eindruck verbinden kann.

Dadurch wurde versucht, die sensorische Beurteilung zu objektivieren und von wenig aussagekräftigen Vokabeln wie „frisch" oder „gut", von denen jeder Prüfer eine differenzierte Vorstellung hat, zugunsten einer genaueren Beschreibung wegzukommen.

Tab. 10

Bewertungskriterien für den Geruch eines Obstbrandes		
Kriterium	**positive Bewertung**	**negative Bewertung**
Fehlerfreiheit	sauber, reintönig etc.	dumpf, muffig, unsauber, fuselig, stechend, scharf, grasig etc.
Sortencharakter	fruchttypisch etc.	nicht sortentypisch, Fremdaroma etc.
Intensität	filigran, zart, zurückhaltend, ausgeprägt, intensiv etc.	schwach, ausdruckslos, künstlich, parfümiert etc.
Harmonie	harmonisches Zusammenwirken aller Geruchskomponenten, ausgeglichen etc.	einzelne Komponenten dominieren zu stark, unausgewogen, unreif etc.

Dies ist zwar nicht bei allen Begriffen gelungen, dennoch sind diese Kataloge eine große Hilfe und finden breite Anwendung.

Eine konsequente Weiterführung dieser verbalen Beschreibung führt zu der heute in der Weinsensorik heftig diskutierten „deskriptiven Analyse". Dabei werden vorgegebene sensorische Merkmale für das betreffende Produkt quantifiziert, in eine Punkteskala für die Intensität des jeweiligen Merkmals eingeordnet und meist in graphischer Form dargestellt.

Die Merkmale können aus vorgegebenen Beschreibungskatalogen entnommen oder von der Prüfgruppe gemeinsam erarbeitet werden.

Ob sich dieser „Modetrend" der Sensorik, der sehr aufwendig und für die Praxis nur eingeschränkt geeignet ist, im Bereich der Obstbrandbewertung fortsetzt, bleibt abzuwarten.

Im Anschluß an die Beurteilung des Geruchs muß der Geschmack eines Brandes beurteilt werden. Dabei muß ein großer Schluck im Mund hin- und herbewegt werden, damit alle Geschmacksrezeptoren mit der Probe in Berührung kommen. Leichtes Schlürfen bewirkt eine zusätzliche Luftzufuhr und intensiviert dadurch die Sinneseindrücke.

Beim Verkosten einer größeren Probenanzahl empfiehlt es sich, die Probe nach der Wahrnehmung der Eindrücke wieder auszuspucken. Bei Verkostungen stehen stets geeignete Gefäße bereit. Der Nachteil dieser Verfahrensweise ist allerdings, daß der Geschmackseindruck bitter, der mit dem Zungenhintergrund wahrgenommen wird, leicht zu kurz kommt, da die Probe nur in zu geringer Menge bis hierher gelangt.

Auch bei der Beurteilung des Geschmacks ist der schwierigste Teil das verbale Ausdrücken der Empfindungen, das durch häufiges Üben trainiert werden kann.

Bei der Bewertung des Geschmacks sind die in Tab. 11 angeführten Kriterien zu berücksichtigen.

Weitere beschreibende Begriffe sind in den Merkmalskatalogen zu finden.

Tab. 11

Kriterium	positive Bewertung	negative Bewertung
Geschmack	elegant, ausgeglichen, rund, mild etc.	scharf, rauh, herb, bitter, sauer, fuselig etc.
Harmonie	ausgewogen, harmonisch etc.	unharmonisch, flach, unreif, etc.
Charakter	typischer Sortencharakter, fruchtig, kraftvoll, ausdrucksvoll etc.	untypisch, unsauber, überlagert, leer, ausdruckslos etc.

Tab. 12

Merkmalseigenschaftenkatalog
für Spirituosen

Ohne Punktezuordnung der einzelnen Merkmalseigenschaften. Zutreffende
Merkmale werden im Prüfbeleg eingetragen.

Merkmalseigenschaften

1. Farbe

typisch normal	abweichend hochfarben	farbarm unnatürlich	mißfarben

2. Klarheit (für Spirituosen, außer Emulsionsliköre)

glanzhell blank	abweichend Opaleszenz	trüb blind	Ausscheidungen

2. Klarheit (für Emulsionsliköre)

richtig emulgiert sehr glatt	abweichend flockig	abgesetzt dickflüssig	nicht gießfähig

3. Geruch

auserlesen	ausdruckslos	überaromatisiert	alt
vollaromatisch	aromaarm	Nebengeruch	fuselig
reintönig	untypisch	Fremdgeruch	muffig
typisch	aufdringlich	brotig	dumpf

4. Geschmack

abgerundet	ausdruckslos	Nachlauf- geschmack	hefig
auserlesen	aromaarm		maischig
ausgeglichen	flach	nachhängend	bitter
harmonisch	leer	scharf	brotig
vollmundig	dünn	brennend	rübig-krautig
vollaromatisch	fruchtarm	stechend	stielig
reintönig	untypisch	brenzlig	grasig
typisch	plump	kratzig	grün
	aufdringlich	fuselig	holzig
	überaromatisiert	spritig	Fremdgeschmack
	zu starke Kopfnote	adstringierend	stockig
	Nebengeschmack	citralartig	alt
	überdecktes Aroma	essigstichig	schimmelig
	Kopfgeschmack	übertypiert	muffig
	Blasengeschmack	mäuselnd	dumpf
	Kerngeschmack	rosinenartig	unharmonisch
		sehr süß	

Die genannten Eigenschaften können je nach Erfordernis um zusätzliche
ergänzt werden.

aus: Deutsche Landwirtschafts-Gesellschaft e.V.: DLG-Prüfbestimmungen
    für Spirituosen

Tab. 13

Merkmalskatalog der DESTILLATA zur Beurteilung des Geruchs von Obstbränden

Vokabular Schnapsgeruch

1. Stufe richtungsweisend	2. Stufe vage beschreibend	3. Stufe genau beschreibend
blumig	blumig	Orangenblüte, Rose, Veilchen, Geranium
würzig	würzig	Linalool, Gewürznelken, Pfeffer, Anis, Muskat
fruchtig	Zitrus beerig fruchtig tropisch getrocknet esterig	Orange, Grapefruit, Zitrone, Himbeer, Erdbeer, Cassis, Kirsche, Aprikose, Apfel, Birne, Ananas, Banane, Melone, Rosinen, Feigen, Backpflaumen, Bonbon, künstlich, Ester
vegetabil	frisch grasig bohnig getrocknet	Eukalyptus, Pfefferminz, grasig, krautig, Spargel, Sojabohne, grüne Bohnen, Oliven, Heu, Stroh, Tee, Tabak
nussig	nussig	Mandel, Hasel-, Walnuß
süßlich	Karamel	Honig, Melasse, Butter, Kakao, Schokolade
holzig	phenolisch harzig verbrannt	Phenol, Vanille, Eiche, Zeder, Faß, rauchig, Toastbrot, Kaffee
erdig	erdig schimmelig	Staub, pilzig, Schimmel, Korkton
chemisch	alkoholisch fuselig petrolig papierig	brennend, Pfeffer, höhere Alkohole, seifig, Nachlauf, Teer, Plastik, Benzin, Böckser, Mercaptan, SO_2, Filter, Karton, Kreide
oxidiert	aldehydig	Acetaldehyd, Luftton
mikrobiotisch	hefig säuerlich laktisch animalisch	Hefe, Druse, Essig, Propionsäure, Sauerkraut, Buttersäure, Milchsäure schweißig, Pferd, mäuseln

Eidg. Forschungsanstalt, CH-8820 Wädenswil, Sensorik-Gruppe.
1. 12. 1992/Dr. Peter Dürr

Tab. 14

Merkmalskatalog der DESTILLATA zur Beurteilung des Geschmacks von Obstbränden

Vokabular Schnapsgeschmack

Schnaps ist definitionsgemäß ein Produkt aus flüchtigen Komponenten, die wir direkt über die Nase oder retronasal über die Mundhöhle wahrnehmen. Auf der Zunge geschmackgebend sind Äthylalkohol, flüchtige Säuren (vorwiegend Essigsäure) und allfällig zugesetzter Zucker.

Stimulus	Intensität	Begriffe
Alkohol	sauber deutlich intensiv	rein, wenig Fusel, fehlerfrei, aromaschwach, leicht süß, stechend, brandig, dominant
Zucker	kein wenig mittel viel	naturbelassen, weich, leicht süß, süß, klebrig
Säure	keine wenig deutlich	sauer, leicht sauer, verdorben
Begriffe zum Alter des Schnapses		
jung füllfertig gelagert	rauh, stechend, unharmonisch, mild, aromatisch, gelagert, oxidiert, esterig	

Eidg. Forschungsanstalt, CH-8820 Wädenswil, Sensorik-Gruppe. 4. 11. 1988/ 1. 12. 1992/Dr. Peter Dürr

Tab. 15

Merkmalskatalog des Verbandes der Badischen Klein- und Obstbrenner

Spirituosen
Eigenschaften

Geruch	Geschmack	Geschmack
auserlesen	harmonisch	
typisch	reintönig	
vollaromatisch	vollaromatisch	
aromaarm	abgestumpft	maischig
essigstichig	adstringierend	nach Nachlauf
esterig	aromaarm	nach Vorlauf
fuselig	dumpf	plump
muffig	einseitig nach	scharf
Nebengeruch		
erinnernd an:	erdig	schimmelig
parfümig	essigstichig	stielig
stark bittermandelig	fuselig	überaromatisiert
stechend	grasig	überdecktes Aroma
überaromatisiert	hefig	unsauber
untypisch	Kerngeschmack	zu süß

6.5. Vergleichende Bewertung von Obstbränden

Aufgrund des gestiegenen Qualitätsbewußtseins bei Brennern und Verbrauchern erfreuen sich die vergleichenden Obstbrandbewertungen, die Prämierungen, immer größerer Beliebtheit.

Der Brenner kann die Qualität seines Brandes beim Vergleich mit anderen Produkten besser einordnen, erhält für hochwertige Produkte Auszeichnungen und kann daraufhin in ein anderes Preisniveau einsteigen.

Für den Konsumenten garantieren prämierte Brände hohe Qualität, für die er gerne etwas mehr bezahlt.

Werden bei der Verkostung Fehler festgestellt, erhält der Brenner aus dem Ergebnisbericht wichtige Hinweise zur Qualitätssteigerung.

Bei Prämierungen werden die Brände stets nach Obstsorten sortiert und meist in Dreiergruppen bewertet. Die Proben werden vor der Bewertung verschlüsselt, der Prüfer erhält also keinerlei Angaben über die Herkunft der einzelnen Proben (Blindverkostung).

Zwischen den einzelnen Proben neutralisiert der Prüfer seine Geruchs- und Geschmacksrezeptoren mit Mineralwasser und neutralem Weißbrot.

Die Prüfer sollten mehrmals im Jahr sensorisch geschult werden. Sie arbeiten in Dreier- bis Fünfergruppen an jeweils einem Tisch und sollten maximal 60 Proben pro Tag verkosten. Jeder Prüfer beurteilt und protokolliert für sich nach einem vorgegebenen Punkteschema.

Eine wichtige Voraussetzung für diese Art der Bewertung ist das „Pokerface" jedes Verkosters. Ein erfahrener Prüfer läßt sich beim Probieren des Brandes keinerlei Gefühlsregung anmerken, um die anderen Prüfer nicht zu beeinflussen. Manchmal findet man leider sogenannte „Führungspersönlichkeiten" unter den Prüfern, die ihren sensorischen Eindruck spontan verbal oder mit diversen Gesten dem Tisch mitteilen und so unsicheren oder weniger erfahrenen Prüfern wenig Chancen für ein eigenes Urteil lassen.

Die Einzelergebnisse werden anschließend am Tisch diskutiert. Die Prüfer eines Tisches müssen bei jeder Probe zu einer einheitlichen Bewertung gelangen. Gehen die Meinungen über ein Produkt stark auseinander, so wird die Probe von einem anderen Tisch oder einer Oberjury beziehungsweise Schiedsgruppe verkostet. Diese Gruppe regelt den Ablauf der Verkostung, führt Prüferkontrollen durch und entscheidet in Streitfällen.

Die Durchführung von Prüferkontrollen durch das Einbringen von Doppelproben oder (eventuell von anderen Tischen) bereits bewerteten Proben gibt Aufschluß über das Konzentrationsvermögen und die Müdigkeit der Prüfer und entscheidet somit über Pausen.

Leider hat dieses System der Prämierung auch problematische Seiten.

So erfolgt noch lange nicht bei jeder Veranstaltung eine chemische Qualitätskontrolle, bei der zumindest die Zuckerfreiheit des Produktes und der deklarierte Alkoholgehalt überprüft werden müßten. So gelangen unter Umständen nicht verkehrsfähige Obstbrände zu hohen Ehren.

Bei einer seriösen Prämierung, die immerhin den Anspruch erhebt, Qualität zu beurteilen, sollte aber sichergestellt werden, daß Proben, die nicht den gesetzlichen Vorgaben entsprechen, ausgeschlossen werden.

DESTILLATA und DLG schreiben eine entsprechende Untersuchung bei der Probenabgabe vor. Bei der Prämierung für seriöse Erzeugergemeinschaften wie EIFEL Premium Brand, bei der jährlich immerhin 200 bis 300 Proben angestellt werden, wird bei der Probenabgabe die Einhaltung aller gesetzlichen Vorschriften überprüft. Dies umfaßt neben der Überprüfung des deklarierten Alkoholgehaltes und der Zuckerfreiheit auch die Einhaltung der Grenzwerte für den Methanolgehalt, den Blausäuregehalt bei Steinobst und den Mindestgehalt an flüchtigen Inhaltsstoffen.

Genauso wichtig wie die analytischen Kontrollen beim Probeneingang sind spätere Qualitätskontrollprüfungen. Diese werden bei seriösen Prämierungen wie EIFEL Premium Brand, DLG und DESTILLATA stichprobenweise durchgeführt. Dabei werden nach der Prämierung zu einem beliebigen Zeitpunkt nach dem Zufallsprinzip einzelne prämierte Proben aus dem Handel entnommen, deren Identität mit der bei der Prämierung angestellten Probe überprüft wird. Durch diese Maßnahme soll sichergestellt werden, daß keine anderen Brände unter dem Gütezeichen eines prämierten Produktes in den Handel gelangen. Wie wichtig solche Kontrollen sind, haben die wenigen Fälle gezeigt, bei denen tatsächlich ein anderes Produkt in der Aufmachung eines prämierten Produktes im Handel war.

Auch solche Identitätsprüfungen finden bei unseriösen Prämierungen leider nicht statt. Der zunehmende Einfluß der Verbraucher könnte diesem Mißstand bald Abhilfe schaffen.

Ein anderes, ernstes Problem bei Prämierungen ist die Probenanzahl, die ein Verkoster pro Tag zu beurteilen hat. Während bei seriösen Verkostungen die Probenzahl auf maximal 60 Proben pro Tag und Verkoster begrenzt ist, werden bei anderen Veranstaltungen teilweise mehr als 200 Proben pro Verkoster und Tag bewertet. Hier ist zumindest bei den Proben im letzten Drittel des Tagespensums keine gerechte Bewertung mehr möglich. Sowohl die Geruchs- und Geschmacksrezeptoren als auch die Konzentrationsfähigkeit des Prüfers verkraften diese Probenmengen nicht, zumal für ausreichende Pausen keine Zeit bleibt.

Während die unter 6.4.5. bereits genannten Beurteilungskriterien bei allen Verkostungen weitge-

Messe Wien

Destillata
Rund um die Spirituosen
Internationale prämierung

Datum:
Name:
Adresse:
Unterschrift:

Branntweine skalieren und beschreiben

* 5-Punkte-Schema * Skala 1 – 5 * Es dürfen nur ganze Punkte vergeben werden!

Proben Nr.	Bezeichnung Fruchtart	Geruch Sauberkeit 1 – 5	Frucht Charakter 1 – 5	Geschmack Sauberkeit 1 – 5	Harmonie 1 – 5	Punkte Total	Oberjury	Kurze Charakterisierung in Worten

hend gleich sind, weichen die Schemata, nach denen die Punkte verteilt werden, und die Einteilung der Brände in Qualitätsstufen teilweise stark voneinander ab.

Die **DESTILLATA** bewertet nach einem Fünf-Punkte-Schema (Tab. 16) ohne besondere Gewichtung einzelner Kriterien. Für Sauberkeit von Geruch und Geschmack, Fruchtcharakter und Harmonie des Produktes können jeweils ein bis fünf Punkte vergeben werden.

Die Gesamtpunktezahl entscheidet zusammen mit der verbalen Beschreibung über die Qualitätsstufe, in die ein Brand eingeordnet wird. Es werden Gold-, Silber- und Bronzemedaillen vergeben.

Zusätzlich verleiht die Destillata das Prädikat „Schnaps des Jahres" für den bestbeurteilten Brand jeder Obstsorte. „Schnapsbrenner des Jahres" wird der Produzent mit dem besten Durchschnitt aus vier eingereichten Bränden in mindestens drei verschiedenen Gruppen (Kernobst, Steinobst, Beerenobst etc.).

Das Bewertungsschema der **DLG** (Tab. 17) weicht deutlich vom DESTILLATA-Schema ab. Hier erfolgt eine gewichtete Bewertung, bei der Geruch und Geschmack besonders berücksichtigt werden.

Für die Kriterien Farbe, Klarheit, Geruch und Geschmack können jeweils maximal fünf Punkte vergeben werden. Die Punktzahl

---

Tab. 17

Bewertungsschema der DLG
Fünf-Punkte-Skala

Punkte	Qualitätsbeschreibungen	allgemeine Eigenschaften
5	sehr gut	volle Erfüllung der Qualitätserwartung
4	gut	geringfügige Abweichung
3	zufriedenstellend	merkliche Abweichung
2	weniger zufriedenstellend	deutliche Fehler
1	nicht zufriedenstellend	starke Fehler
0	ungenügend	nicht bewertbar

Auswertung

Prüfmerkmal	Erzielte Punkte	Gewichteter Faktor	Gewichtete Bewertung	Bemerkungen
Farbe		x 3	=	
Klarheit		x 3	=	
Geruch		x 5	=	
Geschmack		x 9	=	
Gewichtete Gesamtbewertung			: 20 = ... Qualitätszahl	

aus: Deutsche Landwirtschafts-Gesellschaft e.V.: DLG-Prüfbestimmungen für Spirituosen

---

wird bei Farbe und Klarheit mit dem Faktor 3, bei Geruch mit dem Faktor 5 und bei Geschmack mit dem Faktor 9 multipliziert. Zur Berechnung der Qualitätszahl wird die Gesamtpunktezahl durch 20 dividiert. Durch diese Verfahrensweise wirken sich die Kriterien Geruch und Geschmack maßgeblich auf die Gesamtbewertung aus. Dies ist auch sinnvoll, denn Farbe und Klarheit sollten eigentlich bei jedem Qualitätsobstbrand stimmen.

Die Kriterien Farbe und Klarheit sind enthalten, da die DLG dieses Schema zur Beurteilung aller Spirituosenklassen aufgestellt hat.

Der DLG-Preis wird in Gold, Silber und Bronze vergeben.

Die Prämierung des Verbandes der Badischen Klein- und Obstbrenner hat wiederum ein anderes Bewertungsschema. Hier bekommt ein Brand bis zu 20 Punkte für den Gesamteindruck, ohne daß nach einzelnen Kriterien differenziert wird (Tab. 18). Diese Art der Bewertung ist schwierig und oftmals schlecht nachvollziehbar. Leider werden bei dieser Prämierung sehr große Probenmengen pro Tag verkostet.

Es werden Gold-, Silber- und Bronzemedaillen vergeben.

Tab. 18

Bewertungsschema des Verbandes der Badischen Klein- und Obstbrenner
20-Punkte-Skala und Bewertungstabelle

Punkte	Qualitätsbeschreibung	allgemeine Eigenschaften
18,0 – 20,0	Gold	Spitzenqualität, vollaromatisch
14,0 – 17,0	Silber	geringfügige Qualitätsabweichung
10,0 – 13,0	Bronze	merkliche Qualitätsabweichung (leichte Mängel)
5,0 – 9,0	mangelhaft	deutliche Mängel und/oder Fehler
0,0 – 4,0	ungenügend	starke Fehler, ungenießbar

Achtung! Bei allen nichtprämierten Bränden müssen immer der oder die Ablehnungsgründe im Bewertungsbogen angegeben werden. Wird ein Brand mit „Bronze" bewertet, sind der oder die Mängel gleichfalls schriftlich anzuführen.

6.6. Korrelation zwischen Sensorik und Analytik

Unter der Qualität eines Obstbrandes versteht man das harmonische Zusammenwirken aller Inhaltsstoffe, das zu einem optimalen, ausgeglichenen sensorischen Gesamteindruck führt.

Qualität ist demnach also weit mehr als die bloße Fehlerfreiheit. Wie in früheren Kapiteln bereits beschrieben, setzt sich das Aroma eines Obstbrandes im Vergleich zum ursprünglichen Aroma der Frucht nur aus einigen wenigen, oft sehr empfindlichen flüchtigen Verbindungen zusammen. Es fehlen „Puffersubstanzen", die kleine Aromaänderungen oder leichte Fehler abfangen oder überdecken. Im Obst oder im Wein gibt es solche „Puffersubstanzen" (Matrix), die kleine Veränderungen nicht in Erscheinung treten lassen. Schon aufgrund der großen Vielfalt der dort enthaltenen Inhaltsstoffe fallen Konzentrationsänderungen einzelner Verbindungen nicht so sehr ins Gewicht.

Beim Obstbrand fallen aufgrund der vergleichsweise geringen Anzahl an Inhaltsstoffen (Mineralstoffe, Aminosäuren, unvergärbare Zucker, Gerbstoffe etc. verbleiben in der Schlempe) auch geringfügige Veränderungen in der Zusammensetzung der Inhaltsstoffe durch sensorische Veränderungen auf.

Für die sensorische Wahrnehmbarkeit einzelner Verbindungen ist ihr Verhältnis zwischen Konzentration und Geschmacksschwellenwert entscheidend. Unter dem Geschmacksschwellenwert versteht man die geringste Konzentration, ab der eine Verbindung sensorisch wahrgenommen werden kann. Jeder Inhaltsstoff hat seinen eigenen, für die jeweilige Matrix spezifischen Geschmacksschwellenwert. Die Abhängigkeit von der Matrix bedeutet, daß die gleiche Substanz beispielsweise in Wasser einen anderen Geschmacksschwellenwert hat als in einem Obstbrand, in dem noch zahlreiche andere Inhaltsstoffe (vor allem der Alkohol) die Wahrnehmung beeinflussen.

Die gegenseitige Abhängigkeit von Konzentration und Geschmacksschwellenwert führt dazu, daß

- Verbindungen, die in hohen Konzentrationen vorkommen, nicht unbedingt aromaprägend sein müssen,

- Verbindungen mit sehr niedrigen Schwellenwerten sensorisch wahrgenommen werden können, obwohl die analytisch meßbaren Konzentrationen extrem niedrig sind,

- zur sensorischen Wahrnehmbarkeit die Konzentration höher sein muß als der Schwellenwert.

Hinzu kommt, daß manche Obstsorten von einer einzigen Aromakomponente oder einer Stoffgruppe (Apfel, Trauben) dominiert werden, während das Aroma anderer Früchte von einer Vielzahl von Verbindungen geprägt wird (Pfirsich, Aprikose), die durchaus in unterschiedlichen

Konzentrationen vorkommen können.

Ist die Konzentration einer dieser aromaprägenden Substanzen im Verhältnis zu den übrigen erhöht, so kann sie das Aroma deutlich verändern. Dies wird etwa bei sortenreinen Traubenbränden deutlich, deren zum Teil deutliche Aromaunterschiede zwischen den einzelnen Sorten weniger auf völlig neue Aromastoffe, sondern vielmehr auf Konzentrationsverschiebungen zurückzuführen sind.

Diese Problematik stellt sich auch bei der Aromaforcierung durch Einwirkung spezieller Enzyme, bei der Aromastoffe aus ihrer glycosidischen Bindung freigesetzt werden (Kapitel 2.4.). Einige Stoffe werden dabei möglicherweise bevorzugt freigesetzt, andere in geringerem Umfang. Es bleibt noch zu untersuchen, ob eine erhöhte Freisetzung von Aromastoffen grundsätzlich zu aromaintensiveren Bränden führt oder ob eine bevorzugte Freisetzung einzelner Komponenten das Aroma gegebenenfalls deutlich verändern kann.

In diesen Bereich fällt auch die Problematik des Holztones bei Obstbränden. Während ein deutlicher Holzton beim Cognac entscheidend für die Qualität ist, ist er beim Obstbrand umstritten. Manchen Obstarten steht ein Holzton gut, so zum Beispiel dem Apfel oder dem Trester. Bei anderen Obstarten beeinflußt schon eine geringe Holznote das Aroma negativ. Von entscheidender Bedeutung ist auch hier das Zusammenspiel von fruchttypischen Aromastoffen und Holzton. Beide sollten einander ergänzen und nicht überlagern. Tritt der Holzton zu stark hervor, kann die Obstsorte unter Umständen nicht mehr erkannt werden. Der Brand ist dann als fehlerhaft abzulehnen.

Es ist aufgrund der unterschiedlichen Schwellenwerte schwierig, von der analytischen Konzentration einer Verbindung auf ihre Bedeutung für das Aroma zu schließen. Trotzdem wird immer wieder versucht, eine Korrelation zwischen Analytik und Sensorik aufzustellen, nicht zuletzt deshalb, um die oft recht subjektiven Verkostungsergebnisse objektivieren zu können.

In diesem Kapitel wurde die Problematik von Verkostungen eingehend beschrieben, bei denen das „Meßinstrument" Mensch den größten Unsicherheitsfaktor für eine objektive Bewertung darstellt.

Heutzutage werden für die moderne, anwendungsbezogene Analytik sogenannte „elektronische Nasen" zur Perfektion entwickelt, mit denen in Zukunft eine wirklich objektive sensorische Bewertung möglich sein könnte. Unsicherheitsfaktoren wie Konzentrationsmangel, Müdigkeit, ungünstige äußere Bedingungen etc. gibt es für diese Geräte nicht. Sie haben auch keine „Tagesform". Die gleiche Probe wird an jedem Tag völlig gleich bewertet. Bis diese Idealform einer objektiven sensorischen Bewertung verwirklicht werden kann, muß noch viel Entwicklungsarbeit geleistet werden, zumal fruchttypische Aromastoffe überwiegend in sehr geringen Konzentrationen vorkommen.

Es muß auch berücksichtigt werden, daß die in „elektronischen Nasen" verwendeten Detektoren wesentlich unspezifischer sind als die menschlichen Geruchs- und Geschmacksrezeptoren. Eine Steigerung der Empfindlichkeit durch Anwendung mehrerer Detektoren und den Einsatz umfangreicher EDV-Systeme ist denkbar. Was aber heute bereits mit gaschromatographischen Methoden möglich ist, ist eine „Vorauswahl" von Proben zu einer sensorischen Bewertung. In unserem Institut wurde eine große Anzahl von sensorisch bewerteten Proben parallel analytisch untersucht. Zielsetzung war hier zum einen die Erstellung von Inhaltsstoffprofilen der einzelnen Obstbrandsorten, zum anderen die Zuordnung sensorisch feststellbarer Fehler zu analytisch meßbaren Konzentrationen der jeweils verantwortlichen Substanzen (Scholten und Kacprowski 1995). Mit Hilfe dieses Datenmaterials ist es möglich, aufgrund einer gaschromatographischen Untersuchung eines Obstbrandes typische Obstbrandfehler festzustellen, die mit Sicherheit auch sensorisch erkannt werden. Es kann also eine Vorauswahl getroffen werden, so daß die Probenanzahl im Rahmen einer Prämierung um die qualitativ minderwertigen Proben verringert werden kann. Dies wäre ein denkbarer Schritt in Hinblick auf eine Verringerung der Prüferbelastung bei einer Verkostung, da insbesondere fehlerhafte Proben die Geschmacksrezeptoren stark belegen.

Bis die sensorische Beurteilung von Edelbränden von Analysengeräten ganz übernommen werden kann, ist noch ein weiter Entwicklungsweg erforderlich. Einerseits ist eine möglichst objektive Bewertung wünschenswert, andererseits sollte ein von Menschen zum Teil mit viel Aufwand und Fingerspitzengefühl sorgfältig hergestellter Edelobstbrand auch von Menschen mit der gleichen wertschätzenden Einstellung beurteilt werden.

Brände aus einer weitgehend automatisierten Massenproduktion könnten eines Tages von Geräten bewertet werden, sorgsam hergestellte Edelobstbrände sollten jedoch mit Freude verkostet werden!

Literatur

1) Bartels, W.: Die sensorische Beurteilung von Spirituosen, Handbuch für die Brennerei- und Alkoholwirtschaft, 361ff, Zimmermann-Druck und Verlag GmbH, Balve 1992

2) Deutsche Landwirtschafts-Gesellschaft e. V.: DLG-Prüfbestimmungen für Spirituosen, 8. Auflage, 1994

3) Fliedner, I. und F. Wilhelmi: Grundlagen und Prüfverfahren der Lebensmittelsensorik, Behr's Verlag Hamburg 1993

4) Gutmann, F.: Die richtige Destillat-Degustation, Destillata-Guide, 225 ff, 1994

5) Scholten, G, Th. Müller, M. Kacprowski und K.-P. Fäth: Aromaforcierung in Edelbränden, Kleinbrennerei 46, 218 ff, 1994

6) Scholten, G., M. Kacprowski und H. Kacprowski: Aromaforcierung in Edelbränden, Kleinbrennerei 47, 254 ff, 1995

7) Scholten, G. und M. Kacprowski: Häufige Qualitätsmängel in Obstbränden leicht vermeidbar, Kleinbrennerei 47, 130 ff, 1995

"Das Genießen einer edlen Spirituose macht Spaß, wenn man das Verkosten und Verstehen richtig gelernt hat!"

Destillata®

HANDBUCH

SPIRITUOSEN

GENIESSEN UND

VERKOSTEN ③

So lernen Sie richtig Verkosten

Dr. Peter Dürr von der Eidgen. Forschungsanstalt Wädenswil (CH) - anerkannter Sensorikexperte - handelt das Thema in Theorie und Praxis ab.

ISBN 3-7040-1313-7, im Buchhandel, beim Österreichischen Agrarverlag, Sturzgasse 1a, A-1141 Wien, Tel. 0222/98118-222 oder bei **Messe Wien**, A-1021 Wien, Tel. 01/727 20-570

öS 248.-

zzgl. Porto und Versand

IMPRESSUM

Medieninhaber und Herausgeber:

Messe Wien

A-1021 Wien

Fachautoren:
Obstbau:
Ing. Herbert Gartner

Gärung, Fertigstellen, Sensorik:
Dr. Gerd Scholten unter Mitwirkung von Dipl.-Ing. (FH) Monika Kacprowski

Vergären von stärkehaltigen Grundstoffen:
Dr. Peter Dürr

Gesetzliche Grundlagen:
Ing. Wolfgang Lukas

Brennen/Destillieren:
Hubertus Vallendar

Redaktionssitz:
MESSE WIEN
A-1021 Wien, Messestraße
Tel.: +43-1/727 20-0,
Fax: +43-1/727 20-443
e-mail: info@messe.at

Koordination Redaktion und Anzeigen:
Eva Meseneder
Messe Wien,
Medien & Publikationen

Lektorat:
Dr. Christa Hanten
Mediendesign, A-1020 Wien

Gestaltung, Satz:
Christian Steineder
A-1220 Wien

Lithos und Druck:
Stiepan Druck Ges.m.b.H.
A-2544 Leobersdorf

Vertrieb:
MESSE WIEN
Medien & Publikationen
A-1021 Wien, Messestraße
Tel.: +43-1/727 20-0,
Fax: +43-1/727 20-443
e-mail:
eva.meseneder@messe.at

Vertrieb Buchhandel:
Österreichischer Agrarverlag
A-1140 Wien, Sturzgasse 1a
Tel: +43-1/981 18,
Fax: +43-1/981 18/225
e-mail: buch@agrarverlag.at

"Nur durch professionelles Marketing wird man seine Produkte in Zukunft auch weiterhin an den Mann bringen!"

Destillata®

HANDBUCH

SO VERMARKTE

ICH MEINE

EDELBRÄNDE ②

Die Verkaufshilfe für Destillateure

Die Autoren: Ing. Franz Gutmann (Vinorama Wein-Versand), Prof. Dr. Josef Hohenecker (Universität für Bodenkultur, Wien) und Wolfram Ortner (Destillata).

ISBN 3-7040-1282-3, im Buchhandel, beim Österreichischen Agrarverlag, Sturzgasse 1a, A-1141 Wien, Tel. 0222/98118-222 oder bei **Messe Wien**, A-1021 Wien, Tel. 01/727 20-570

öS
248.-
zzgl. Porto
und
Versand

298 —